新・公共経営論

事例から学ぶ市民社会のカタチ

樽見弘紀・服部篤子 編著

Trarumi Hironori　　Hattori Atsuko

ミネルヴァ書房

新・公共経営論
事例から学ぶ市民社会のカタチ

目　　次

序　章

新しい公共経営論

この本は，公共経営を学ぼうとする皆さんとともに，これからの公共の在り方と自らの役割を考えることを目的としたものです。市民と公共との関係は，市民が公共サービスを受ける側だけではなく，公共の担い手となることだと本書では主張しています。市民が「主体」となって多様な人々や組織と協働するカタチ，そして社会問題を解決するビジネスがその成果を広く社会に還元するカタチを「新しい」公共経営だと考えました。

従来公共経営といえば，行政が公共サービスをより効率的かつサービスの質を向上させるマネジメントを意味しました。しかしながら，公共部門の担い手が官から民へ広がるなかで，公共経営の在り方も新しくなる必要があります。

「新しい」公共経営が必要となっている背景には，「官」の財政的な制約が大きくなる一方で，時代の変化とともに社会や地域に多くの問題を抱えるようになってきたことがあります。環境や教育，福祉の面において多様な社会運動が行われてきましたが，その土壌の上に活発化してきたのが市民活動であり，それは非営利組織（NPO）として組織されてきました。市民自らが NPO 活動を通じて時には政策に影響を与えてきました。

本書の「新しい」公共経営論は，1970年以降欧米を中心に導入された「ニュー・パブリック・マネジメント（NPM）」とも異なります。NPM は「官」によるサービスの改善を図るための行政の意思決定や役割分担の見直しを進めるものでした。NPM では「民」との関係は，民間委託などの一部の手法に限られておりました。これに対し，本書が展開する「新しい」公共経営論では，行政に加え，非営利組織（NPO），社会起業家，民間営利企業，市民や学生といったより多様なセクターが公共の担い手となります。

本書は，行政，企業，そして市民の多様なセクターが協働して行う公共部門の経営を「新」公共経営として考えていきます。行政の在り方のみを変えていくのではなく，市民が主体となって担う公共経営とは何か，協働を図るためにはどうすればいいのか，そして，1人ひとりがとることのできる行動があることを考えます。本書を通じてみていくように，地域社会において市民の活動が増えることは社会問題の解決のみならず社会の多様性や独自性を高めることになります。

第Ⅰ部では，非営利組織（NPO），社会起業家，民間営利企業，学生のみなさんといった多様な担い手がどのような領域でどのように公共と関わっているのか，そのためのマネジメント手法をみていきます。第Ⅱ部ではこの四半世紀を振り返り，市民参加や市民主体による活動の大きな潮流をみていくことにします。どのような問題に直面し，挑戦し，成果が生まれているのでしょうか。

まず，第1章では，NPO が台頭してきたことを説明する伝統的な理論である市場の失敗，政府の失敗に加えて NPO の失敗を考えます。市場，政府，そして NPO がもつ課題を理論的に丁寧に説明し，NPO が公共経営におけるプレーヤーとして広く定着する可能性を示します。NPO の普及とともに注目されるようになった点に，ビジネスと社会問題解決の関係があります。利潤を追求することと社会をよくすることが異なるベクトルではないことが明らかになってきたのです。

第2章では，社会を変えていく人財やそのインパクトに注目します。地域の社会問題を解決する社会起業家に着目し，定義を整理した後，社会を変革するプロセスを解説します。社会を変えるためには小さな変化を積み重ねていくこと，そのために常に学習の機会を創出することの重要性を述べます。具体的に実践例を用いて挑戦を続ける社会起業家がどのように経済や環境，そして社会に変化を起こしているのかをみていきます。

第3章は，NPO や社会的企業，ソーシャルビジネスを支える資金の流れに着目します。インパクト投資といわれる社会貢献を目的とした投融資で，NPO への助成金や寄付金と異なります。この民間主導の資金調達は各国で拡大してきました。しかし，日本では小規模にとどまっているため，インパクト投資が今後社会にどう受容されるのか注目されるところです。

第４章は，「持続可能な開発目標（SDGs）」にみられるように，世界的な期待が高まる企業の社会課題への取組みをとりあげました。企業は環境をはじめ社会に負荷を与えるため，利害関係者として多様な社会課題に向き合っていくことになります。批判される立場から積極的に社会問題を解決する立場へと企業と社会との関係は変わってきました。企業はどのように財務的実績と社会的実績の２つのボトムラインを追求しうるのかを理論と実践から説明を加えます。変化する環境のもとで，組織運営は不確実性と予測のできないことへの対応が求められます。

第５章では，理論から公共経営を再考します。ここではまず，組織理論を用いて組織のとらえ方がどのように変わってきたのかを整理します。現代において，福祉やヘルス分野のように営利企業，NPO，公的組織といった複数の異なる組織が同様のサービスを提供するようになった環境下において，組織の意思決定をどのように進めていくのかは，公的組織や NPO にとって重要な問題です。近年注目されている「不確実性」に対処するためのマネジメントに言及します。非線形アプローチなど実践に生かす理論を知ることができます。

第Ⅰ部の最後は，ソーシャル・ベンチャーを立ち上げようとしている学生が社会人に相談するやりとりが描かれます。多くの学生にとって起業は，卒業後の選択するキャリアの１つとはまだ言えません。しかし，e メールで綴られたやりとりは親しみやすく，実際に起業するまでのプロセスを想像することができるでしょう。社会を豊かにする方法としてソーシャル・ベンチャーの可能性を考える機会になるかもしれません。

第Ⅱ部は，公共経営と市民社会・NPO の四半世紀を振り返ります。まず，第７章では，長年自治体経営を行ってきた立場からその移り変わりをとらえます。これからの自治体経営を考えるために，地方分権，パブリック・プライベート・パートナーシップ（PPP）の説明に加えて，なぜ NPO と行政が協働するのかを明らかにしていきます。具体的な事例として第８章で，「瀬戸内国際芸術祭」を取り上げました。現代アートを通じて住民との協働により地域の再生を目指した芸術祭はその後各地で注目されました。文化・芸術振興を通じた地域再生のモデルとして広く知られた事例です。瀬戸内国際芸術祭が新しい公共経営を象徴する事例であることを読み解いていきます。

次に，市民主体の金融とメディアに焦点を当てます。いずれも市民社会に必須のリソースであり，既存の大きな勢力に対する挑戦であったからです。第9章は，NPO バンクの先駆けである北海道 NPO バンクの実態を探りました。どのような課題に直面し，どのような経営戦略をとってきたのかを明らかにします。市民活動を支え発展させてきた市民主体の金融は今後何を目指していくでしょうか。

第10章は，メディアを介して作り上げる市民主体によるコミュニケーション，討論の場を創発した市民メディアの事例です。マスメディアが主流であった時期に，市民が声をあげることの重要性とその成果を歴史的に振り返ります。現在，表現するツールは大きく変わり，ソーシャル・メディアという表現は SNS に取って代わられました。しかし，ここではハーバーマスの公共圏やパブリックアクセスの概念を用いて，市民メディアを再考します。平等，自律的，そしてオープンな場での発信であり，社会全体のためになるものこそがソーシャル・メディアなのではないでしょうか。

最後に，改めて NPO の支援と市民社会について考えます。長く国内外で NPO の中間支援に携わってきた立場から現在の NPO への危機感を募らせます。これまでの市民社会の動きを NPO の萌芽期から振り返ることでその理由を明らかにしていきます。他方，英国で発表された文書に，これからの社会を創るために異なるアクターが社会的価値を媒介して連携することだとありました。これは日本において共助社会を目指すうえで同様に重要な点でした。しかし，多様なアクター間の連携にはよりよい関係を築くつなぎ役が必要となり，社会セクターのリーダーシップが求められるところです。そこで NPO が社会の格差や分断に対して明確な役割を担えるはずだと締めくくります。

各章の基本的な構成は，理論の解説とともに事例を盛り込んで理解を助けるように心掛けました。本書の著者は，地域はそして人々は生き生きとしているのか，豊かな環境にあると感じられるのか，そのためにはどうすればいいのか，そのような問題意識をもって取り組む実践及び研究者からなります。地域や社会の問題に主体的に関わることは，地域を特徴のあるものに創り変えていきます。その過程で起きる小さな変化の積み重ねが地域に独自性と豊かさをもたらすからです。働き方やライフスタイルが見直される時代にあって，どのような社会を創っていくのか，そこにどのように関わることができるのか，選択肢は増えています。市民や企業を含む公共の担い手がこれからどのように公共経営を行うことができるのか問われているのです。その解の１つとして本書を活用いただければ幸いです。

第Ⅰ部

新しい公共経営を学ぶ

第1章

市場の失敗，政府の失敗，NPO の失敗

ポイント：公共経営の在り方をめぐっては，行政が民間の発想をもつというアドミニストレーションからマネジメントへの変化だけでなく，行政が民間企業や NPO，あるいは地域の各種団体とどのように協働して，地域を運営していくかということが重要な論点となります。本章では，その前提にある理論の説明を行います。端的には，公共財・公共サービスを誰がどのように供給することができるか，そのときどんな問題が起こりうるかを考えます。民間企業や政府・行政による財の供給の問題については，市場の失敗や政府の失敗という議論をもとに解決策が提案されます。その1つとして，NPO の台頭があります。実際の社会に目を向けても，公共を支えるプレイヤーとして NPO や社会的企業に注目が集まっています。しかし，NPO も様々な制約や限界を抱え，困難に直面します。その「NPO の失敗」も考慮した上で，『新・公共経営』を考えられるでしょうか。

1　経済社会で活動するプレイヤーが公共経営において果たす役割

私たちは，日々の暮らしを豊かに営むために，モノやサービス（以下，まとめて財と呼びます）を必要とします。その財をどのように手に入れるでしょうか。おそらく物々交換で暮らしている人はいないでしょう。ニーズを満たすために，市場で貨幣を介して様々な財を手に入れます。

市場で入手する財を販売したり，供給したりしているのは誰でしょうか。経済社会のプレイヤーを政府，企業，家計（世帯）の3つとすると，次のとおり説明することができます。

政府は，本書のテーマである「公（おおやけ）」のための財を供給します。詳しくは後述しますが，市場を通じて供給するのが難しい公共に関わる財を供給します。これらは公共財と呼ばれます。多くの公共財は，市場では対価を十分

に得ることができません。それでも，その供給のためには資金が必要です。そこで，社会的合意のもと税金や社会保険料を徴収したり，長期的な国益に鑑みて借り入れを行ったりします。

部門単位で見れば，企業は財を販売し，政府や家計がそれを購入します。一方で，企業は政府が供給する公共財を利用します。例えば，公共財供給の原資となる税金を法人として政府に納めます。政府が税金を使って道路の整備を進めると，より効率的な流通が行われ，企業の経済活動が活発になります。

家計は，企業から財を購入したり，政府が供給する公共財を利用する一方で，労働を企業や政府に提供します。その労働力に対して賃金等の対価を受け取ります。このようにして，3つの経済社会プレイヤーが相互に関係しあうことによって，私たちの生活が成り立っています。

これらのプレイヤーに加えて，本章では非営利組織（NPO）が登場します。NPO は，企業と政府がそれぞれにもつ性質を有しています。官民で見ると，NPO は，企業と同様に民間セクターに位置し，財を供給します。また，マーケティングや広報を展開したり，組織が安定的に持続するようにファンドレイジングや財務マネジメントに取り組みます。政府との共通点には，民間営利企業が市場を通じて供給しようとしない財の提供があります。例えば，サービスを必要とするものの，対価を支払えない人々の支援活動を行ったり，社会問題を解決するために公益性の高い財を供給する役割を担います。

本章では，経済社会のプレイヤーがそれぞれにうまく供給できる財は何か，他方，どのようなときにそれがうまく供給できないのかについて，理論を活用しながら考えます。併せて公共経営という視点から NPO の存在がどのように位置付けられるかについても考えていきます。

2　市場の機能と限界

(1)　市場の機能

「市場」や「需要と供給」という言葉をこれまでに学んだり，聞いたことがあるのではないかと思います。さて，それらは何を示すものでしょうか。図

図1-1　需要と供給から生み出される満足

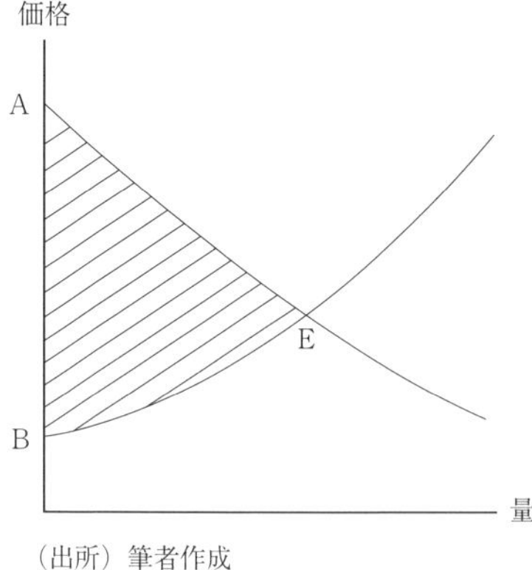

（出所）筆者作成

1-1は，ある財の市場に関するグラフで，それを欲しいと思う人々（消費者）がどれくらいの価格で買ってもよいと思っているか，その財を供給しようと思う企業（生産者）がいくらの費用をかけてその財を生産できるかという需要と供給の関係を表しています。

このグラフでは，交差する点があり，競争均衡と呼ばれます。この均衡の価格で消費者と生産者が取引を行うと，経済価値に換算してみる社会全体の満足（社会的余剰）が最も大きくなります。グラフで示すと，ABEで囲まれた斜線部分になり，社会的余剰が最大化されている状態として表現されます。この「優良な」状態になるためには，３つの条件があります。１つは，市場にかかわる消費者と生産者のみんなが市場の相場価格を受け入れる価格受容者（プライステーカー）であることです。違う言い方をすると，誰もが優位な取引を保ちつつ価格を操作しえないことを意味します。２つは，社会に影響を及ぼすことがあるとすれば，それに対処する費用が市場の取引価格にすべて含まれており，取引以外には社会に正や負の影響を及ぼさないことです。これを外部性がないと言います。３つは，消費者と生産者が市場で取引する財について同等の情報をもっていることです。これを情報の非対称性がない状態と言います。

(2)　市場の失敗

この条件の１つが満たされないと「市場の失敗」が起こります。この状態が起きると，市場での取引の結果が，先ほどグラフで示したABEよりも小さくなります。日本の四大公害を例に挙げて説明してみます。これらの公害は，発生原因がどのような影響を自然や人間に与えうるかを事前に，また科学的根拠に基づいて知ることができなかったために起こった課題と言えます。市場の取引以外に「環境汚染により引き起こされた健康被害であることはもとより，汚染された地域の自然や地域社会全体にも，大きな問題をもたらすことに」（環境省ウェブサイト）なったように，市場の取引以外に社会への負の影響が与えられました（負の外部性が生じた）。つまり市場の失敗が起きたと言えます。

これらの悲惨な状況に陥いらないようにするためにはどうすればよかったのでしょうか。企業がもしかすると異変の原因が自社の活動ではないかと考え，証拠がないまま生産を停止し，販売を止めるというストーリーはありえたでしょうか。生産過程でどの廃棄物がどのような社会的影響を生み出すかについて十分に理解されていなかったことや，当時は将来のリスクまで考慮して企業が自ら対応することは一般的ではありませんでした。また，社会として，あるいは政府が何かすぐに対応して生産停止に追い込むこともありませんでした。結果として，生産者と消費者との市場での取引が継続する傍ら，市場以外のところで，その地域に住む人々に被害を与えました。

この例では，市場取引が取引以外の部分で社会に悪影響を与えていますので，負の外部性があると言います（あるいは外部不経済と呼びます）。このようななか，消費者と生産者だけが取引から満足や利潤（社会的余剰）を得ているということは望ましい社会の姿ではなく，社会として容認すべきでないでしょう。

先に市場が適正に機能する３つの要件について説明をしました。そのうちの１つとして外部性の問題を取り上げましたが，他の２つについても，その要件を満たすことができないと市場の失敗が起きます。また，この２つについては，消費者あるいは生産者が直接影響を受けることになります。

3　政府の役割と問題

(1)　政府の役割

市場の失敗の例として挙げた，社会として容認するべきではない公害問題を解決する手段として，政府による制度設計があります。企業が自律的に環境汚染に対応して問題を解決すべきではないでしょうか，という問い方もあるかもしれません。しかし，実際には自己解決され難い状況があります。企業は，数多くの競合他社がいるという競争環境下にいます。その条件下で，法令を遵守しつつ，費用を最小限にして生産しようと努力します。そのような企業の行動原理をもとに考えると，企業が自己解決できないことをすべて企業の責任とすることは難しいと言えます。

企業が自律的に解決できないならば，権限を付与された政府が社会全体を見渡して調整を図るという方法が提案されます。そして，この公害問題では，解決方法の１つとして，外部不経済となっている部分を市場に含めるための制度を導入することが考えられます。例えば，政府が廃棄物や排出物の規制を行い，企業はそれらの規制に違反しないように行動します。企業としては対処するために費用をかけなければなりません。この時，同じ価格で販売するのであれば，増加した費用の分だけ利潤が減ります。

このようにすると，環境破壊や健康被害を予防する費用が市場取引に含まれることになります。言い換えると，外部不経済が市場に内部化されることになります。また，社会的な悪影響が生み出されずに，適正なルールの下で企業間競争が行われます。この状況を強制的に作り出せるのは，政府しかありません。したがって，政府は競争市場が適正に機能するように，ルールを設定するという必要不可欠な役割を担っています。

政府の役割は，市場を監視し，適正化するだけではありません。人々が豊かな社会生活を営む上で必要とするにも関わらず，企業がうまく生産できないモノやサービスを供給する役割を担います。それは，公共財や公共サービスと呼ばれるものです。日々の生活から考えてみましょう。どこかに行くために歩いたり，車を運転したりするのに使う道路があります。その道路には，信号が設置されていますし，雨が降ったときに水が溜まらないように排水するための側溝が整備され，事故が起こらないように備えがなされています。また，景観の向上や歩行者への日陰の提供などのために街路樹が配置されています。ハード（公共財）の供給以外にも，事故や事件が起きれば，警察や消防による対応が行われ，事故の処理や病院への搬送が行われます。地震や豪雨などによる災害時には，中央政府が全体的な指針を示し，地方自治体では現場の体制を整えて復旧等の対応にあたります。このようにソフト（公共サービス）の供給もなされます。これらを含め，土地利用や街のあり方など，面的な考慮と時間的な考慮を行い，総合計画が策定され，事業が実施されます。

公のための財の供給以外にも政府の役割があります。所得を再分配して，最低限の生活を保障する機能を果たすことです。人生山あり谷ありというように，苦楽のなか様々な経験を積み，一生懸命に人生の階段を上っていきます。しかしながら，踏み外して谷に落ちたり，怪我をしたりしてしまうと，山に登ることはできません。家計は労働から対価を得て生活を営むわけですが，ときには労働を提供している企業の事業が立ち行かなくなり，職を失うこともあります。職を失ってもすぐに新たな職が得られればよいのですが，新しい仕事を探すためには時間がかかります。そのときに生活資金がないと何かと困ります。仕事を探すことにも支障が出ます。そこで，日本では，政府を保険者とする雇用保険法に基づく制度が用意されています。この雇用保険制度では，労働を提供している被雇用者と雇用主が，社会保険料として雇用保険料を支払います。社会全体でその財源に資金をプールし，谷に落ちた人が再度山に登ることができるようにしています。いわゆる，セーフティーネットとしての機能を有しています。

また，社会保険料以外にも，所得税や相続税など租税制度を通じて所得再分配が機能します。所得税は，高所得を得た人々には高い税率により多くの税金を納めてもらい，低所得者に低く課税する累進課税となっています。端的には，富裕層からの資金を貧困問題の解決に用いるための租税制度です。

その他に，寄附金控除などの優遇税制によるインセンティブを活かした仕組みもあります。公益財団法人や認定特定非営利活動法人など，寄附金控除対象の非営利組織（NPO）に寄付をすると所得税控除などの優遇措置を受けることができます。これらの NPO は，活動に公益性があることが認められているため，優遇税制対象となっています。すなわち，寄付者は，個人的なメリットを享受する傍ら，社会課題や地域課題の解決を目指す NPO を支援することができます。公領域への資金流入が拡大することから，これも所得再分配機能が果たされていると言えます。

最後の１つは，経済を安定化させる役割です。経済が好景気になると喜ばしいことなのですが，ハイパーインフレーションなど過剰なインフレーションが起こると国民生活が危うくなります。一方で，あまりに景気が悪くなると不安が高まり，消費が抑制されてしまい，さらに景気が悪くなるという負のスパイラルが生じてしまいます。そのようなことにならないよう，景気調査や景気の予測指標を捉える統計調査が実施されたり，公共事業や金融政策が展開されています。

まとめれば，公共財供給や所得再分配を必要とする人々を把握し，その課題解決のために集めた税金を活用することによって，市場ではうまく供給されえないが，市民生活に重要な財の供給を推進し，安全で安心な社会形成を行うのが政府の役割と言えます。

(2)　政府の失敗

政府が市場の失敗を修正する機能をもつことを説明しましたが，その政府もうまく機能しないことがあります。どんなときに政府は失敗するのでしょうか。政府も「組織」であり，「人」で構成されています。国で言えば，立法府である国会を形成する国会議員や，行政府である政府を主導する内閣総理大臣をはじめ，閣僚や長官，そして国会で承認された法律に基づいて実施される事業を担う省庁の官僚など，様々な人が関与しています。

理論的には，公平や正義のための活動を展開する政府ですが，各人の生存目的が絡む現実を前提にすると歪みが生じます。このことを説明する基礎的な理論に合理的選択論と中位投票者定理があります。例えば，津波災害の備えとして，防潮堤を建設しようという議論がある地域で行われているとします。このとき，この議論へ参加しているのは５人で，争点は防潮堤の高さだけとします。本当は，予算や防潮堤の構造など他にも検討する項目はありますが，ここでは単純なモデルを考え，基本的なメカニズムの理解を目指します。なお，高さに関する各自の希望は，単峰性の条件を満たすとします。

図1-2に，議論への参加者５名（α，β，γ，δ，ε さん）の高さに対する満足の程度を示しています。参加者 α さんは，海が見える生活を望み，防潮堤が低いほど嬉しいと考えています。反対に ε さんは，防潮堤は高ければ高いほど安心だと考え，高さを求めます。このモデルでは，最も高い６メートルの選択肢

に対して12の満足度を得ますが，5メートルのときに10というように低くなるほど満足度が下がるとします。β さん，γ さん，そして δ さんは，その間の高さを希望しています。そして，5名とも，自分の希望の高さに合致すれば最大の満足度を得る一方，希望の高さから離れると満足度が低下します。この図を見てわかるように，どの参加者も満足度のピークは1つで，これが単峰性の条件を満たす状態となります。

図1－2　防潮堤の高さに関する満足度

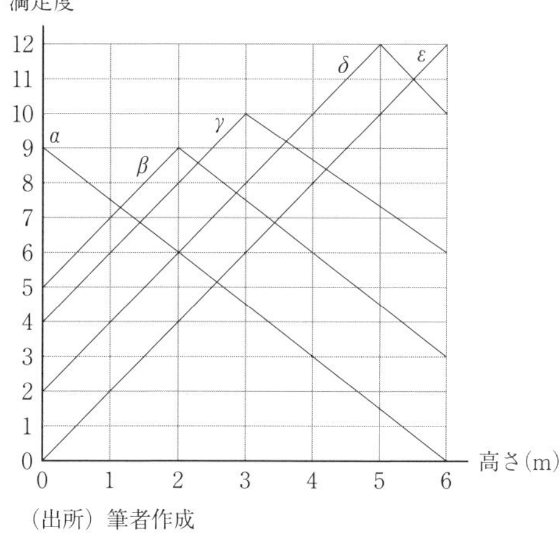

（出所）筆者作成

さて，この地区で近々選挙が行われることになり，次の3名の候補者がいるとします。候補者Kは，生命・財産を守ることを重視し，最も高い防潮堤（6m）の建設を有権者に訴えかけます。生命・財産を守る方法は防災教育など別にあるとして，日々の生活から海を分断しないことが地域の魅力であることを訴えかける候補者Λは，防潮堤は建設しないこと（0m）を提案します。いざというときに逃げる時間の確保に役立つ防潮堤が必要になると考えるものの，景観への配慮も必要だと考える3人目の候補者Mは，選択肢のうち中間の高さ（3m）の防潮堤建設を有権者に訴えかけます。

この地域の人々がもつ希望が**図1－2**のとおりであれば，立候補者3名が発するメッセージに対して地域の人々はどのように反応するでしょうか。ε さん，α さん，そして γ さんは，それぞれ候補者K，Λ，そしてMを支持するはずです。ぴったり合致する候補者がいない β さんと δ さんはどの候補者を支持するでしょうか。また，各有権者が2番目に支持してもよいと考える候補者は誰でしょうか。**図1－2**の情報をもとにそれらを整理すると，**表1－1**のとおりになります。

防潮堤問題で考えると，候補者Kは2人，候補者Λは1人，候補者Mは2人

表1-1　有権者が支持する候補者

	支持1番目	支持2番目	支持3番目
αさん	Λ	M	K
βさん	M	Λ	K
γさん	M	K	Λ
δさん	K	M	Λ
εさん	K	M	Λ

（出所）筆者作成

の支持を得ます。選挙では，Λが落選することになります。獲得票が同数の候補者KとMで最終決戦を行うとどうなるでしょうか。注目するべきは，αさんの投票行動です。αさんが2番目に支持するのは，3mの高さの防潮堤建設を訴える候補者Mです。つまり，3対2でM氏が当選することになります。

視点を変えて，候補者目線でこのことを考えてみましょう。候補者は選挙で当選しない限り，議員として仕事をすることができません。そうすると，候補者は，どのようなメッセージを発信するとどれだけの人が支持してくれるのか，ということも気にしなければなりません。選挙が小選挙区制であれば相対多数決となるため，当選するためには最大の票を獲得することのできる中位投票者の意見に合わせたメッセージを発することが戦略となります。つまり，本来あるべき地域の姿と思って発しようとしたメッセージを発することなく，多数に合わせたメッセージを発することになります。このように考えると，議論の選択肢の幅が狭まったり，あるべき社会像を政治家が発することができなくなるという問題が出てきます。

ここでは3名の候補者を例に検討をしましたが，議論の参加者の人数と同じだけの候補者がいても同じ結果となります。5つ選択肢でもっとも勝ち抜くことのできるものを考えてみましょう。選択肢間で順番に戦わせてみましょう。0mと1mだと，1対4で1mが勝ちます。1mと2mだと2mが1対4で勝ちます。すべての組合せを考えると，3mがもっとも勝つ意見になります。この結果から言えることは，候補者は，様々な意見をもつ有権者の中間に位置するメッセージを発すると多くの票を獲得することができる，ということです。

表１－２　有権者の投票行動

	支持１番目	支持２番目	支持３番目	投票行動
αさん	Λ	M	K	する
βさん	M	Λ	K	しない
γさん	M	K	Λ	しない
δさん	K	M	Λ	する
εさん	K	M	Λ	する

（出所）筆者作成

このことは，社会の多くの人々が求めることに対応する政策が主張されるようになるとも言えます。見方を変えると，少数派の意見を代表してメッセージを発する候補者が当選しないため，大多数の人々の意見が政治の場で主張されがちになります。

また，実際の選挙で課題となっている投票率を考慮すると，さらに変化が出てきます。全員が投票することを前提とすれば，中位投票者の意見に合わせることで最大の票を獲得することができますが，景観も防災もどっちも大事だと考えている人々が，実は投票に行かない有権者層であればどうでしょうか。**表１－２**は，**表１－１**に投票の有無に関する情報を加えたものとなっています。投票する人だけで**図１－１**と同様のものを作成するとわかりますが，この状況では，候補者Ｋが当選し，地域社会の構成員の多くが，希望している結果とは異なってしまいます。

結果的に，議員，また政府や行政としては，全体を見据えて検討した政策や事業が，選挙を通じることによって，意図したように遂行できなくなってしまうことになります。選挙のたびに「争点」が掲げられることによって，加えて，争点があってもそのことに関心をもたない人が投票に参加しないことによってここでの説明に類似した状況になりえますが，実際には，課題は多数あり，有権者の関心も様々です。したがって，それらを考慮すると複雑にはなりますが，そのような行動原理が基礎になります。

4　新しいプレイヤーの登場：NPO

(1)　NPO の存在と役割

政府も正しく機能しない場合があるとなると，不遇な状況のまま取り残される人が出たり，あるべき社会像に対して歪みが生じたりします。そこで，非営利組織（NPO）がその状況を改善するために，補完したり，補助したり，あるいは提案する役割を担います（Young 2000）。

NPO が社会に存在することの意義を理論的に説明することもできます。その１つの説明を，先ほど公共財の供給で示した中位投票者定理から行うことができます。一定の税率のもと，中位投票者に合わせた量を供給すると，その量よりも多くを望む有権者あるいは市民にとっては，その財をどこかに求めたいと考えます（Weisbrod 1975）。また，市民の生活様式やニーズが多様化すればするほど，中位投票者に合わせた形のサービス供給では満足しない人が多くなります。

このように公の空間のために必要な財やサービスが不十分であるとき，４つの方法でそれを解決することができます（Grobman 2014）。安全の確保が必要であるが，政府が供給する量では不足であると考える人々は，そのサービス量や安全水準の高い地域に引っ越すことで状況を改善することができます。このことは，自分の移動によって意見を主張するため，「足による投票」と呼ばれています（Tiebout 1956）。または，地域で政府に変わるその地域用の組織を作り，安全確保のためのサービスを作り出すことが可能です。日本で言うと，いわば自治会・町内会のような組織で，会費を得て，見回りなどの対応を行うことができます。もっと個別に安全を確保しようと思えば，提供してくれる企業からそのサービスを購入することで解決することができます。それ以外の方法として，NPO を作り，目的に適ったサービスを必要としている人に提供することが考えられます。

もちろん，引っ越しするには相当の費用もかかりますし，住み慣れた地域から移動することは，その地域で築いている社会的ネットワークから抜け出したり，学校を転校するなど生活の不便さを伴うことになります。民間営利企業のサービスには，ゲーテッドシティのように，街全体を柵で囲み，入口で取り締まることによって安全を確保するサービスもありますが，そこに家を購入するだけの所得を必要とします。かといって，地域で小政府のようなものを作り出すことも地域住民全体の総意をとろうとすると難航します。むしろ，近年，自治会や町内会の加入率も下がっているだけでなく，加入していても参加は難しい人が多い状況にあります。かたや，地域に根ざした市民活動型 NPO として，特定非営利活動法人（NPO 法人）や一般社団法人が台頭してきています。特に，最初の３つの方法では対応できない地域や人々に応じうることから，その役割が期待されています。

また，公共財のように，誰の利用も妨げない性質（非排除性）や誰かが使っても他の人も利用することができる性質（非競合性）をもつ財は，市場ではうまく供給することができません。道路のように初期投資が莫大な上に料金の徴収が難しい財や，貧困支援や災害救援のように対価の獲得が困難なサービスは，民間営利企業としては供給しても利潤を得ることができないからです。特に後者のような地域的な問題については，ニッチな課題も多く，政府や行政では細かく対応しようと思っても，法の制定や予算化など，実際に供給できるようになるまでに時間がかかり，即時的に対応できないという取引費用の問題も発生します。

市場の失敗として説明した環境汚染の問題でも，真っ先に異変を察知し，声を上げるのは地域をよく知る市民です。そして，その動きが集団化または組織化すれば，消費者運動や社会運動となり，政策提言やアドボカシーという NPO に優位性のある活動が行われます。言い換えると，細かなニーズに機動的に対応できる存在として NPO があります。しかしながら，NPO も事業を行う上で人件費やその他の費用がかかります。日本に限らずではありますが，「NPO＝Non-Profit Organization」というと「ボランティアの集団」だと思っている人も少なくありません。費用はかからないし，収入も利潤も必要ないのですよね，という声もよく耳にします。適切に認知されていないことは，NPO にとっては深刻な課題です。

では，NPO はどこから収入を得るのでしょうか。事業で「稼ぐ」収入もありますが，対価が得られないような支援的事業を行うために，その活動を支援してくれる個人，企業，財団，そして政府などから資金を得ることもあります。個人・企業・財団からは寄付や助成金を，政府からは補助金や委託事業にかかる資金を得ます。なお，この社会的支援を受けて活動を行うことができるという点が，企業と比較したときの NPO の特徴であると言えます。

付け加えると，社会的支援を受けられるということは，NPO が公のためのプレイヤーとして信頼に足るという捉え方もできます。プリンシパル・エージェント理論をもとに「契約の失敗」が論じられています。この理論に基づくと，ニーズはあるが自分ではできないという当事者（プリンシパル）のために，仕事を代行してくれる代理者（エージェント）が現れます。しかし，エージェントが本当にプリンシパルの利益になるように行動してくれるかは不明です。エージェントがプリンシパルよりも多くの情報をもつ情報の非対称性があるからです。そのことが取引上の問題となり，その問題を克服するには信頼関係が重要となります。違う言い方をすると，企業は利潤最大化を行動原理とするため，利潤を得るためにできる限り多くを消費者から得ようとしている，と消費者が考えうることが指摘されています。つまり，「企業の利潤追求 vs. NPO のミッション追求」となります。つまり，NPO が利潤を主目的としないことを背景にすれば，真摯にサービスを供給してくれるだろうと消費者は考えます。したがって，財やサービスを必要とする人が NPO を選択するということが指摘されています（Hansmann 1980）。

実際には，「日本製」の民間営利企業の製品やサービスが消費者からの高い信頼を得ていたり，生産者や生産過程の公開などを通じて，民間営利企業は消費者とのコミュニケーションをしっかりと取っています。また，むしろ NPO が認知されていないことを前提にすると，NPO だから信頼を得られるというわけにもいかないのも事実でしょう。

以上のように行動原理をもとにした経済学的な説明がなされる一方，価値観からの議論もあります。多元主義理論の視点からは，仮に政府が効率的にサービスを供給できたとしても，市民が組織を形成し，自発的・自律的に供給していくべきだとする考え方から NPO の存在を説明するものもあります（Salamon 2001）。

⑵　NPO は新しい？

世論調査でも示されているように，NPO という用語は広く普及しています（内閣府 2018a）。マスメディアでも「NPO」を見ない日はないほどです。NPO という用語の普及は，特定非営利活動法人（NPO 法人）の普及によるところが大きいため，NPO と呼べば，多くの人が頭に思い描くのは NPO 法人となっています。また，マスメディアでも NPO 法人を略して NPO としているケースが多く見られます。さらには，NPO 法人の基盤である NPO 法の制定に大きな影響を与えたのが阪神淡路大震災であったこともあり，NPO と言えば，ボランティア団体を想像する人も多いのではないでしょうか。

本来，非営利組織には多くの団体が含まれます。広義の定義にもとづき，日本の NPO を法人格で見ると，**図１－３**のように様々な法人が含まれます。多くの法人は新しくないどころか，古くから存在しています。先に挙げた NPO 法人は，この中では最近設立が可能になったもので，1998年に制定された特定非営利活動促進法（NPO 法）を根拠とする法人です。また，優遇税制の面から見ると，2001年度から認定 NPO 法人が誕生したり，公益法人制度の改革によって2006年に公益法人認定法が成立し，公益財団法人および公益社団法人が誕生しています。

学術的な定義で見ると，⑴利潤を分配しないこと，⑵組織の体裁を備えていること，⑶政府から独立した民間組織であること，⑷組織自身によって独立して組織運営を行っていること，そして⑸ボランタリーな要素を有することが NPO たらしめると指摘されています（Salmon & Anheier 1997）。これに基づき国際比較調査をしたものを見ると，日本の NPO の実態や特徴を知ることができます（Salamon & Solokowski 2004）。例えば，日本は意見主張型・アドボカシー型の NPO よりもサービス提供型の NPO が多いことや，財源の傾向としては政府資金が多いとは言え，料金収入が優勢であったり，労働力人口に占める比率が3.2％でボランティアは１％といったことが示されています。残念

図1－3　日本の営利組織と非営利組織のマッピング

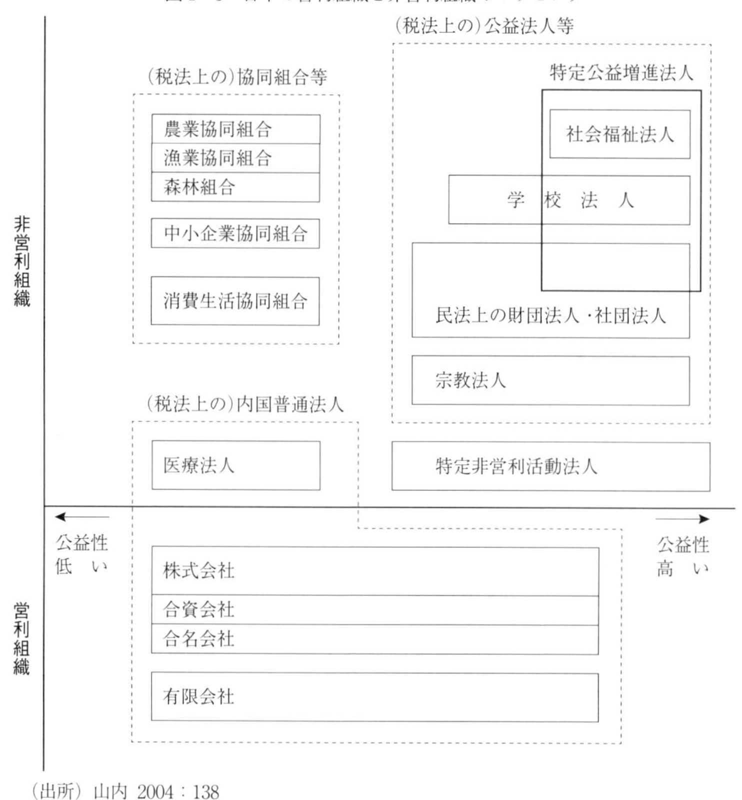

（出所）山内 2004：138

ながら，アップデートした情報はありませんが，傾向を変えるほどの大きな変化はないでしょう。

(3)　NPO の失敗

近年台頭し，期待されている市民活動型 NPO，あるいは NPO 法人については課題もたくさんあります。内閣府（2018b，2019）や各都道府県での NPO 調査などでは，活動資金のための財源確保の問題や，スタッフ数の不足，専門知識やスキル人の欠如，事業を承継する代表者の不在など，運営のための課題が多く指摘されています。

社会課題の解決という重要な役割を担って活動を行う NPO が，なぜ資金の調達や公共サービスの供給が難しいという状況に直面するのでしょうか。Salamon（1987）は，「ボランタリーの失敗」として次のように4つの理由を説明しています。それらは，必要とされる量に対して十分な量のサービスを供給できない可能性があること，特定の集団に対象を絞りすぎてしまう可能性があること，実際に一般市民が必要としていることを十分に理解せず，NPO の目線で一般市民が必要としていると考えるものを提供してしまう可能性があること，そして，一般市民のニーズに対応する専門スキルを十分に有していない可能性があることです。このような理由により，NPO はサービス供給を通じて十分な資金調達を賄いきれないという問題に直面してしまう，とされています。

実際，NPO 法人に焦点を当ててみると，収入規模が小さい団体が多く，フルタイムの正規職員のいない団体も少なくありません。その状況の改善に寄与するように，中間支援組織がマネジメントの専門知識やスキルを習得するためのセミナーなどを実施し，それらの団体の成長を支援しています。しかしながら，非営利セクターの成長のためには，さらに多くの支援が必要であると言えます。

それでも，社会の多様化が進むなか，全国一律のサービス供給から地域の特性を生かした分権化社会を目指す日本社会では，NPO が機動性を生かせる領域や機会が多くなっています。一方，個別の事情を見ると，人口減少や過疎化の進む地方では，小規模なニーズが広い面積に点在しているため，情報を把握したり，サービスを供給するのにより多くの費用がかかるだけでなく，必要なところにサービスが届きにくいという問題があります。

さらに，市民活動型の NPO 法人においては，もともと資金が多くないため，寄付などの資金調達コストを賄う予算を用意することができません。一方，団体の活動を理解してもらうためには，スタッフ間でミッションが共有され，団体そのものや活動のブランディングができたうえで，潜在的な支援者に的確にアプローチする必要があります。近年，ICT の発展により，クラウドファンディングなど新たな手法も出てきています。これらは低コストで取り組めるものの，新しい動きをキャッチアップしたり，活用できるスキルや支援者を獲得するためのネットワークを必要とします。つまり，様々な手法の開発が進むからといって，必ずしもすべての団体が成功を収めるとは限りません。

このように，市場の失敗や政府の失敗が起こりうるなか，NPO の存在と役割が理論的に導かれ，現実的にもその活躍が期待されるところではありますが，やはり NPO にも立ちはだかる壁があり，それを乗り越えることなしには，公の領域に寄与することは難しいということがわかります。公共経営においては，NPO が有する特徴を生かす社会的枠組みをいかに構築するかが重要となります。

5　これからの公共経営におけるプレイヤーの可能性

本章では経済社会で活動するプレイヤーに焦点を当て，理論的な課題を現実に照らし合わせながら説明を行いました。最後に，改めて整理するとともに，今後の公共経営におけるプレイヤーの可能性について示します。

本章後半において，NPO の発展可能性には障壁があるものの，役割への期待も大きいことを指摘しました。なかには，うまく支援者を集めることができたり，行政からの委託事業や対価の得られる事業で規模を大きくした団体も見られます。規模が大きくなると，スタッフや関係者が多くなり，NPO においても自ずと手続きが増え，官僚化してしまうという問題もあります。それでも，ミッションが共有され，自律的に運営できる財務状態にある団体は，持続的な経営が行いうるとされています（石田 2008，馬場他 2010）。また，団体の規模が大きくなるにつれて専門的な能力やスキルをもつスタッフが増えることもありますが，規模に関係なく，そのような力を伸ばそうとする動きも出ています。「NPO の失敗」を克服する動きが進み，NPO に関する社会的な理解が促進されることで，NPO の役割は定着すると考えられます。

それでもサービス量の面でみると，政府・行政が担う部分が極めて大きいと言えます。山内他（2007）が構築した大阪大学 NPO 法人財務データベースのデータによると，2003年度事業の報告書を提出している12,509団体の経常支出合計は，およそ20億円となっています。かたや2003年度の政府の歳出総額は，一般会計で100兆円でした。規模に格段の違いがあります。また，政府は，社会のニーズに対して税収が不足した場合に借り入れを行います。NPO や企業が借り入れることはもちろん可能ですが，収入予測に基づき支出を検討する NPO や企業においては，収入が足りないならば借り入れるという発想の仕方をすることはありません。したがって，公領域の基礎的な部分については依然として政府・行政の役割は必要不可欠であると言えます。

最後に企業についてですが，国連による国際目標である持続可能な開発目標（SDGs）への注目などもあり，企業の社会問題解決への関与や社会貢献活動は大きくなりつつあります。また，災害時にはボランティア派遣も見られました。プロボノとして専門スキルを活かす人や，パラレルキャリアとして社会貢献活動に関心をもつ人も多くなっています（労働政策研究・研修機構 2019）。副業を認める制度を備える企業も増え，企業で働く傍ら，NPO での活動を行う人も見られるようになっています。企業で培った専門能力を NPO の活動に生かすことにつながることから，NPO の失敗を克服する力にもなりえますし，公共経営の担い手として力強い存在となる可能性が高まっています。

また，社会的企業やソーシャル・ビジネス，また社会的インパクト評価や社会的インパクト投資という言葉もしばしば聞かれるようになっています。利潤を得ることと，社会問題を解決して社会をよくすることとのバランスをとる事業設計や仕組みづくりも進んでいます。これらは，見返りを求めない寄付や助成金などの社会的支援の力には依存せず，むしろビジネスの形態で社会問題の解決に挑むものとなっています。

このように，それぞれのプレイヤーの公共経営に対する潜在能力をどのように生かすことができるか，また生かすことのできる社会をいかに構築するか，さらにはそのような社会への貢献意識を高められる仕組みづくりが問われています。これらに応える構想が求められています。

参考・引用文献

石田祐（2008）「NPO 法人における財源多様性の要因分析――非営利組織の存続性の視点から」『ノンプロフィット・レビュー』8(2)，49～58頁。

馬場英朗・石田祐・奥山尚子（2010）「非営利組織の収入戦略と財務持続性――事業化か，多様化か？」『ノンプロフィット・レビュー』10(2)，101～110頁。

内閣府（2018a）「NPO 法人に関する世論調査」https://survey.gov-online.go.jp/h30/h30-npo/index.html.

内閣府（2018b）「平成29年度 特定非営利活動法人に関する実態調査」https://www.npo-homepage.go.jp/toukei/npojittai-chousa.

内閣府（2019）「特定非営利活動法人における世代交代とサービスの継続性への影響に関する調査 報告書」https://www.npo-homepage.go.jp/toukei/sonota-chousa/2019research-impact-on-generational-change.

山内直人（2004）『NPO 入門 第２版』日本経済新聞社。

山内直人・馬場英朗・石田祐（2007）「NPO 法人財務データベースの構築から見える課題と展望」『公益法人』36(4)，4～10頁。

労働政策研究・研修機構（2019）「生涯現役を見据えたパラレルキャリアと社会貢献活動――企業人の座談会（ヒアリング調査）から」JILPT 資料シリーズ 215。

Grobman, G. M. (2015). *An Introduction to the Nonprofit Sector : A Practical Approach for the Twenty-First Century.* 4th edition. White Hat Communications.

Hansmann, H. (1980). The Role of Nonprofit Enterprise. *The Yale Law Journal, 89* (5), 835-901.

Salamon, L. (1987). Of Market Failure, Voluntary Failure, and Third-Party Government: Toward a Theory of Government-Nonprofit Relations in the Modern Welfare State. *Nonprofit and Voluntary Sector Quarterly,* 16(1-2): 29-49.

Salamon, L. (2001), "What Is the Nonprofit Sector and Why Do We Have It?" in S. Ott (ed.), *The Nature of the Nonprofit Sector,* Westview Press, pp. 162-166.

Salamon, L. and Anheier, H. K. (eds.) (1997). *Defining the Nonprofit Sector : A Cross-National Analysis.* Manchester University Press.

Salamon, L. and Solokowski, W. (2004), *Global Civil Society : Dimensions of the Nonprofit Sector, Volume Two,* Kumarian Press.

Tiebout, C. (1956). "A Pure Theory of Local Expenditures," *Journal of Political Economy,* 64(5): 416-424.

Weisbrod, B. A. (1975). Toward a theory of the voluntary nonprofit sector in a three-sector economy, in Phelps, Edmund S. (ed.) *Altruism, Morality, and Economic Theory,* Russell Sage.

Young, D. R. (2000). Alternative Models of Government-Nonprofit Sector Relations: Theoretical and International Perspectives. Nonprofit and Voluntary Sector Quarterly, 29(1), 149-172.

第 2 章

社会起業家とソーシャル・イノベーション

ポイント：未来を創る，社会を変える，そのような思いをもって社会課題に取り組む人々がいます。これまで，社会の様々な問題解決に向けて政府，企業，公益法人，市民団体など多様な機関がそれぞれの役割を担って取り組んできました。特に，市民が主体となった活動は，ボランティア活動やNPO，ソーシャルビジネスや社会的企業など NPO の普及とともに多岐にわたっています。ここでは，過去10年から20年を経て顕著になった特徴を 2 つ取り上げていきます。

1 つは解決方法です。市民団体が政府や企業とともに行う協働手法が試行され，セクターの垣根を越えて社会課題に取り組むスタイルが広く認知されたことです。ここで最も必要なことは相互の信頼関係でした。

そして，もう 1 つは解決の担い手です。ビジネスの手法や考え方を用いて社会活動を行うソーシャルビジネスと呼ぶ社会事業が広がりました。その事業を主体的に進める起業家を社会起業家と呼び，国内外でその役割に注目するようになりました。1 つの仕事，キャリアの選択肢となったことが重要な点です。

本章では，その社会起業家に焦点を当てながら，社会問題解決という社会目的をもった活動と，それによって生じる「変化」に着目しています。社会問題の解決に単独ではなく協働で取り組むこと，従来とは異なる発想をもつことなど「ソーシャル・イノベーション」が含有する概念を用いて公共経営の新たな側面を説明していきます。まず，社会起業家とソーシャル・イノベーションの定義をこれまでの国際的な研究成果から示します。その後，日本での具体的な事例を用いて，1 人ひとりの活動から社会に変化が生じること，小さな変化の積み重ねから社会に変化が生じること，そして，その過程を社会に伝えることの重要性を考えていきます。

1　社会課題とソーシャル・イノベーション

(1)　地域社会内部に生じる問題

人口構造やライフスタイルの変化は，多様な社会問題をもたらしました。地域コミュニティの希薄化，見過ごされてきた社会弱者，自然環境の悪化により生じる災害など，いずれも多くの人々にとって身近なものです。地方の過疎化や超高齢社会にどのように向き合えばいいのか明快な解をもたずにその現象は進んでいます。近年，助け合う共助の関係を育む地域コミュニティの再生，あるいは，地域の文化や特徴を生かした新たなコミュニティの形成を行うなどその解を模索する動きが各地に出てきました。しかしながら，鷲田（2016）は以下のように述べています。

「たとえば，家族，地域社会，会社，労働組合。小さな個人と巨大な社会システムとのあいだで，いわばその蝶番として，あるいはクッションとして，機能してきたそういう中間集団がまるで乾いたスポンジのように空洞化してきたことで，個人を護る被膜が破け，個人が社会のシステムにむきだしでつながるほかなくなってきた。いまや地域社会内部の《いのちのケア》の仕組みはほぼ瀕死状態だと言っていい」（鷲田，2016：180）。

また，広井（1997）は，高齢化社会を生物の一生のうち「後生殖期が普遍化する社会」と呼び次のように新たな生活モデルが必要だと指摘しました。

「高齢社会とは自ずと『障害が普遍化する社会』でもある。こうして，障害そしてケアということが，高齢化社会では中心的なコンセプトとなる。このような時代的な文脈において，全てを疾病ととらえて治療するという方向のみならず，障害は障害として認めた上で，ある程度それらと共存しながら，残された機能を最大限に生かして生活全体の質を高めていくという『生活モデル』の視点が重要となる」（広井，1997：110）。

超高齢社会での生活モデルは，これまで以上に地域社会内部のいのちのケアの仕組みが必要といえるかもしれません。岡田（2015）は，地域の空洞化の本質的な問題を指摘しています。

「過疎化は人口の減少が引き金となることが大きく関係しているには違いはない。しかしそこにだけ目を奪われると，過疎化のもっと奥深い「地域の空洞化」の本質的な側面に光を与える必要性に気づかなくなってしまう危険性がある。つまり「主体的に生きる心」が挫けて，いわば内部にすが入るように地域自体が脆弱化していく状態も過疎化のもう一つの本質的な側面であることに目を向けなければならない」（岡田，2015：160）。

そこで，岡田は解決策として，「主体的に生きる人」による小さな事起こしが地域の変革につながるとしました。実際，鳥取県智頭町のまちづくりに30年間にわたって関与し実証してきました。このような主体的に生きる人を増やし地域社会内部に変化を起こしていくにはどうすればいいのでしょうか。

後藤（2005：28-32）は，「他者との社会的な関係のもとで自ら生成する」生態系のように，「新・内発的まちづくり」が個と地域の自律を促すものだとしています。

「多様な現代社会において市民が共有する文化的な帰属意識の中から生まれ出てくるアイデンティティの追求こそがまちづくりの目指すべき方向」とし，「地域の内発的な力を高めていくことと同時に，地域外からの介入を分散化しながらも，戦略的に地域外との連携を構築する」ことによって地域に変化を起こすと説いてきました。

(2)　地域コミュニティに変革を

社会の多くの問題は，かつて機能していたコミュニティが崩壊したことにより解決を難しくしたと考えられます。現代社会が孕む問題を解決するには地域コミュニティの力，そこにアイデンティティをもつ市民の主体的な行動が変化を起こすといえます。そのためには，地域内外に新たな相互作用が生じる仕組みをつくること，新たな生活モデルを提案すること，つまり地域に「ソーシャル・イノベーション」が求められています。ソーシャル・イノベーションは，「社会の課題の新しい解決策であり，それにより創出される価値が社会全体に広がること」Phills, Jr. J., Deiglmer, K. and Miller, D.（2008）という「社会の変化」に焦点を当てた概念です。詳しい定義は３節でみていきますが，Nicholls A.（2012）はソーシャル・イノベーションを必要とする分野や社会課題の１つとして，過度の都市化（過疎化）に伴う問題とコミュニティの崩壊をあげています。

武藤（2006：iii）は，ソーシャル・イノベーションを「多様な社会，環境，経済の課題に対して，個々の問題に個別に対応するのではなく，思想や価値観のレベルまでさかのぼって社会のあり方を変革すること。その結果，制度や文化，社会規範において新たな価値・新たな文化が創出されること」と定義しました。これまでの経済社会の行き詰まりとして，「金融危機，格差と貧困の拡大，地域の弱体化，モラルの希薄化，環境悪化・資源枯渇を取り上げ，これらを打開して人々が真に豊かで平等に暮らせる，持続可能な経済社会モデルをどのような方向性で作るか」について考察しています。

また，「経済や文化は地域社会の多様性あるパワーによって支えられてきたが，産業化とグローバリゼーションによってその個性が失われてきたところに今日の問題がある。よって，生活圏としてのまとまりをもった各地域がより直接的に連携し，自立すること」が新たなモデルの形成につながるのではないか，という提案をしています。さらに「人の役に立ちたい，助け合いたいという人間が本来持っている共助と連帯の行動原理を基本とした新たな経済思想と理論体系にパラダイム転換すること」（武藤，2006：204-210）の重要性を問いました。

価値の創出は，先駆的な解決策や事業モデルが「普及」することで生じます。試行された解決策が制度化する，あるいは，人々の支持を受けることによって浸透していきます。社会の文化や価値観から見直していくことは，時間を要することでもあります。社会問題の取組みに多様な人々の参加を促すにはどうすればいいでしょうか。

社会技術開発研究センター（JST-RISTEX）は，「持続可能な多世代共創社会のデザイン[(1)]」を明らかにする研究開発領域を設置し取り組んできました。「子どもから高齢者を今を生きる私たちが，過去世代から何を学び，未来世代に向けて，どのような新しい価値を共につくり，つないでいくのか」持続可能な社会の実現に向けて研究と実践が行われています。

世代を超えて多世代が学びあう機会と場の公共空間が創出されると，地域コミュニティの紡ぎなおしができます。それは公共を担う人材の輩出につながり，地域の潜在力が高まります。世代間交流プログラムの効果は国内外で研究が進められていますが[(2)]，重層的な仕掛けやエンターテイメント性，そして子どもの役割が重要です。これによって，公共空間への参加度合いが高まり世代を超えた共通認識の醸成に有益であることがわかってきたのです。次節では，そのような変化を後押しする社会起業家に共通してみられる特徴をみていきましょう。

2　社会起業家の役割

(1)　社会起業家研究にみる起業家の特徴

社会起業家研究は，欧米を中心に事例研究をもとに理論化されてきました。服部（2018：66-68）は，社会起業家がその役割から様々な名称で表現されてきたことを整理し，特徴を明らかにしました。

Dees and Anderson（2006：44）によると，「パブリック・アントレプレナー」は，1980年米国で非営利組織のアショカを創設したビル・ドレイトンがこれまでとは異なる方法で地域を変えていく人々に焦点を当て，彼らを表現する用語として用いました。

Henton et al（1997）で「草の根リーダーである市民起業家」は，慈善家とは異なりビジネスリーダーと類似の特性をもって地域を再活性化させる市民のリーダーを指しました。「市民起業家は，コミュニティの長期的発展のために，時間，才能，個人のネットワーク，金銭を提供する」(Henton et al., 1997＝1997：113)，「コミュニティに経済的資源を開拓して組織化し，公的セクター，企業セクター，市民セクターの間に強固で活力のあるネットワークを構築するための協働を支援する」という特徴をもつことを明らかにしました。

ヘントンが市民起業家の役割はネットワークの触媒にあると示した通り，日本においても，社会起業家は，住民，NPO と行政との協働やネットワークの強化を図る特徴がみられます。前述した鷲田のいう触媒役を担い，地域コミュニティとともに課題に取り組むことができることを先行研究が示しています。

(2) 社会起業家と社会起業家精神の定義

sommerrock（2010）は，社会起業家（social entrepreneur）及び社会起業家精神（social entrepreneurship）の定義に関わる海外の 13 の論文を用いて文中定義に含まれる主要なキーワードを抽出しました。社会起業家は個人に焦点を当てた用語であり，社会起業家精神は人や組織やコミュニティなどに使われる用語です。**表 2 - 1** は，これらキーワードが 13 の論文のうち重要視した論文数を示したものです。あわせて，13 の論文のうち頻繁に引用される Dees の論文はどのキーワードを抽出したかを 3 列目に示しています。Dees の論文では，社会インパクト・社会価値創造など 7 つの要素で社会起業家を特徴づけています。5 列目には，英国オックスフォード大学サイードビジネススクールにあるスコール研究センターが示した社会起業家精神の 6 つのキーワードをあげました。

社会起業家は，社会インパクトや社会価値の創出（social impact/social value creation），革新性（innovation/pattern breaking/new）が最も主要なファクターといえます。続いて，機会や社会課題の特定化（opportunity/identification of social need or problem），資源の確保やモチベーション（rescore securing/motivation），ビジネスや起業の技法（use of business/entrepreneurial techniques），変化，変容（change/transformation）です。

社会起業家精神の場合，社会起業家と同様に主要なキーワードは，順に，社会インパクトや社会価値の創出と革新性，ビジネスや起業の技法となります。社会起業家の特徴と異なる点として，セクター間連携（across sectors），ダブルボトムライン（Double bottom line）が加わります。セクター間連携とは，民間と公共，そして市民社会といったセクターを超えた協働作業に用いられ国内外

表2-1「社会起業家の定義にみる起業家精神の主要要素」

定義の構成要素	社会起業家精神 social entrepreneurship	スコール，サイードビジネススクール，オックスフォード大学	社会起業家 social entrepreneur	グレゴリー・ディーズ（2001）
該当論文数	13		13	
社会インパクト，社会価値の創造	10	x	8	x
ダブルボトムライン	5		0	
持続可能性	3		3	x
規模の拡大，成長性	0		2	
ビジョン	2		2	
機会／社会ニーズあるいは社会課題の特定化	4	x	5	x
モチベーション／資源の確保	2		5	x
課題克服／挑戦／リスクテイク	0		1	x
ビジネスセンスの利活用／起業の技法	7		5	
パイオニア／リーダーシップ／過去の打破	1		1	
変化，変容	1	x	5	x
革新，イノベーション／パターンの打破／新奇	8	x	8	
セクター間連携，越境	7	x	2	
業績測定	3	x	2	x

（出所）筆者作成

で重視されています。ダブルボトムラインは，従来の経済成長だけではなく社会と経済双方から成果（アウトカム）を出すことを評価します。この2点に環境を加えた3点に配慮することをトリプルボトムラインと称することもあります。

Dees の定義は持続可能性やリスクをとって挑戦することを重要な要素に含めていましたが，その後の社会起業家研究では，経済面や市場性よりもむしろ，社会への波及効果や革新性を起業家の役割としていることがわかります。本書を通じて多様な社会起業家が扱われる通り，年齢，分野を超えて現在多くの社会起業家が活躍するようになりました。社会セクターのリーダーシップ像も変わってきたといえるでしょう。具体事例として第4節で銀座ミツバチプロジェクトを例にとりあげます。

3　ソーシャル・イノベーションへのアプローチ

(1)　ソーシャル・イノベーション研究

社会起業家精神の研究は，ソーシャル・イノベーション研究を深めることにつながりました。2002年，デューク大学は社会起業家精神センター（CASE）を設立，2003年，スタンフォード大学はスタンフォード・ソーシャル・イノベーション・レビュー（SSIR）を刊行しました。ソーシャル・イノベーションは広い概念をもつため，当初は，米国を中心に定義の論文が数多く発表されてきました[(3)]。現在，SSIRでは，社会課題を以下の13の項目に分類してとりあげ，その解決策として11の項目をあげて編集しています[(4)]。

Social Issues（社会課題）　Arts & Culture（文化芸術），Cities（都市問題），Civic Engagement（市民参加），Economic Development（経済開発），Education（教育），Environment（自然環境），Energy（エネルギー），Food（食の問題），Health（ヘルス），Human Rights（人権），Security（安全保障），Social Services（社会サービス），Water & Sanitation（水質衛生）。

Solution（解決策）　Advocacy（アドボカシー：政策提言），Collaboration（協働），Design Thinking（デザイン思考），Governance（ガバナンス：統治），Impact Investing（インパクト投資），Leadership（リーダーシップ），Measurement & Education（評価と教育），Organizational Development（組織強化），Philanthropy & Funding（フィランソロピーと資金調達），Scaling（組織及びインパクトの拡大），Technology（テクノロジー）

また，英国では，シンクタンクDEMOSを設立し，ヤング財団の代表を務め現在，民間の立場から英国のイノベーション政策を主導するNESTAのCEO，Mulgan G.がソーシャル・イノベーションの議論を深めてきました。これらの団体は，いずれもその後のソーシャル・イノベーションの実践と研究に大きく影響を与えています。

Nicholls and Murdock（eds.）（2012）は，これまでの主なソーシャル・イノベーション研究をレビューし，その潮流を整理したものです。大別すると，ソーシャル・イノベーション研究のアプローチは5つに分類することができます。

① 社会課題を解決するための新たな制度や仕組みの創造，あるいは既存の制度の改善
② 組織行動の変容と柔軟な働き方の創造
③ 協働による課題解決（協働手法による組織行動の変容）
④ 市民運動や市民活動の形成（急進的なものから漸次的なものを含む）
⑤ 先駆的な解決手法や考え方等の普及と社会への影響（インパクト）

さらに，Mumford（2002：253）の研究を取り上げ，「ソーシャル・イノベーションは共通の目標を形成するために，人々が社会において『いかに対人関係や相互作用を作るか』に対する新しい考えとその遂行をいう」と引用しました。

「近年，ソーシャル・イノベーションに注目が高まっている理由の1つは，いわゆる厄介な問題（wicked problems）である。加速される地球レベルの課題への対応をソーシャル・イノベーションに投げかけていることにある」（Nicholls and Murdock eds., 2012：8）としています。

具体的には以下をあげることができます。

- 過度の都市化（過疎化）にともなう問題，コミュニティの崩壊
- 福祉制度の問題
- 長寿化による医療コストの増加，増加する慢性疾患などヘルスの問題
- 資本市場の弊害

- 拡大する不平等
- 個人の幸福度の低下
- 青少年の成長にともなう課題
- 国内外の文化的多様性
- 地球規模の資源制約，気候変動の影響など。

日本においては，地方創生や地域復興の文脈で同様の議論が起こっています。地域自らの長期的な未来像を議論する際，地域の価値とは何か，今後，何を遺し新たに創造していくのか，といった共通目標を形成する必要があります。そのためには，地域の有力者や NPO，Ｕターン，Ｉターンをしてきた人々を含む住民たちが話し合うことが期待されます。その過程で，地域の人々が相互に影響しあう関係を構築していくことになります。様々な利害関係や軋轢を乗り越え，共助の関係を新たに導き遂行していくことがソーシャル・イノベーションへのアプローチです。このようなソーシャル・イノベーションを必要とする領域は多様にあることが分かりました。

さらに，社会の変化は，急進的に生じるものから漸次的に緩やかに起きるものがある通り，社会に生じる変化の度合いを３段階に分けて捉え，順番に生じるのではなく，行き来しながら以下の複数のイノベーションが起こりえることを説明しています。

①　社会のニーズを理解しサービス等を改善する『持続的』イノベーション
②　新たな成果や価値を創出するために既存の制度を改める，あるいは新たに創造する『制度的』イノベーション
③　官から民へのパワーシフトによって新たなシステムを創る『破壊的』イノベーション

これらの異なる段階，度合いずれにおいても「革新性」がみられると考えます。重要な点はこの過程に「学び」があることです。

(2) ソーシャル・イノベーションと学びのプロセス

Murray, R. et al（2010：13）は,「変化は，小さなイノベーションの積み上げの結果起きる」と表しました。ソーシャル・イノベーションは，持続可能な社会に向けた考え方，プロセス，成果であり，その過程に小さなイノベーションが生じていると考えられるでしょう。

Mulgan（2006）は，ソーシャル・イノベーションの過程をスパイラル型に生じると説明しています。その過程は6段階あり，気付き，発案，試行，持続的，拡大（スケーリング），体系的変化へと展開します。

最初のステージは,「気付き」です。ソーシャル・イノベーションは，まず，何らかの問題を認識し，イノベーションが必要だと気が付くことから始まります。それは災害や経済危機などによってもたらされることもあれば，特に問題解決に迫られることなく，クリエイティブに新しいアイデアを思いつくこともあります。この第1段階で，正しく問題設定をできるかどうかが，その後の成功のカギを握ります。

第2のステージは,「発案」です。第1ステージで気が付いた問題を解決する方法を考えます。幅広い経験をもつ様々な人からのアイデアを取り込むことが大切です。

第3ステージは，第2ステージで作った案を試す段階です。この段階でいろいろと試行錯誤を繰り返し，方法に磨きをかけていく過程で，参加者同士の連帯感も強まり，利害がぶつかる団体との調整も進みます。この過程で，どうなったら成功かについての共通理解も進んでくるでしょう。

第4ステージは，日々の活動が順調に進み始めるステージです。この過程で安定的な収入源を確保し，継続的に活動できる基盤を整えます。

第5ステージは，イノベーションを大きくし広める段階です。組織の拡大，他の組織に自分たちのやってきたことをライセンス化するなどによって活動を広げていきます。この段階では，他の組織との競争意識をもち，また，他から刺激を受けることも重要です。自分たちの行っていることに対して，どれほど需要があるかを見極め，需要を盛り上げるために政策形成に力をもつ人々への働きかけも重要となります。この過程を「スケーリング」と呼び，必ずしも規模の拡大だけがソーシャル・イノベーションにとっての目的ではありません。

最後のステージが,「体系の変化」をもたらす段階です。ビジネスモデルや法規制体系の変化，インフラの整備などが進み，古い秩序を壊し，新しいものの考え方をもたらします。体系の変化は，公的セクターや民間，個人を巻き込み，大きな社会変化をもたらすものですが，それは小さなイノベーションの積み上げの結果起きます。服部（2013：2-3）

このように社会の変化は，スパイラル型に生じてきます。多様な社会問題を解決するためには，社会の在り方や方向性を見出し，そのビジョンに向かって小さな変化を積み重ねていくことになります。しかし，通常はその1つひとつの段階で様々な課題が生じてきます。それを乗り越えるためには革新的なアイデアや市場への働きかけ，非営利のネットワーク，協働手法などが考えられます。具体的に事例をみながらこのプロセスをみていくことにしましょう。

4　ソーシャル・イノベーションの実践――銀座ミツバチプロジェクト

銀座ミツバチプロジェクト（銀ぱち）は，都市養蜂が全国に広がる先駆けとなった市民活動であり社会，環境，経済への波及効果をもつソーシル・イノベーションモデルです。

2006年，田中淳夫さんが役員を務める銀座3丁目にある紙パルプ会館の屋上にミツバチの巣箱を置いて以来，大都会の養蜂は国内外から注目されました。何よりも，採れた蜜の質の高さと，それを生かしたプロの職人によるスイーツの商品開発は銀座のホテルや百貨店において顧客を魅了する商品でした。銀ぱちはNPO法人でスタートし現在，農業生産法人の双方を設立しています。養蜂を支援するのではなく養蜂家としての事業体，環境に取り組むNPO，そして，全国の地域創生に寄与する3つの顔をもって活動しています。

(1)　アイデアで地域を巻き込む

「地産地消」のコンセプトを大都会で実施しようとした活動は，メディアをはじめ消費者の注目を得ました。銀座で採れた蜂蜜を銀座で売るわけですが，銀ぱちが売ったその先は一流の職人たちでした。蜂蜜を生かしたよりよい商品として銀座に来る消費者に届けることができました。銀座は職人の町であり，多様性を受容できる文化をもった町であったことがこのプロジェクトが広がった理由だといいます。プロジェクトが始まる前から銀座の食の仲間たちと地域の未来像を考える歴史勉強会を実施していました。それは，銀座に世界の高級ブランドのビルが立ち並び始めた時期と重なります。地域の在り方に問題意識をもったときに養蜂は始まり，既存のネットワークを生かしたユニークな活動が地域の人々や行政を巻き込んでいきました。

(2)　アドボカシーによる問題意識の醸成

銀ぱちは，ミツバチが環境指標生物であることから環境教育に力を入れました。強い農薬が散布された地域ではミツバチは生息することができません。ミツバチは，巣から３～４キロほど飛んで花粉を集めに行くことができますが，巣の近隣にも蜜源が必要です。銀座在住在勤の人々は，蜜源を確保するために植木鉢を置くなど自主的に身近なところから緑化に取り組み始めました。中央区の公的施設や企業は，社屋の屋上緑化を進める機会となりました。つまり，ミツバチにとっての環境インフラの整備は，人々が問題意識を共有し，地域に共感を広げることだったといえるでしょう。都市に起こっている自然環境や景観の問題に気付いた人々は，このように主体的に行動に移すようになりました。ミツバチの世話を通じて地域へのケアの気持ちが高まり利他性が育まれたといえるかもしれません。ミツバチが環境の指標となることを積極的に発言し都市に起こっている問題を提起することはアドボカシー活動の一環です。政策提言と訳されますが変化を起こすには，このような社会に向けた発信力が有益であることがわかります。

(3)　ビジョンの共有と信頼構築

2008年から「ファームエイド銀座」を毎年開催してきました。地方の生産者が銀座で農産物を販売し，その地方の文化を相互理解するイベントを通じて都市と地方の交流を促しています。このような日頃からの交流関係は，東日本大震災の際に迅速に連携をとることにつながりました。一般に，まちづくりは，利害関係者が複雑で多様であり相互の信頼関係構築に時間を要します。しかし，銀ぱちの手法はこれらの課題を克服しています。ファームエイドは，定期的な開催とイベントによって，文化の相互理解を育む機会を創ってきました。生産者は銀座で直接消費者と会話ができます。銀座という地域のブランドを大いに活用することで効果を上げたといえます。都会からは福島や長野の集落に田植えや稲刈りにでかけ地元の生産者や行政職員とともに汗を流します。これは，多様に関わる人々の其々のモチベーションを上げる手法（win-win for all モデル）であり，双方向の関係構築を早めることができました。

多様なセクターと協働する際は，ここでは，行政職員の思いが地域や役所内部を動かすというボトムアップと，組織のトップが銀ぱちに賛同し理解を示して自らの地域内で展開しようとするトップダウンの動きがうまく融合したことで実現した側面があります。そして，その結果，生産者のモチベーションを高めるという社会的経済的インパクトのある成果を生むことができました。

(4) 地域の潜在力を引き出す

信頼関係が構築されると，地域の課題解決に向けて複数の地域の橋渡しをした商品開発に取り組むようになりました。例えば，福島の酒米を山口の酒造で製造し，日本酒「精一杯」と名付けて銀座で販売します。風評被害の払拭の一助にしたいという思いでした。また，長野の限界集落の酒米を用いて，江戸末期創業の地元の酒造が焼酎「積善 GINZA」を製造します。商品ラベルには銀座ミツバチ，JA グリーン長野，西飯田酒造，そして長野市の共同開発であることをうたいました。

これは，流通面からみると効率的とはいえない組み合わせで商品開発が行われました。社会資源開発には何が必要でしょうか。効率性を重視せずに地域の資源を改めて見直した時に，今までにないアイデアが生まれてきました。そして，アイデア段階から「出口戦略」のイメージをともなっていたことも地域に変化を起こせた理由の１つです。社会目的をもった事業は，目的を達成するのが長期にわたりますが，商品開発の目指す成果を早い段階から利害関係者と共有してビジネスモデルを考えた点に特徴があります。

他方，活動のプロセスで生まれてきた課題がありました。銀座のある中央区は地価が高く，公園面積が限られていることから屋上緑化が地域の政策と一致しています。屋上緑化が広がってきたものの維持管理費の負担が重く，持続できずに屋上でも耕作放棄地のようになるところがでてきました。屋上の緑化経費の負担を軽減するためには新たなアイデアが必要でした。そこで，芋を植え，福岡の酒造で芋焼酎「銀座芋人 *IMOJIN*」を製造しました。銀座の芋だけでは数量が限られているため福岡の芋を使い，福岡の福祉施設が製造にかかわります。芋焼酎の販売数が増えると福祉施設の仕事も増えていくビジネスモデルです。銀ぱちが触媒となり，その地域や組織の力を高めることができたのです。

過疎化の問題や屋上の耕作放棄地の問題に対して，ミツバチが受粉するように，組織間，地域間，セクター間をつなぐ手法は，社会問題解決に有益なモデルであることがわかります。

(5)　スパイラル型変化

銀ぱちは，飽和状態の蜂蜜の市場へ参入し，新たな市場を開拓することに一定の成功をみました。もっとも市場創出が目的ではなく，環境教育や地方の農業の活性化を通じて持続可能な社会を目指してきました。自然環境に依拠した多様なイベントやプロジェクトを通して社会に問題提起を続けています。その過程で，人々の消費や行動に影響を与え，問題意識の共有が図られてきました。信頼関係が醸成されると，協働プロジェクトが地域の潜在力を引き出す効果をみせます。人々や地域の潜在力が高まると，社会問題の解決手法やアイデアが広がります。少しずつ変化を生じさせながら深める手法は，ムルガンのソーシャル・イノベーションプロセスにみると，スパイラルに変化する普及段階といえるでしょう。ここでは，ミツバチプロジェクトの全国的な展開と，銀ぱちをハブとしたネットワークの広がりの両方によって普及が顕在化してきました。

前者の全国展開は，銀ぱちがノウハウを提供する場合でもフランチャイズ経営のように契約関係はありません。地域の人々が独自にプロジェクトを展開する「スケールアウト」の形で広がっていきました。特定の地域で注目された先駆的な概念を他地域に展開する場合，その地域にみあった内容に適応させる創造力が必要です。問い合わせは全国各地に及び，より地域の未来に危機感をもつ各地で展開されました。

後者の１つの組織を核としたネットワークによる普及は，社会起業家が主導して異なる地域の資源を結合させて価値づけを行う手法です。このような地域と地域の繋がりには，双方の歴史，文化，気候風土などを踏まえた相互理解と多様性を受け入れる環境のもとに成り立ちます。ここには新たに多くの対話と学びを必要とする点から革新性があるといえます。Tayler M.（2011）が，協働による学習効果を示している通り，協働の有益性と理解は広まりましたが，橋渡しをする人材の育成が求められています。社会セクターのリーダーとは，小さな変化を持続的に起こしていくこと，そして複数の重層的なプロジェクトの全体を俯瞰し利害関係者の調整を行うことのできる人々であることがわかります。

5　持続可能な社会に向けたプロセス

地域に活力ある経済モデルをつくるためには，「生活圏としてのまとまりをもった各地域がより直接的に連携し，自立すること」と武藤は提案していました。その解の１つとして銀ぱちの事例が示したことは地域が連携して小さな変化を積み重ねていくことでした。

都会の養蜂は，人々に日常生活の中で都会の自然環境を考える機会と想像力を与えることができました。社会起業家が発するメッセージを受け取り，消費を通じた体験で社会問題への認識を高め意識の共有が図られていきました。このように，自然と人との関りを見直し，自然や生き物へのケアの思いが生まれてくると，「地域社会内部をケアしようとする」気持ちをもつ可能性がみえてきました。それは，人々のそして地域の潜在力を高めることにつながり，岡田のいう「主体的に生きる心」を地域の人々が育むきっかけとなりました。ここでようやく，武藤のいう地域の経済モデルが生まれ地域の個性を豊かにしていくことができます。ときには時間のかかるスパイラル型のプロセスです。その先には持続可能な地域社会をどうデザインするのかが見えてくるのかもしれません。そして，後藤のいう「多様な現代社会において市民が共有する文化的な帰属意識の中から生まれ出てくるアイデンティティの追求」と武藤のいう「人の役に立ちたい，助け合いたいという人間が本来もっている共助と連帯の行動原理を基本とした思想」が地域を支えていくことのだという認識が広がることを推察できました。

本章では，社会起業家とソーシャル・イノベーションの必須要素を抽出することと，具体的な事例を通して，ソーシャル・イノベーションがどう起こりうるのかを述べてきました。地域に多様性を受け入れる土壌があったことから１つの養蜂プロジェクトが生まれ，全国に普及していきました。後藤のいう「他者との社会的な関係のもとで自ら生成する自然界の生態系」のようにまちづくりも多様性をもったエコシステムが自立した地域社会をつくっていきます。

他方，ソーシャル・イノベーションのプロセスにおいて生じる課題は，Seelo and Mair（2016）は，イノベーションの判断を間違うことについて指摘しています。革新性を語る背景には多様な解釈が行われ，その文脈によって革新性の判断が左右されうるからです。現在の延長線上ではなく，過去から継承してきた文化や歴史，風土の上に新たなイノベーションが起きるとすれば，次の世代に何を遺し新たな価値を創造するのか，継承とその選択の判断が問われています。

本稿は，服部（2017）をもとに大幅に加筆修正したものです。

参考・引用文献

岡田憲夫（2015）『ひとりから始める事起こしのすすめ』関西学院大学出版会。

後藤春彦ほか（2005）「まちづくりオーラル・ヒストリー」水曜社。

服部篤子（2013）「ソーシャル・イノベーションの スケーリングのための 支援モデル構築事業」報告書　NPO 法人しゃらく。

服部篤子（2017）「ソーシャル・イノベーションの基礎概念とコミュニティの変化」『21世紀社会デザイン研究』16号，21～29頁。

服部篤子（2018）「社会起業と地域イノベーション」，大守隆編著『ソーシャルキャピタルと経済』ミネルヴァ書房，65～88頁。

広井良典（1997）『ケアを問いなおす――〈深層の時間〉と高齢化社会，筑摩書房。

武藤清（2006）「明日の経済社会モデルの創造」，服部篤子，武藤清，渋澤健編著『ソーシャル・イノベーション――営利と非営利を超えて』日本経済評論社，

189～213頁。
鷲田清一（2016）『素手のふるまい アートがさぐる〈未知の社会性〉』朝日新聞出版。

Phills, J. A.Jr., Deiglmeier, K. and Miller, D. T. (2008), "Rediscovering Social Innovation" Stanford *Social Innovation Review*, Fall 2008, pp. 34-43.

Tayler, M. (2011), *Public policy in the community*, Palgrave（＝2016，牧里・金川監訳『コミュニティをエンパワメントするには何が必要か――行政との権力・公共性の共有』ミネルヴァ書房).

Mumford, M. (2002), "Social innovation : Ten Cases from Benjamin Franklin" *Creativity Research Journal*, 14(2), pp. 253-266.

Mulgan, G. (2006), "The Process of Social Innovation" *Innovations : Technology, Governance, Globalization*, Volume 1, Issue 2, Spring 2006, MIT Press, pp. 1-13.

Murray R, Caulier-Grice, J. and Mulgan, G. (2010), *The open book of social innovation*, The Young Foundation, UK.

Nicholl, A. and Murdock, A. (2012), The Nature of Social Innovation, In Nicholl, A. and Murdock, A. (Eds.) *Social Innovation : Blurring Boundaries to Reconfigure Markets*, Palgrave Macmillan, pp. 1-30.

Seelo, C. and Mair, J. (2016), "When Innovation Goes Wrong", *Stanford Social Innovation Review*, Fall 2016, pp. 27-33.

Sommerrock, K. (2010), *Social entrepreneurship business model ; Incentive Strategies to Catalyze Public Goods Provision*, Palgrave Macmillan, pp. 35-61.

注

(1) 社会技術研究開発センター（RISTEX）は，国立研究開発法人 科学技術振興機構（JST）の一組織。「持続可能な多世代共創社会のデザイン」は，2014年から開始された研究領域。WEB サイト（https://www.jst.go.jp/ristex/examin/active/i-gene/i-gene.html）2019/11/29

(2) ペンシルベニア大学で詳細な研究が行われている。Intergenerational Program WEB サイト（http://aese.psu.edu/extension/intergenerational）2017/11/29

(3) 例えば以下の論文に詳しい。Dees, J. G. and Anderson, B. B. (2006), "Framing a Theory of Social Entrepreneurship : Building on Two Schools of Thought and Practice," In Rachel Mosher-Williams (Ed.), Research on Social Entrepreneurship : Understanding and Contributing to an Emerging Field : ARNOVA's Occasional Paper Series,. : Association for Research on Nonprofit and Voluntary Organizations, Washington, D.C, pp. 39-66.

(4) Stanford Social Innovation Review WEB サイト（https://ssir.org/）2018/11/29

第3章

社会課題の解決を促す資金の流れ

ポイント：**NPO** や社会的企業の活動を支える資金の流れはどうなっているのでしょうか。**NPO** や社会的企業は，営利を目的とする一般の企業とは組織の目的が異なりますが，活動を継続するために，ヒト，モノ，カネの投入が必要な点は同じです。高い志を抱いて活動を始めても，資金が枯渇してしまえば活動を中止せざるを得ません。潤沢な資金を確保できれば，活動を継続したり，拡大したりできます。日本でも **NPO** という言葉の認知度は高まってきましたが，ボランティア活動を連想する人が多いようです。自発的に活動に参加しているのだから，活動にかかる費用は自分で負担するのが当然だとの声もよく聞きます。活動費用をすべて自己負担で賄っている事例もありますが，それだけの余裕がある個人は限られますし，持続性の点でも限界があります。社会が抱える様々な課題の解決に取り組む **NPO** や社会的企業の趣旨に賛同する第三者からの資金提供が欠かせないといえます。資金を提供する方法の代表といえるのが寄付金で，日本での寄付金の総額は増えています。また，近年，「社会的インパクト投資」と呼ばれる新たな資金提供の手法が世界で注目を集めています。本章では，こうした資金の流れに焦点を当て，様々な類型を示した上で，課題を探ります。

本章では，まず，「資金を求める側」の現況を分析します。日本の NPO 法人に焦点を絞り，NPO が運営資金を調達する方法を概観します。多くの NPO が資金の調達に苦心している実態を明らかにします。

次に，NPO や社会的企業に「資金を供給する側」の全体像を描写します。クラウドファンディング，NPO バンク，信用金庫や地方銀行といった地域金融機関による融資など，様々な供給ルートが生まれつつあり，成功事例も増えていますが，経済全体に占める比重はなお，あまり大きくありません。

供給ルートは多岐にわたりますが，供給先に返済を求めない補助金，助成金と寄付金，回収や返済を求める投融資に大別でき，後者の総称が「社会的インパクト投資」（以下，インパクト投資）です。詳しくは後述しますが，インパクト投資は民間主導の資金です。世界全体で急速に拡大し，社会貢献を目的とする活動を支える資金の主軸となるべきだと多くの関係者が捉えています。主要国の現状を紹介した上で，日本の特徴を浮き彫りにします。

さらに，インパクト投資の一部である「ソーシャル・インパクト・ボンド」（以下，SIB）と呼ばれる手法についても解説します。SIB は政府と民間が協調しながら社会課題の解決に取り組む仕組みであり，多くの主要国が注目しています。インパクト投資と SIB は日本ではまだ緒についたばかりであり，主要国に比べると小規模です。

日本では，政府や自治体による業務委託費や補助金といった公的な資金が大きな存在感を示し，民間の資金の流れをそいでいるとの見方もあります。官の協力や，公的な資金なくしては日本の NPO の活動は成り立ちにくいのが実情であり，官民の役割分担についての私見を披露して本章を締めくくります。

1　事業収益を増やす NPO 法人

NPO 法人の財政状態はどうなっているのでしょうか。内閣府の実態調査（2017年）を基に分析してみましょう。調査対象は6437法人，有効回答は3471法人（回答率は53.8%）です。

NPO 法人の年間収益の分布をみると，「1000万円超～5000万円以下」が30.9%と最も多く，「100万円超500万円以下」（18.5%），「０円超100万円以下」（18.1%）と続きます。「１億円超」（8.5%）の法人もあり，ばらつきがみられます。

収益の内訳では，事業収益が77.0%を占め，最大です。事業収益とは，商品の販売やサービスの提供を通じて得る利益であり，事業の規模が大きい NPO は事業収益を上げる基盤が整っている傾向があります。ここで注意したいのは，事業収益の内容です。2013年の調査では，事業収入の47.1%が介護保険の関連，17.1%が公的機関からの委託事業による収入でした。介護保険制度では NPO

が民間企業と同様に公的なサービスを担えます。2003年の指定管理者制度の改正にともない，行政が公民館，図書館，スポーツ施設，公園などの運営をNPO に委託する動きも広がっています。行政の側は NPO に業務を委託したほうが総コストを圧縮できるし，NPO 側にとっても安定した収入を確保できる利点がありますが，行政が NPO を割安な対価で使っているとの見方もできます。行政による委託契約の大半は固定価格の契約であり，事業の成果が報酬とは連動していません。委託契約の支払いは事業の実施費用だけが対象で間接費を含まない場合が多く，受託側の負担になっています。

収益の内訳（17年調査）に戻ると，事業収益に続くのが補助金・助成金（10.9%）であり，介護保険や業務委託による事業収益と合わせると，NPO の収益のかなりの部分を公的な資金が占めていることが分かります。対照的に，寄付金は8.0%，会費は2.8%にとどまっています。

寄付を個人と法人に分けてみてみましょう。NPO 法人に対する個人からの寄付は，NPO１法人の平均で95.4人，中央値は１人。寄付の金額は平均で438万円，中央値は8000円。企業（法人）からの寄付は NPO １法人の平均で8.9社，中央値は０社。寄付の金額は平均で205.8万円，中央値は０。寄付の人数（社数），金額ともに中央値は小さく，日本では，個人や企業が NPO に寄付をする習慣はあまり根付いていないといえます。NPO の側も，寄付にはあまり期待していません。寄付を増やすために「特に取り組んでいることはない」との回答が目立ちます。寄付を増やす努力の中では，「寄付の受け入れ状況とその活用などに関する資料の作成・公表」「ソーシャル・ネットワーキング・サービス（SNS）を活用した情報発信」「クラウドファンディングの活用」「寄付金集めも含めた資金調達の専門家の育成・活用」「企業や行政，教育機関等の外部組織との連携」といった項目が挙がりますが，寄付金集めに注力する NPO は少数派です。

外部からの資金としては，借入金もあります。借入先の中では個人が圧倒的に多く，以下，政府系金融機関，銀行，信用金庫の順となっています。2015年10月から，NPO 法人も自治体の信用保証制度を利用できるようになり，NPO 法人向け融資に力を入れる金融機関は増えていますが，融資全体に占める割合はなお小さいといえます。

NPO に現在，抱えている課題を尋ねると，「人材の確保や教育」が最多で，「収入源の多様化」が２位です。このほか「事業規模の拡充」「外部の人脈・ネットワークの拡大」「法人の事業運営力の向上」「一般向けの広報の充実」「関係者への活動結果の報告」「会計情報の開示」といった項目が並び，多くのNPO が資金の確保に苦心している様子がうかがえます。

2　存在感が大きい補助金・助成金

次に，NPO や社会的企業などに資金を供給する側からみた資金の流れをみてみましょう。ネット企業などが加盟する新経済連盟は，2017年にまとめた報告書で，「日本では，公益性の高い資金は短期のもの（公募ベース・単発の助成金など）が中心であり，中長期のもの（経営支援をともなう慈善事業であるベンチャー・フィランソロピーや，インパクト投資）については極めて少ない状況」との認識を示しています。

公募ベース・単発の助成は，研究の促進や市民活動の促進，育英奨学などで大きな役割を果たしてきましたが，こうした短期的な資金と，中長期の資金（およびそれにともなう経営支援）とでは果たす役割が異なり，両者はともに必要と主張しています。

まず，短期資金の詳細をみてみましょう。短期資金は，公益法人による助成金，個人や企業からの寄付金，政府や自治体からの補助金や業務委託費に大別できます。

公益財団法人，助成財団センターの調べによると，日本での助成財団による事業総額（2018年度）は972財団の合計で約1131億円。助成事業は2112件で，公募が68％を占めます。年間の助成額が５億円以上の財団は全体の３％にすぎず，2500万円未満が55％と過半数を超えています。

事業の形態では，研究費の助成が圧倒的に多く，奨学金，市民活動を支える事業プロジェクト，賞，会議といった項目が上位に並びます。「講座・セミナー・育成」「表彰・コンクール」「キャンペーン，〇〇月間」「体験活動」が主な事業である財団が多いのです。日本の公益財団法人では，コミュニティ財団や市民ファンドは少なく，企業からの寄付で発足した企業財団が多いのも特徴です。

日本ファンドレイジング協会によると，個人の寄付金は2016年で7756億円，会費は2328億円。寄付金の名目国内総生産（GDP）に対する比率は0.14％にとどまっています。米国では寄付の GDP 比は1.44％，英国では0.54％にのぼり，大きな開きがあります。それでも，過去に比べると日本での寄付の総額は伸びており，寄付文化がようやく根付いてきたとの声もあります。2011年に発生した東日本大震災は個人の寄付マインドを高めました。この前後からインターネットや SNS が普及し，NPO の活動が広く知られるようになり，ネットを介したクラウドファンディングも活発になっています。

また，国税庁の調べでは，日本企業による寄付金は年間7610億円（17年度）。2010年度から年間7000億円程度で推移してきましたが，15年度に7909億円に増え，16年度に１兆1229億円に伸びましたが，再び17年度に落ち込みました。分野別にみると，教育・研究，文化・レクリエーション，災害の被災地支援を含む社会サービスなどが上位に並びます。近年，社会貢献活動に力を入れる日本企業は多く，専門部署を作って NPO との接点を増やす動きもみられます。

直近のデータで，個人の寄付金や会費と，企業の寄付金を合計すると約１兆7700億円となります。日本ファンドレイジング協会は，こうした民間の資金を「善意の資金」と呼び，後述するインパクト投資なども含めて「善意の資金10兆円時代」の実現を目指して活動してきました。

一方，政府や自治体からの補助金や業務委託費に関しては，まとまった統計がなく，総額は分かりません。各省庁や自治体が個別の事業に対して拠出している資金の総額はかなりの規模に達しているとみられます。

3　世界で注目集めるインパクト投資

次に，中長期の資金の流れを点検します。中長期の資金の中核をなすのが，インパクト投資です。日本の現状を探る前に，世界の潮流をみてみましょう。

2013年6月，主要国首脳会議（サミット）の議長国だった英国のキャメロン首相（当時）の呼びかけで，「G8社会的インパクト投資タスクフォース」が発足しました。インパクト投資をグローバルに推進するのが目的であり，G8各国から政府代表と民間代表が参加し，定期的に会合を開いています。日本にも下部組織として国内諮問委員会が誕生しました。

2015年8月，新たに5カ国が参画したのを機に，「G8社会的インパクト投資タスクフォース」は「Global Social Impact Investment Steering Group」（グローバル社会的インパクト投資運営グループ＝GSG）と名称を変更し，日本の委員会もGSG国内諮問委員会という名称になりました。

GSG以外にも，インパクト投資を促進するための組織が生まれています。「The Global Impact Investing Network」（GIIN）はロックフェラー財団を中心とする投資家らが創設しました。投資家のネットワークをつくり，インパクト投資を評価する指標の標準化に取り組んでいます。2018年10月にパリでフォーラムを開き，650以上の組織から，1200人以上が参加しました。

「The Impact Management Project」（IMP）は2016年に2000以上の組織が集まってスタートし，18年には，企業や投資家の間で，知識の共有，シナジーや協業の機会，インパクト投資の評価やマネジメントに対する共通認識を形成する目的で「The IMP network」が誕生しました。2018年，IMPのメンバーが協力して設立したのが「SDGs Impact」です。国際連合が採択した「Sustainable Development Goals」（持続可能な開発のための17のゴール，169のターゲット＝SDGs）の達成に向けた効率的な投資を可能にするための基準やツール，ネットワークを提供しています。

インパクト投資とは何か，ここで改めて説明しておきましょう。論者によって定義には幅がありますが，上述の国内諮問委員会は，「財務的リターンと並行して社会的および（もしくは）環境的インパクトを同時に生み出すことを意図する投資」と整理しています。投資対象を選ぶにあたり，財務的な評価だけではなく社会的な評価を基準とします。金融市場での「市場の失敗」を是正し，社会性と経済性を両立させる投資を目指すのです。以下のインパクト投資の歴史に関する記述は，同委員会がまとめた報告書の要約です（※一部筆者が補強した部分があります)。

インパクト投資は過去20年の間に欧米を中心に拡大してきました。社会的インパクト投資という言葉が初めて登場したのは，2007年のロックフェラー財団による会議だとされていますが，インパクト投資とみなせる事例は古くからありました。オランダのトリオドス銀行は一例です。1968年，オランダのトリオドス銀行の基になる勉強会が発足しました。勉強会は環境や社会に貢献する金融機関が必要だと指摘し，社会的企業に資金を提供するための財団が1971年に立ち上がりました。ちなみにトリオドス銀行は融資先を「社会，経済，文化の側面で付加価値を創出し，持続可能なセクターで活動していること」を基準に選んでいる銀行で，1980年に業務をスタートして以来，「環境銀行」として世界で認知されています。

社会的インパクト投資に早くから熱心に取り組んできたのは英国と米国です。英国のインパクト投資の土台となったのは，2000年に発足した，ロナルド・コーエン卿が率いる社会的投資タスクフォースです。これをバネに様々な財団，団体や企業が発足し，活動が広がりました。英国では2002年，コミュニティインベストメントに特化した初めての基金設立，「コミュニティ開発金融機関」を通した社会的投資減税，チャリティバンク設立と続き，2004年には新しい法人形態であるコミュニティ・インタレスト・カンパニーの運用が始まりました。さらに，2010年には社会的インパクト投資の１つの手法であるソーシャル・インパクト・ボンド（SIB）が世界で初めて実現しました。2012年には，長年，引き出されない預金である休眠預金と，銀行からの資金を原資にしたビッグ・ソサイアティ・キャピタルが発足し，2017年にはバークレーズ銀行が英国の大手銀行として初めて社会的インパクト投資を担うマルチ・インパクト・グロース・ファンドを設立しました。

米国では1968年，フォード財団の主導で，プログラム・リレイテッド・インベストメント（PRI），ミッション・リレイテッド・インベストメント（MRI）が生まれました。PRI は，団体組織が基本財産の一部を使って投資や融資などの手法で社会的事業を支援する仕組みを指します。米国では税法上，総資産の５％以上を毎年，事業に支出する義務がありますが，一定の要件を満たしたプログラム関連投資の投融資額は「支出」とみなせるため，資産を運用しながら５％ルールを満たせるメリットがあります。低利の学資ローン，貧困層の雇用創出につながるビジネス，低所得者向け住宅建設プロジェクトなどに資金を提供しています。MRI は内国歳入庁の認定を受けないため，投資を支出には計上できませんが，市場より低いレートにする必要がないメリットがあります。団体の使命の実現と，市場レート並みのリターンの双方を求める団体は MRI を選択できます。

1994年には，リーグル地域開発および規則改善法が制定され，コミュニティ開発金融機関を通じた地域経済の活性化に弾みがつきました。マイクロソフトの創業者，ビル・ゲイツ氏や著名な投資家，ウォーレン・バフェット氏ら，多額の資産を保有する個人の寄付も盛んになります。2008年，リーマン・ショックが発生すると，健全な社会を構築するための投資として社会的インパクト投資に注目が集まり，民間企業からの資金の流入も急増しました。モルガン・スタンレーによるインパクト・インベストメント・サービスの開始（2012年），ゴールドマン・サックスによるソーシャルインパクトファンドの設立（2013年）が典型例です。フェイスブックの創業者，マーク・ザッカーバーグ氏が保有する同社株の99％を生涯にわたって寄付すると発表し，2015年，社会的インパクト投資も実行するチャン・ザッカーバーグ・イニシアチブを設立して話題となりました。

JP モルガンの試算によると，世界のインパクト投資は2015年に774億ドル（８兆円）となり，３年間で２倍の規模となりました。2020年には4000億ドル（40兆円）～１兆ドル（100兆円）に拡大するとの試算もあります。世界の富は2015年に250兆ドルに達しているとの推計もあり，インパクト投資に回った資金は，そのうちの0.03％にとどまっています。250兆ドルのほぼ半分を上位１％の層が保有しており，富裕層は現状ではなおインパクト投資には熱心ではないとの評価も可能ですが，大きく伸びているのは確かです。

先導役は英国です。ビッグ・ソサイアティ・キャピタルの調査によると，英国のインパクト投資は2015年末で15億ポンド（約2700億円）以上，約3500件の実績があり，3000以上の慈善団体や社会的企業がインパクト投資の恩恵を受けています。

英国のインパクト投資の内訳をみてみましょう。15年末時点で最も残高が大きいのは銀行による貸し出しで，全体の36％を占めます。これに続くのが営利目的企業への投資で全体の30％，それ以外では，銀行以外による貸し出し（11％），社会的資産ファンド（９％），コミュニティ株式（６％），チャリティ債（６％），準株式（２％），SIB（１％），社会的投資減税（0.1％）の順となっています。

英政府は2016年，インパクト投資の「グローバルハブ」となるための計画を公表しています。「海外からのインパクト投資を英国に呼び込む」「海外の社会的企業を英国に呼び込む」「インパクト投資ビジネスと社会的企業の輸出を増やす」「他国が創出したイノベーションやナレッジの成功事例を導入する」が計画の柱です。英政府は計画を実現するための重要な海外市場として，米国，カナダ，インド，オーストラリア，フランス，中国，韓国，メキシコ，バングラデシュ，ニュージーランドを挙げています。

インパクト投資が急増してきたのは，主要国で財政支出の負担が増し，政府の財政状態が限界に近づいているためです。1980年代から社会的責任投資，2000年代半ばからはESG（環境・社会・ガバナンス）投資が活発にはなりましたが，政府や自治体が社会問題の解決に向け，多くの資金を負担しているのが実情です。経済協力開発機構（OECD）は社会保険や社会扶助給付などからなる「公的社会支出」と，休業被用者への疾病手当などからなる「義務的私的社会支出」を合計した「社会支出」を公表しています。OECD の分類では，社会支出の目的となる政策は以下の９分野です。

①　高齢（年金，早期退職年金，高齢者向けホームヘルプや在宅サービス）
②　遺族（年金，埋葬料）
③　障害・業務災害・傷病（ケアサービス，障害給付，業務災害給付，傷病手当）
④　保健（外来，入院ケア支出，医療用品，予防）
⑤　家族（児童手当，保育，育児休業給付，ひとり親給付）
⑥　積極的な労働市場政策（職業紹介サービス，訓練，雇用奨励金，障害者雇用

支援とリハビリテーション，直接的な仕事の創出，仕事を始める奨励）

⑦　失業（失業給付，労働市場事由による早期退職）

⑧　住宅（住宅手当，家賃補助）

⑨　他の政策分野（低所得世帯向けの他分野に分類できない給付，食事支援など）

1980～2013年度の社会支出の推移をみると，08年のリーマン・ショック後，とりわけ英国と米国で伸びが大きく，公共事業への民間資金の活用や，インパクト投資に対する関心が両国で高まったのです。

主要国の社会支出（13年度）を前述の９分野に分類すると，国別の特徴が明らかになります。日本とフランスは「高齢」，米国とドイツは「保健」，英国とスウェーデンは「高齢」と「保健」への支出が大きくなっています。それ以外の項目をみると，日本では「家族」と「住宅」，米国では「失業」，ドイツでは「家族」「住宅」「障害・業務災害・傷病」，英国では「家族」といった項目が上位を占めています。

インパクト投資を世界でさらに拡充するには何が必要でしょうか。GSG（当時はG8社会的インパクト投資タスクフォース）は2014年，投資を促すための８つの提言をまとめています。

①　インパクトについて測定可能な目標を設定し，その達成度をモニタリングする

②　投資家はリスク・リターン・インパクトという３つの指標を取り入れる

③　受託者の責任を明確にし，投資家が投資の財務的リターンとともに社会的リターンも考慮するよう促す

④　成果報酬型の委託を実施する。政府はソーシャル・インパクト・ボンドなどの成果報酬型取引の手続きの効率化と全国レベルでのエコシステムの最適化を検討する

⑤　休眠預金を活用してインパクト投資セクターの開発を促進する

⑥　非営利組織の機能強化を推進する。政府および財団は運営能力を強化するための補助金プログラムの確立を検討する

⑦　営利・目的両立型の企業が社会的ミッションを優先できる仕組みを整える。政府は社会的ミッションに基づいた活動を継続的に実行したいと考えている起業家や投資家のための適切な法制度を設ける

⑧　国際開発におけるインパクト投資の貢献を支える。政府は開発金融機関がインパクト投資の取組みを拡充できるような柔軟性を確保する。インパクト金融ファシリティおよび優れたディベロプメント・インパクト・ボンド基金の創設を検討する

提言④にあるエコシステムとは，様々なプレーヤーが参加してインパクト投資を生み出す仕組みを指し，普及の鍵を握ると多くの関係者がみています。インパクト投資には，資金を需要する側である「インパクトを志向する組織」（NPO や社会的企業など）と，資金を供給する側である「インパクト資本の供給源」「インパクト資本チャネル」が結びつかなければ成立しません。事業のリスクを見極め，資金の調達・供給ルートを選び，資金の需要側と供給側とを仲介する「インパクト投資中間支援組織」の存在も重要なのです。

それでは，日本のインパクト投資の現状をみてみましょう。国内諮問委員会は，日本でのインパクト投資の規模を推計しています。先述したように，インパクト投資の定義には幅があります。諮問委員会は以下のように定義しました。

①　資金提供者に，投資を通して社会的または環境的インパクトを求める意図がある

- 資金提供先の組織の第1のミッションは社会的な価値の創出
- 資金提供の対象が NPO 法人
- マイクロファイナンス機関，震災復興に関する案件，およびその他社会的企業に対して資金を提供するときの判断では，資金提供者が社会的インパクト創出に関する基準を設定している。
- 資金提供先が政府である場合は除外
- 一般的な利益の最大化のための投資や投資を実現する場合に社会的・環

境的な因子を考慮する ESG 投資は対象外

② 資本に対する利益，財務的リターンを想定した投資

- 財務的なリターンを志向しない寄付や助成，金銭的な寄付とともに人的資源を投入し，経営支援を志向するベンチャー・フィランソロピーは対象外

この定義に従うと，2016年のインパクト投資残高は投融資の合計で約337億円となり，14年のほぼ2倍の水準に達しました。2017年には718億円，18年には3440億円となり，極めて高い伸びを続けています。

16年のデータの内訳をみてみましょう。最も金額が大きいのは，日本政策金融公庫によるソーシャルビジネス支援で171億円と他を圧倒しています。政策金融公庫は NPO や社会的企業への融資を積極的に増やしており，市場全体を牽引しています。

次に大きいのが「市民エネルギーファンド」で39億円。同ファンドは匿名組合出資の形態で，クリーンエネルギーの発電所の設置・運営への資金を提供するための市民からの出資金です。それ以下では，民間が設立したファンドが上位を占めます。

日本初のインパクト投資ファンドとして注目を集めたのが，KIBOW ファンドです。同ファンドは2015年に発足した任意組合で，「社会課題の解決に寄与する起業家に対して投資し，成長を支援し，社会の変革を加速する」「国内の民間資金がこの目的のために使われる，新たな資金還流の仕組みを作る」という目的を掲げています。ベンチャーキャピタル投資のノウハウと東日本大震災の復興支援で培ったネットワークを活用しています。出資総額は５億円で，出資の期間は15年９月からの20年間です。すでに，東日本大震災の被災地で高齢者向けの宅食・介護サービスを提供する株式会社などへの出資を実行しています。

日本ベンチャー・フィランソロピー基金は，企業や日本財団の協力で2013年に発足した基金で，教育支援を手掛ける NPO 法人への助成と経営支援を実行してきました。15年には，子供の送迎や託児を支援する「子育てシェア」事業を展開する株式会社 AsMama（アズママ）に出資し，インパクト投資に乗り出

しました。

このほか，社会的企業に一定の比率で投資する仕組みを導入している資産運用会社，鎌倉投信や，三菱商事，ベネッセコーポレーション，新生銀行グループといった大手企業もファンドを通じてインパクト投資を拡大しています。

政策金融公庫以外のNPO向け融資残高では，16年時点で全国労働金庫協会が10億円，メディアでよく話題になるNPOバンクが合計3億円です。第9章で取り上げるNPOバンクは，市民が自発的に出資した資金を元手に，地域社会や福祉，環境保全に取り組むNPOや個人などに融資する組織です。趣旨に賛同する市民やNPOが組合員となり，1口数万円程度の出資をし，それを原資にNPOや個人に低利で融資をします。日本のNPOバンクは16年時点で14あり，累計の融資額は33億円に達しています。

全国の地方銀行，信用金庫，信用組合の融資残高は計測できた分だけで2億円強で，実際には数十億円にのぼるとみられています。

インパクト投資を資金の提供方法で分類すると，融資が191億円で最も多く，出資（66億円），匿名組合出資（59億円），投資信託（19億円）の順です。14年と比べると出資が大きく伸びています。

資金を提供した先の法人の形態別では，株式会社が213億円で最多。以下，NPO法人（87億円），マイクロファイナンス機関（33億円）の順です。提供先が手掛ける領域でみると，限定がない案件が242億円とトップで，環境（39億円），マイクロファイナンス（33億円）が続きます。地域別では国内が298億円，それ以外が海外です。

18年にインパクト投資残高が急増したのはなぜでしょうか。国内諮問委員会はデータの内訳を公表しなくなったため，詳細は分析できません。ただ，報告書では「組織内で社会的インパクト投資の手法を検討し従来の投資を社会的インパクト投資に変えたものや，投資信託として個人投資家にその投資機会を提供したことで1000億円規模に投資残高を伸ばしたものなど，社会的インパクト投資のスケール化に成功した機関があった」と説明し，18年度から新たに顔を出した機関の例として，野村アセットマネジメント，MS＆ADインシュアランスグループホールディングスを挙げています。大手企業や金融機関が従来の投資をインパクト投資としてとらえなおす動きは今後も続く見通しです。1件あたりの金額が大きいだけに，インパクト投資の残高が急増しそうですが，データには連続性がなくなります。本当にインパクト投資といえる内容なのかを精査する必要があるでしょう。

社会的インパクト投資とは別の観点からの分類になりますが，重要な役割を果たしている資金の流れも紹介しておきましょう。その1つが，クラウドファンディングです。資金が必要なプロジェクトを企画・運営する人が，ネットを介して多くの人から資金を調達する手段で，矢野経済研究所によると，2017年度の市場規模は前年度比127.5％増の1700億円となりました。類型別にみると，貸付型が約1534億円で全体の90.2％を占め，以下は，購入型（約100億円），ファンド型（約50億円），株式型（約9億円），寄付型（約7億円）の順です。

新経済連盟が大きな期待を寄せているのが，ベンチャー・フィランソロピーです。成長性が高いNPOや社会的企業に対し，中長期にわたって資金の提供と経営支援を実施することで，事業の成長を促し，社会課題の解決を加速させるモデルです。1990年代に米国で始まり，ベンチャーキャピタルの投資哲学や手法を取り入れて成長してきました。日本では16年時点で年間2億円程度にとどまっています。新経済連盟は，制度面での課題を解決し，認知度が上がれば，大きく伸びると主張しています。

インパクト投資に話を戻しましょう。日本でインパクト投資がさらに活発になる条件は何でしょうか。GSG国内諮問委員会（当時はG8インパクト投資タスクフォース国内諮問委員会）は2015年，インパクト投資拡大に向けた7つの提言をまとめています。

①　休眠預金の活用

- 休眠預金活用推進法案の成立と，法制定後の速やかな事業の実行を後押しする

②　ソーシャル・インパクト・ボンド，ディベロップメント・インパクト・ボンドの導入

- SIB を導入した事業を実施するための最適な日本版 SIB スキームを開発する

③　社会的事業の実施を容易にする法人制度や認証のあり方

- 社会的企業の事業実施や資金調達を容易にするために必要とされる法人制度や認証制度を創設する

④　社会的投資減税制度の立ち上げ

- 個人投資家や機関投資家の社会的事業への投資意欲を喚起する観点から，経済的インセンティブとしての減税制度を新設する

⑤　社会的インパクト評価の浸透

- 社会的企業がもたらす社会的インパクトについて計測可能な目標を設定し，モニタリングするための環境を整備する

⑥　受託者責任の明確化

- インパクト投資は法令上の受託者責任には違反しないことを確認し，機関投資家が投資ポートフォリオを組み込みやすい環境を整備する

⑦　個人投資家層の充実

- 国民的な投資リテラシーを高め，個人投資家の潜在層を顕在化させることで，社会全体としての機運を醸成する

このうち，休眠預金の活用は，2016年12月に休眠預金の活用に関する法律が公布され，2018年１月に施行されました。19年以降の休眠預金は，子供および若者の支援，生活困窮者の支援，地域活性化の支援の３分野に活用できます。法律には，「政策的な課題に使うのではなく，広く民間の公益団体の活動に助成する，あるいは貸し出す」「個人への寄付ではなく，団体の活動（が対象）」との定めがあります。

休眠預金とは，10年以上資金移動がない預金であり，2016年度で1270億円，預金者が払い戻した後でも701億円にのぼりました。休眠預金を管理する方法としては，フランス，カナダ，米国のように国家予算に合算する方法と，英国や韓国のように管理機関で資金をプールする方法があり，日本は後者の方法を選びました。各金融機関の休眠預金は，国が管理する預金保険機構に移管され，

新設する「指定活用団体」による「資金分配団体」の選定，助成・貸し出しを通じてNPO法人など活動の財源となります。休眠預金の移管が始まった19年9月から12月末までに約600億円が預金保険機構に移りました。2020年以降に，この中から3年で合計約30億円を上限に民間の公益活動に交付します。政府は資金の活用状況を検証しながら，徐々に配分を増やしていく方針です。休眠預金は毎年，発生するため，インパクト投資と比べても大きな存在といえます。

それ以外では，すでに紹介したGSG本部による提言と共通する内容も多いですが，個人投資家層の充実をあえて掲げている点が日本の特徴です。インパクト投資は世界に広がってきましたが，日本ではなお十分に認知されているとはいえず，さらなる啓蒙活動が欠かせません。

4　期待が大きいSIB事業

インパクト投資の中で，英国を中心とする主要国が注目しているのがSIBです。SIBでは，NPOや社会的企業が成果を出した場合に，行政が事業費の一部を負担するのに加え，成果報酬を上乗せします。想定していた成果を実現できないときには，民間の事業者が得る利益はゼロとなりますが，成功すれば見返りは大きく，大学や研究機関などの第三者機関が事業の成果を評価するので，透明性も高いです。以下では大和総研のレポートなどを参考にSIBの現状を紹介しましょう。

SIB事業は世界各国で拡大しています。2010年に英国が世界で初めて，受刑者再犯防止プログラムによるSIB事業を実施し，12年度以降，他国にも広がりました。インパクト・ボンド・グローバル・データベースによると，2010年9月～2016年6月の間に始まったSIB事業は世界全体で60件（15カ国），投資額は2.16億ドルにのぼりました。16年6月時点で事業が終了している案件は16件。そのうち成果をあげて投資家にリターンがあった事業は15件，成果が出ずに事業が打ち切りになった案件は1件でした。SIB事業の先導役となっているのは，英国と米国です。特に英国は60件のうち31件を占め，圧倒的なシェアを占めます。2位は米国の10件で，オランダ（5件），オーストラリア（2件），イスラエル（２件）がこれに続きます。

世界の SIB 事業を内容別にみると，若者の就労支援が19件と最も多く，生活困窮者の支援（12件），子供・家庭支援（８件），生活習慣病・介護予防（５件），受刑者の再犯防止（５件），幼児・小学教育（５件）などが上位を占めます。事業の実施期間は，若者の就労支援と生活困窮者の支援が３～３年半，それ以外では４年以上が多いです。

日本政府も SIB 事業に積極的に取り組み始めています。2014年度には関係省庁が SIB の事業化に向けた検討会を発足，15年度以降は国の成長戦略である「日本再興戦略」と，地方創生の指針である「まち・ひと・しごと創生基本方針」に，SIB 事業の普及を目指す方針を盛り込んでいます。

「『日本再興戦略』改訂 2015」では，「国民の健康寿命の延伸」の項目の中に，「民間の資金やサービスを活用して，効果的・効率的に健康予防事業を行う自治体等の保険者へのインセンティブとして，ヘルスケア分野におけるソーシャル・インパクト・ボンドの導入を検討」と明記しています。「日本再興戦略 2016」でも，「世界最先端の健康立国へ」の中で，「高齢者に特有の疾患の解明や老化・加齢の制御についての基礎研究の推進，自治体での健康寿命延伸に向けた産業育成を促進するためのソーシャル・インパクト・ボンドの社会実装に向けた検討を進める」とうたっています。「未来投資戦略 2017」にも，「民間の活力を社会的課題の解決に活用するため，民間資金を呼び込み成果報酬型の委託事業を実施するソーシャル・インパクト・ボンドなど，社会的インパクト投資の取組を保健福祉分野で広げる」と明記しています。

「まち・ひと・しごと創生総合戦略（2015改訂版）」には，「民間資金や知見を活用する手法の１つとして，社会的インパクト投資が英国で始まり世界に広がりつつある。我が国においても，パイロット事業を検証しながら，こうしたものを含めた社会的課題の解決手法の活用に向けて，課題の整理等の検討を進めていく」との文言があります。さらに，「まち・ひと・しごと創生基本方針 2016」で「社会的効果を見える化しその達成インセンティブを活用する社会的インパクト投資方式など，官民でリスクシェアをするための方策について更に

図３－１　社会課題の解決を目指す組織への資金の流れ

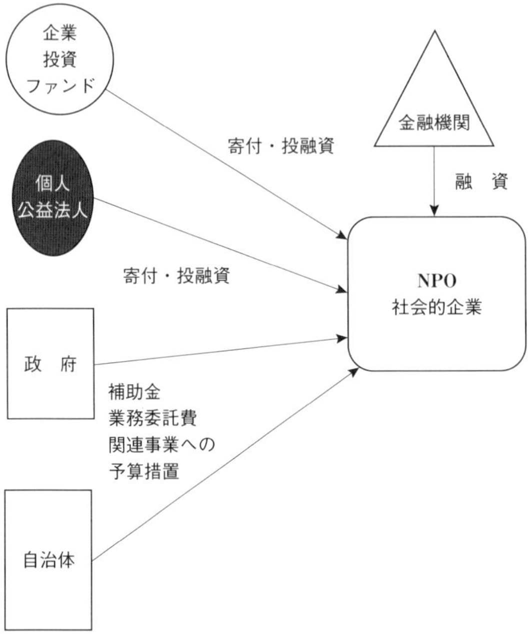

（出所）筆者作成

検討を深める」と強調しています。17年版にも，「SIB などの手法により，ソーシャルベンチャーを効果的に活用して，地方公共団体が取り組む事業に対する地方創生推進交付金等による支援」との記述があります。政府が SIB を重視している姿勢が表れています。

SIB 事業はどんな分野で期待されているのでしょうか。政府と，国内諮問委員会が重視しているのは，若者の就労支援，認知症の予防，特別養子縁組の促進です。国内諮問委員会によると，この３分野で SIB 事業を実施すると，公的なコストを6000億円以上，圧縮できます。中でも，若者の就労支援では3700億円の削減効果を見込んでいます。

関係各省の動きをみてみましょう。経済産業省は2017～19年度に，神戸市と共同で大腸がん検診の受診を推奨する SIB 事業（総事業費約900万～1000万円），東京都八王子市と共同で糖尿病・腎症の重症化を予防する SIB 事業（総事業費2900万円～3637万円）を実施。厚生労働省は2017～19年度に，民間事業者と協働する地域福祉・健康づくり事業を計画し，17年度予算として1.5億円を計上しました。

これまで点検してきたように，日本では NPO や社会的企業に十分な民間資金が流れ込んでいるとは言えません（図３－１参照）。日本ファンドレイジング協会は「善意の（民間）資金10兆円」（年間）の目標を掲げていますが，現実は低い水準にとどまっています。法人の寄付金，個人の寄付金・会費（公益法人による助成金を含む）が合計で約１兆7700億円，社会的インパクト投資が3000億円台，20年から活用が始まった休眠預金が当面は年間10億円程度，インパクト投資には計上されていない民間金融機関による融資が最大でも約100億円であり，すべてを積み上げても，現状では民間資金は年間２兆円を上回る水準です。

一方，政府や自治体の補助金，政府や自治体が公営施設の業務委託や SIB などに予算に基づいて拠出する資金を合計すると，民間資金を上回っている可能性があります。社会課題の解決に取り組む NPO や社会的企業が政府や自治体と協力しながら活動するのは自然な流れではありますが，活動費の多くを公的な資金に依存する体質が定着すると，民間の創意工夫がそがれ，政府や自治体の下請けに近い存在にもなる可能性があります。インパクト投資の応用形として注目を集める SIB 事業にしても，政府や自治体の関与が強まりすぎると，本来の趣旨から逸脱しかねません。

主役はあくまでも民間であり，政府や自治体の支援を受けつつも，運営資金の大半は民間から集め，社会的インパクトと経済的なリターンを両立させる民間資金の流れを太くしていくべきでしょう。

参考・引用文献

亀井亜希子（2017）「ソーシャル・インパクト・ボンド事業の原資として期待される休眠預金・寄付金」大和総研レポート，１月。

亀井亜希子（2016）「ソーシャル・インパクト・ボンドの国際的な潮流」大和総研レポート，10月。

亀井亜希子（2016）「日本でのソーシャル・インパクト・ボンド事業の展望と課題」大和総研レポート，11月。

Ｇ８社会的インパクト投資タスクフォース国内諮問委員会（2016）「日本における社会的インパクト投資の現状 2016」。

GSG 国内諮問委員会（2019）「日本における社会的インパクト投資の現状 2018」。

新経済連盟（2017）「ベンチャー・フィランソロピーと社会的インパクト投資の促進に向けて」。

第 4 章

企業が解決する社会的課題とマネジメント

ポイント：企業には，社会の一員として様々な社会的課題の解決に向けた責任があります。一方で，企業はその中核ビジネスを「持続可能な開発目標」（**SDGs**）に代表されるような社会課題の解決と整合させることにより，多様なビジネス上のメリットが期待できます。しかし，これまでずっとそのように認識されてきたわけではありません。企業自身が引き起こす社会的課題に対する批判の時代，社会的責任の時代を経て，現代は，財務的実績と社会的実績の**2**つのボトムラインを追及し，他セクターを含む複数のステイクホルダーとの共創による社会的課題解決が所与となってきている時代と言えます。企業が社会的インパクトを生み出す主な道筋としては，製品およびサービス，オペレーション（業務運営）があります。これらの道筋をつけるために不可欠な要素が企業理念です。企業が社会的課題に取り組む際には，多様なステイクホルダーとの共創とオープンイノベーションを融合させていく，全社的なコミットメントと経営への統合が求められます。

1　企業による社会的課題の解決への国際的な期待

2015年９月25日，国際連合サミットにおいて，「持続可能な開発のための2030アジェンダ」が全会一致で採択されました。アジェンダの中核は，2016年から2030年までの期間に国際社会が目指す共通の目標である，「持続可能な開発目標」（Sustainable Development Goals：SDGs）です。SDGsでは17の取り組むべき目標と169のターゲットが掲げられています（図**4-1**）。

SDGsの達成に向けて，企業には高い期待が寄せられています。SDGs達成に向けた企業行動指針であり，SDGsを企業がどのように活用するかを示す「SDGsコンパス」[(1)]によれば，SDGsにおける企業の役割は次のように示され

図 4－1　SDGs の 17 の目標

（出所）環境省ホームページ，持続可能な開発のための 2030 アジェンダ

ています（GRI et al., 2016）。

「民間企業の活動・投資・イノベーションは，生産性および包摂的な経済成長と雇用創出を生み出していく上での重要な推進力である。我々は，小企業から共同組合，多国籍企業までを包含する民間セクターの多様性を認識している。我々は，こうしたすべての民間セクターに対し，持続可能な開発における課題解決のための創造性とイノベーションを発揮することを求める」

企業が，社会の一員として SDGs が掲げる目標達成に責任があり寄与するのは当然と言えます。また，企業が持続可能であるためには，社会や環境の持続可能性が不可欠であるのは言うまでもありません。SDGs の目標達成は，企業が持続的に成長するための環境の実現に不可欠といえます。しかしそればかりでなく，企業にはその中核ビジネスを SDGs と整合させることによる，多様なメリットが期待できます。「貧困の撲滅」「飢餓の撲滅」「万人への質の高い教育，生涯学習」「すべての人への健康・福祉」といった，SDGs が掲げる 17 の目標には，世界の人々の潜在的な社会的，経済的なニーズが示されているからです。企業は SDGs 達成を目指したビジネスを企図することで，潜在的な市場をつかみ利用する機会を得られると考えられます。

SDGs に関して企業側には様々な動きがあります。例えば日本経済団体連合

表4－1　SDGsに取り組む企業の例

関連するSDGsの目標	事例タイトル	企　業
1	BOP層（低所得者層）の暮らしの改善に向けた研究開発の取組	三菱電機
2	ビール酵母細胞壁を活用し持続可能な社会の実現に貢献	アサヒグループホールディングス
3	脳卒中や心筋梗塞などの疾患をゼロに「ウエアラブル血圧計」	オムロン ヘルスケア
5	日本株女性活躍ETF（愛称）の新規設定	野村アセットマネジメント
8	仕事と子育てを両立できる次世代型多機能物流施設	大和ハウス工業
12	環境保全に貢献する技術をもつスタートアップ企業への投資	ゴールドマン・サックス証券

（出所）日本経済団体連合会，"Innovation for SDGs ―Road to Society 5.0―" より筆者作成。

会は，2017年11月にSDGsの達成を柱として，企業行動憲章を改定し，これまで以上に持続可能な社会の実現を牽引する役割を担うことを明示しました（日本経済団体連合会，2017）。経団連の特設ウェブサイトでは，SDGsの各目標に関連づけられる，様々な企業の活動の事例が紹介さています（**表4－1**）。

2　企業と社会の関係変化

企業は，所有者である株主に利潤の分配を行う点，市場で販売できる私的財・サービスの生産による投資家の利潤を最大化する機能を有し，合理性や効率性が主要な関心になる特徴があります。組織の業績を評価する際の重要な指標の1つとして利益指標があり，他社との業績比較が可能なことも特徴です。企業による社会的課題の解決を考える際には，このような企業の基本的な特徴を押さえ，その行動原理や関心について考慮する必要があります。[(2)]

今日では，社会的課題を企業活動に取り込むことは様々なメリットがあると考えられています。しかし，これまでずっとそのように認識されてきたわけではありません。SDGsの前身である，ミレニアム開発目標（=MDGs, 2000年に発足，2015年が達成期限）には，このような認識は入っていませんでした。企業は，社会的課題の解決に重要なセクターである一方，公害や環境破壊，不適切な労働環境といった社会的課題の発生源ともなり得る面を有してきました。企業には，公害被害者，消費者，NGOなど他セクターからの批判に応える形で，あるいは協働を通じて，社会との関係を変化させ，それとともに社会的課題との関係を変化させてきた歴史があります。この変化の歴史はおおまかにいって3つのフェイズに分類できます。それぞれのフェイズごとにみていきましょう。

(1) フェイズ1　企業が引き起こす社会的課題への批判に対する対立期

1950年代から企業が引き起こす社会問題が顕著になりました。国内では，1950年代から1960年代に発生した水俣病や四日市喘息などの劣悪な公害問題により，公害[(3)]を発生させる企業に強い批判が集中しました[(4)]。世界的にみても，1960年代から1990年代にかけて，企業による原生林破壊，ダイオキシンなどの有害物質を発生させる製品の製造販売，途上国における劣悪な労働環境などに多くの批判が起こりました。例えば，1997年，ナイキ社が委託する東南アジアの工場で，低賃金・劣悪な環境・長時間の労働，児童労働などが発覚しました。当初，ナイキ社は，「契約工場の問題であり自社に責任者はない」としていました。これに対してNGOなどがナイキ社の社会的責任の欠如を批判し，製品の不買運動が世界的に起こりました。その結果ナイキ社は経済的に大きな打撃を受けました（下田屋，2014）。もう1つ例として「ブレント・スパー」と呼ばれる事件があります。これは，オイルメジャー（国際石油資本）のロイヤル・ダッチ・シェル社が1995年に，北海に保有する石油掘削プラットフォーム「ブレント・スパー」の海洋投棄処分を行う計画に対して，国際環境保護団体が反対運動を起こしたものです。この運動は，マスメディアを巻き込んだ同社への国際的な批判に発展し，世界的な不買運動を惹起しました[(5)]（Post et al., 2002）。

(2) フェイズ2　社会的責任を果たすための CSR 期

消費者や市民団体から強い批判や不買運動などが噴出した結果，ブランドの失墜や売り上げの減少など，複数の大企業で目に見える本業への悪影響が現れました。これにより，企業側は社会の一員としての責任をいかに果たすか，という問いに直面することになります。企業は，1990年代ごろから，主として監督官庁の取り締まり，消費者への対応，市民団体からの圧力に対応するための，社会的責任を果たす活動を積極的に行うようになりました。これは主として企業の社会的責任（CSR：Corporate Social Responsibility）として広く認知されるようになり，多くの企業がCSR部といった事業部を設置して活動するようになりました。

具体的に，CRSは次のような活動が含まれます。社会的コーズ（主張）に対する意識や関心を高めるためのスポンサーシップである「コーズ（主張）プロモーション」，収入の数パーセントを社会的貢献や寄付に利用する「コーズ・リレーテッドマーケティング」，各種キャンペーンを支援する「ソーシャルマーケティング」，慈善事業や社会的コーズへの直接的な貢献を行う「コーポレート・フィランソロピー」「地域ボランティア」等です（Kotler & Lee, 2005）。

CSRの根底にある考え方は，社会のよき一員として，企業市民として社会的義務を果たすことにありました。そのために，企業活動における利益の最大化とは別物として捉えるべき，と考えられてきました。企業が社会的義務を果たすことは当然のことですが，この認識への偏りは一方で弊害をもたらすことになりました。本体の業績が悪化した場合にCSR予算は制限を受けることになります。経済活動とは別，とする考えからすると少しでも本体への貢献があることを匂わせれば，企業の売名行為である，とも捉えられることになります。また，CSR活動がより広く認識されるために資金は可能な限り多くの団体に分配されたことが，短期的なコミットメントを引き起こしたという指摘もあります（Kotler & Lee, 2005）。そのため，CSRが，本当に社会的課題の解決に効果があるのか，といった疑念が出るようになりました。

(3) フェイズ3　社会的課題の企業戦略への活用への転換

企業は，所有者である株主に利潤の分配を行う点，市場で販売できる私的財・サービスの生産による投資家の利潤を最大化する機能を有し，合理性や効率性が主要な関心になる特徴があります。ここから，「企業の利益と公共の利益はトレード・オフである」「低コストを追及することが利益の最大化につながる」という考えが生まれました。そのため企業が有する合理性や効率性という関心と，合理性や効率性だけでは測れない社会的な課題解決は整合しないと考えられてきました。このことが，本業を離れた（CSR のような）観点からでなければ，企業は社会的課題に取り組むことはできない，という考えにつながってきたといえます。

企業による CSR 活動に，社会的課題解決に向けて評価すべき点があるのはいうまでもありません。慈善事業や社会的コーズへの直接的な貢献により解決した多くの社会的課題はあるでしょう。しかし一方で，既に述べた CSR の効果への疑念の表出により，企業と社会的課題の関係を考える場合には，社会のみならず企業にとって有意義なものである必要がある，と考えられるようになったのです。

社会と企業の双方に有意義な活動とは，どのような視点から生まれるのでしょうか。この点について，社会的課題と企業の関係性を整合的に捉えることに貢献した，ステイクホルダー理論と，Porter による CSV（Creating Shared Value）を中心に，経営学の観点から振り返ってみましょう。

ステイクホルダー理論

ステイクホルダーとは「組織の目的達成に影響を与え得る，あるいは目標達成の影響を受ける集団又は個人」と定義されます（Freeman, 1984)。この定義は，ステイクホルダーとの関係が企業からステイクホルダーとの関係を，一方向ではなく対称，すなわち相互交流を前提として設定している点が特徴的です。ステイクホルダー理論は，1970年代以降の，特に米国経営学の各研究領域において採用されながら，大きく発展してきました（Friedman & Miles, 2006, 水村, 2004)。ステイクホルダー理論が盛んに議論されるようになった背景には，先に述べた，ナイキ社の事件や，「ブレント・スパー」事件などに象徴される，企業の事業活動が影響を与える環境問題，人権問題，消費者運動などの問題に対する社会的懸念の高まりがありました。

当初，多くの企業は，企業活動への社会的懸念を述べる市民団体らを，自社のステイクホルダーと認識していませんでした。しかし，市民団体らによる企業批判が高まり，業績に悪影響を与えるに至ったため，彼らを新たなステイクホルダーとして認識せざるを得なくなったのです[(6)]。この過程において，組織にとってのステイクホルダーは誰か，組織はなぜステイクホルダーに対応する必要があるのか，組織はステイクホルダーにいかに対応すべきなのかといった，企業とステイクホルダーの最適な関係を探究する課題への解決が強く求められるようになりました（Post et al., 2002, Hemmati, Dodds, Enayati & McHarry, 2001）。

a．ステイクホルダー理論の構造

ステイクホルダー理論全体の構造は，①記述的／実証的[(7)]（Descriptive/Empirical），②手段的（Instrumental），③規範的（Normative）の３要素から構成され，規範性理論を中心に，手段的，記述的の順で同心円の関係にあるという特徴をもちます（Donaldson & Preston, 1995）。

端的に言って，「規範的」要素とは，組織が「（規範性に基づいて）なすべきこと」（p. 72），すなわち組織の「あるべき姿」を示しています。CSR におけるステイクホルダーとの関係がその例と言えます。「手段的」要素は，端的には企業目的を達成するために行うべきこと（Friedman & Miles, 2006）です。収益性，成長率，株主価値の最大化という企業目的を達成するために，手段としてステイクホルダー・マネジメントを想定する，というものです。

規範性と手段的要素は，企業経営におけるステイクホルダー理論の中心的要素であると同時に，これらが果たして収斂（異なる性質を持った要素が，まとまっていくこと）が可能かが，対立軸となって争われてきました。「規範性」と「手段性」の対立の背景には，株主とそれ以外のステイクホルダーの存在をいかに捉えるべきなのかが影響を及ぼしています。すなわち，Friedman（1982）の主張する，企業の収益に財務的利害をもつ「株主」のみが企業の責任範囲（ステイクホルダー）とする見解と，Freeman（1984）による「（企業の）活動に影響を受け得る，また影響を与え得る」株主以外のアクターにも企業は責任があり，これらのアクターも株主同様に重要なステイクホルダーであるという見解が争われてきたのです。

しかし，現代では Friedman（1982）の主張する株主価値のみを重視する議論は，実態にそぐわなくなっています。実際に多くの巨大企業は，組織内外の広範なステイクホルダーの利益に供するように経営されるようになってきており（Post et al., 2002；大平，2009，水村，2008），現在の企業の経営目的と持続可能性は，利潤の最大化（株主というステイクホルダーの利益の最大化）という単一なものから，多元的な価値創造（広範なステイクホルダーを満足させること）に変化しています。つまり，企業は，株主というステイクホルダーに示される責任範囲のみならず，より広い範囲の社会に対して責任があり，それは，ステイクホルダー理論の展開に反映されているのです（Friedman & Miles, 2006；Jones and Wicks 1999）。

このように，企業の責任範囲が，株主から広範なステイクホルダーへと拡大してきた点と，「規範性」と「手段性」は収斂するとする見解は，相互に影響を及ぼし合いながら，融合してきました。この融合は，次に述べる，「戦略マネジメント」を通じて極めて重要な発展を遂げました。

b. ステイクホルダー・ヴュー（SHV）

外部環境が激しく変動する現代，企業の持続可能性を保つためには，外部環境を制度的かつ持続的に組織経営に取り入れることが不可欠です。外部環境は組織に様々な利害をもつステイクホルダーという言葉によって言い換えられます。したがってステイクホルダー理論は「最も有効な企業戦略とは，その環境に最も適合する戦略である」ことを前提とする戦略マネジメント論との親和性が高い（Freeman, Harrison, Wicks, Parmar, & Colle, 2010）と考えられています。

戦略マネジメントにおける規範性と手段性の融合は，Post et al.（2002）による，ステイクホルダー・ヴュー（Stakeholder View：SHV）で明確に示されています。SHV は，企業の富の源泉を，自社の資源（天然資源・組織能力）を管理・向上することであるとする見方である「資源ベース・ヴュー（Resource Based View：RBV）」，産業や業界における地位とする「産業構造ヴュー（Industry Structure View：ISV）」を含む拡大概念に求め，社会的政治的環境における多様なステイクホルダーとの信頼創出のメカニズム，すなわち様々なステイクホルダーとの相互作用を通じて，ステイクホルダー価値[(8)]を創造し，組織の富の源

図**4－2**　企業におけるステイクホルダー・ヴュー（SHV）

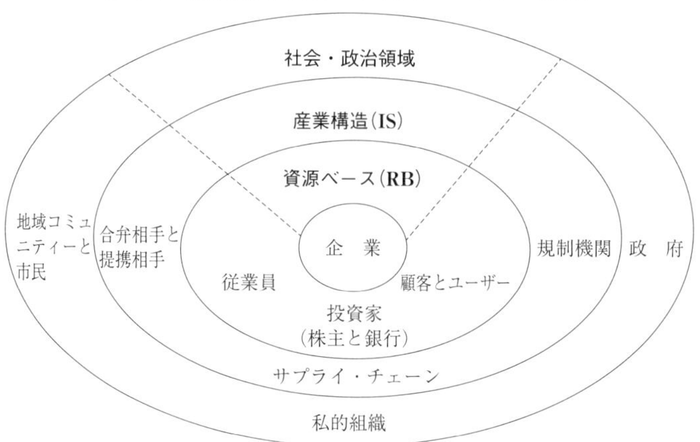

（出所）Post, J. E., Preston, L. E. & Sachs, S. S. (2002). *Redefining the corporation : Stakeholder management and organizational wealth.* Stanford Business Books, p. 55, Figure 2.1. The Stakeholder View of the Corporation をもとに筆者作成

泉を拡大する理論的枠組みです[9]。これは，長期的に富を創造するための組織能力を生み出すのは，たんに企業の「資源の蓄積」や，産業構造の地位ではなく，動態的なステイクホルダーとの交流であるとする見解です。SHV により，企業の特質である富の創造とパフォーマンスは一貫性をもち，富の源泉を拡大することにより，規範的かつ道徳的な配慮とも適合します。すなわち，SHV は，手段的な要素と規範的な要素を，相互に適合させるフレームワークとして極めて有効です（図**4－2**）。

このように，企業経営におけるステイクホルダー理論は，株主中心から多様なステイクホルダーへとその視点を拡大させてきました。さらに，戦略マネジメントに採用されながら，規範的要素と手段的要素の収斂，すなわち，企業経営において，道徳や倫理的側面と，（拡大概念としての）富の追求は収斂可能，同時に達成可能であることが明らかにされてきたのです。

CSV（Creating Shared Value）

企業の競争優位性の研究で知られるポーターは，従来の支配的な考え方である「企業の利益と公共の利益はトレード・オフである」「低コストを追及することが利益の最大化につながる」といった考え方から脱却し，「共通価値(Shared values)」という，経済的価値を創造しながら，社会的ニーズに対応することで社会的価値も創造する CSV（Creating Shared Value）というアプローチを強力に唱えました（Porter & Kramer, 2011)。ポーターらによれば，このアプローチは，企業を成長させる次なる推進力になるというものです。この共通価値は，CSR でもなければフィランソロピーといった企業活動の周辺ではなく，企業活動の中心に位置づけられるものです。

ポーターは，CSV の CSR との違いを次のように示しています。CSR 活動における価値は「善行」である一方，CSV における価値はコストと比較した経済的便益と社会的便益です。活動の動機については，CSR は「任意，あるいは外圧によって」である一方，CSV は「競争に不可欠」というものです。利益との関係では，CSR は「利益の最大化とは別物」と考えられてきた一方，CSV では「利益の最大化に不可欠」であり，予算については，CSR は「企業の業績や CSR 予算の制限を受ける」，CSV は「企業の予算全体を再編成する」ことになる，としています。

企業と社会の関係は，対立，社会的義務の時代を経て，SHV や CSV に示されるように，経済価値と社会的価値はトレード・オフの関係でないこと，社会的価値の創出は企業の持続可能性，競争優位性の確保に不可欠であることが認識されるようになってきました。そしてステイクホルダーの対象を広範に社会領域にまで拡大し，多様なステイクホルダーとの共創を通じて，社会貢献を積極的にビジネスに取り込んでいこうとする戦略期を迎えています。すなわち現在は，財務的実績と社会的実績の２つのボトムラインを追及し，他セクターを含む複数のステイクホルダーとの共創が所与となってきている時代と言えます。

3　社会課題の解決方法

(1)　社会的インパクトからの整理

次に，企業が社会的課題を取り組むために，どのような方法があるのかを見てみましょう。見方として，企業が行う特定の活動が社会的課題の解決に有効

図４－３　社会的インパクトを生み出す主な道筋

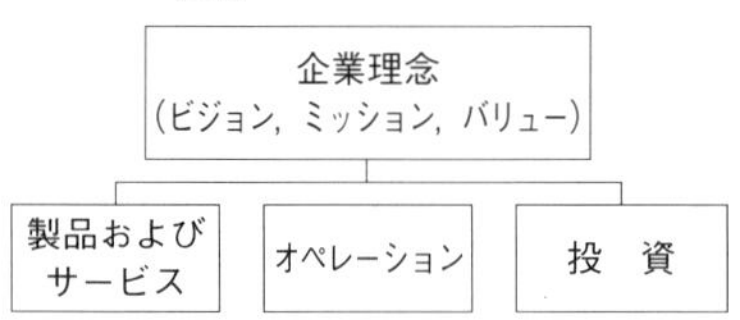

（出所）Epstein, M. J. & Yuthas, K, (2014). Measuring and improving social impacts : A guide for nonprofits, companies, and impact investors, Berrett-Koehler Publishers をもとに筆者作成。

かどうか，すなわち影響（インパクト）を生じ得るか，の視点から，Epstein & Yuthas（2014）による整理を参考にします。[10] Epstein らによれば，企業に限らず，組織が社会的インパクトを生み出す主な道筋としては，次の３つがあります（図４－３）。すなわち，①製品およびサービス，②オペレーション（業務運営），③投資，です。[11] これらの道筋をつけるために不可欠な要素が，組織が掲げるミッションなどから構成される組織理念です。企業における社会的インパクトは，製品の調達，製造過程を中心に考えられることが多いですが，影響力の大きさから，オペレーションも重要です。

(2)　具体例

企業理念

企業が有する組織理念は，その企業の活動の方向性を決める重要な経営要素です。企業理念は，その企業の存在意義を示すミッション，ありたい姿を示すビジョン，価値観を示すバリューなどから構成されます。例えば，医薬品・健康関連用品の大企業であるジョンソン・エンド・ジョンソン社の企業理念は，我が信条「Our Credo」として有名であり，顧客，社員，地域社会，株主の順で，企業として遵守すべき事柄や方向性の優先順位を宣言しています（ジョンソン・エンド・ジョンソン社ホームページ）。

製品およびサービス

製品およびサービスは，製品やサービスが生む顧客に対する利益，顧客以外に対するインパクト，使用と安全性，製品の廃棄といった項目が含まれます。ここでは，主としてａ．企業が創出するイノベーションによる社会的課題解決，ｂ．ネガティブ／ポジティブな影響の削減／増強の視点から具体的な事例を挙げます。

a. 企業が創出するイノベーションによる社会的課題解決の例

①昆虫媒介性疾病の排除を目指した長期残効型蚊帳

マラリアなどの昆虫媒介性疾病の制圧を目指し，革新的な昆虫媒介疾病の予防技術の研究開発を拡大。これまでに，マラリアを保有する蚊から人々を守るために，社内で開発した長期残効型蚊帳を使って，アフリカやアジアの各国を支援し，マラリア予防に貢献（住友化学ホームページ）。

②レーダーによる津波監視支援技術

海表面の流速から津波成分を抽出し，早期の津波検知を支援し，避難行動に必要な時間を確保（三菱電機ホームページ）。

③低風速地域でも使える洋上風力発電システムの開発

年間平均風速 7.5 m/s 未満の低風速地域でも定格出力 5.2 MW を実現する洋上風力発電システムを開発。日本国内では，現在180基が稼働中で，日立は風力発電システムの国内最大のマーケットシェアを誇り，さらに今後280基以上の導入が予定（日立製作所，科学技術振興機構 STI for SDGs タスクチーム，2018）。

b. ネガティブ／ポジティブな影響の削減／増強例

① プラスチック廃棄物問題

商品や包装で使われるプラスチックは，川や海に流出すると環境汚染の原因になります。なかでも紫外線などにより 5 mm 以下になったものは「マイクロプラスチック」と呼ばれ，魚や海鳥の体内に蓄積し生態系に極めて深刻な害を与えます。世界の塩ブランドのサンプル 9 割からマイクロプラスチックが発見されているという報告（グリーンピース・ジャパン，2018）もあり，世界的な対応が急がれています。これを受けて，衣料品世界大手の H&M，良品計画は，買い物袋を紙製に切り替える，有料にする，などの対策を開始すると発表しています（日経新聞，2018）。2018年 7 月には，米コーヒーチェーン大手スターバックスが，プラスチック製の使い捨てストローの使用を，2020年までに世界中の店舗で全廃すると発表しています（Starbucks，2018）。

②FSC 認証の木材製品調達

FSC とは，Forest Stewardship Council（森林管理協議会）の略で，「責任ある森林管理」をされた森林の認証です。FSC は 10 の原則と 70 の基準によって定められています。10 の原則は，法律の順守，労働者の権利と労働環境，先住民族の権利，地域社会との関係，森林のもたらす便益，森林の多面的機能と環境への影響などからなっています。この原則の下には 70 もの基準があり，この基準レベルでの不順守があれば認証は認められません。さらに，基準の下に各国の状況を考慮した約 200 もの指標があり，これが森林管理認証審査でのチェック項目になっています（FSC ジャパンホームページ）。企業は，このような厳しい審査を受けて算出された木材を利用した製品を原材料として調達することで，森林の荒廃を防ぎ，森林活用と保全を促進することができます。

オペレーション

オペレーション（業務）は，製品デザイン，労働慣行，サプライチェーン，インフラ，製造工程から構成されます。オペレーションのプロセスでも，企業は社会的課題の解決に貢献することができます。

a. 操業時のエネルギー転換

電気の再生可能エネルギーへの転換企業が操業時に利用する電気を再生可能エネルギーにする動きが広がっています。再生可能エネルギーへの全量切り替えを目指す世界的な企業連合 RE100 には，イケア，ソニー，イーオンなど191社が加盟しています（2019年 8 月24日現在）（RE100 ホームページ）。

b. 雇　用

企業は，雇用創出の場としても様々な課題解決に貢献ができます。具体的には，女性や障害者の積極的な雇用と登用といったダイバーシティ推進により，平等な社会の構築に貢献できます。また，柔軟な働き方を推進することで，ワークライフバランスの向上，育児の推進が可能です。

c. インフラ

企業が有するインフラはその立地や方法によって，社会的課題の解決に貢献することができます。例えば工場の設立は，周辺地域に新たな雇用を創出します。また，再生可能エネルギーや先端の水管理システムなどを先駆的に採用すれば，周辺地域に正のインパクトをもたらすでしょう。工場や研究所などのインフラが有する専門知識などを活用し，周辺の教育機関や医療サービスなどの改善に取り組むことも可能かもしれません。

投　資

社会的インパクトをもたらす企業への投資については，環境，社会への配慮，企業統治に着目した「ESG 投資」，社会的責任投資（SRI）などがあります。企業内における投資では，企業が，新規事業に対して投資を行う際，従来の本業のみを強化するような基準投資評価ではなく，その企業に革新的なイノベーションをもたらし，かつ社会的課題を解決するような基準で，戦略的に投資を行うことが考えられます。例えば，国内のある大手商社は，①収益の柱になる事業性があること，②特定の市場で重要なニーズがあること，に加えて，③予測困難な不確実要因があえて存在する，という条項を投資評価基準の１つとして掲げています（藤井，2014）。

4　企業内における社会的課題解決に向けた活動の意思決定

現代は，財務的実績と社会的実績の２つのボトムラインを追及し，他セクターを含む複数のステイクホルダーとの共創が所与となってきている時代です。しかし，財務実績と社会的実績の２つのボトムラインの追求は，実際にはどのように行うのでしょうか。活動を行う際のどのような意思決定を指すのでしょうか。企業内の資源は有限です。全てを行うことはできず，何らかの優先順位づけが必要になります。１つの活動に対して，社会的価値と経済的価値のどちらをどれだけ重視するか，という判断も求められます。

社会的課題を解決するという社会的価値と，企業内の経済価値を生む活動に

図4-4　意思決定のあり方

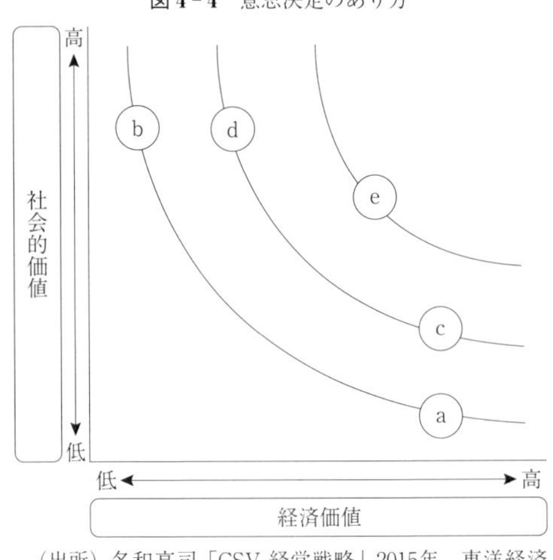

（出所）名和高司「CSV 経営戦略」2015年　東洋経済，p. 275 図表7-4より

かかる意思決定は，それぞれを軸にして**図4-4**のように示すことができます（名和，2015）。例えば，企業の経済価値を最重要視する活動はaです。直接的な経済価値を短期的にもたらさらないフィランソロピーのような CSR 活動はbに位置づけられるでしょう。bがもたらす社会的価値は高いですが，企業への経済価値が低いため企業業績が悪化した場合はカットの対象になる可能性が高いという難点があります。eは経済価値と社会的価値の2つのボトムラインをバランスよく追及する方向であり，CSV を示しています。

CSV 企業の例：八木澤商店

これは危機的な状況にある時に企業の社会課題解決にかかる意思決定が問われた例です。八木澤商店は，岩手県陸前高田市にある200年以上続く老舗の醤油製造会社です。東日本大震災により，陸前高田市は壊滅的被害を受け，八木澤商店も蔵，製造工場が全壊，流失し，壊滅的な被害を受けました。そのとき，9代目となる河野通洋代表取締役社長は，「再建する，必ず。だから，社員は解雇しない。会社も町も復興する」ことを決意します。そして企業活動を続けるために，岩手県の内陸に営業拠点を移し，岩手県，秋田県，宮城県，新潟県の醸造蔵に製造を委託し商品の販売を開始しました。そして震災からわずか14カ月で製造工場を建設します。その後，平成24年10月には陸前高田市に戻り，本社兼店舗を再開し，平成25年2月には自社工場による製造を開始しています。売上は震災前の70％程度まで回復させました。社員の解雇もせず，新たな社員も加えています（八木澤商店ホームページ，名和 2015）。

同社の経営理念の1つには，「食を通して感謝する心を広げ，地域の自然と共にすこやかに暮らせる社会を作ります」とあります。この経営理念に基づき，会社の復興とともに，雇用の確保や地域の経済復興に寄与する町の復興を掲げ実行している，すなわち**図4-4**のeを体現する好例といえます。

5　社会的課題解決に向けてこれからの企業に求められること

本章では,「企業が解決する社会的課題」と題して，企業と社会との関係の歴史，企業が社会的インパクトを与える方法，企業内の意思決定の在り方について検討しました。最後に，企業が，社会的課題解決に取り組んでいく際に鍵となる事項を整理します。

(1)　社会的課題はおしなべて極めて「厄介」であることの認識

現代の社会は，AI や IOT などによる急速な社会システムの変化，グローバル化の進展によるヒト・モノ・カネ情報の流動性の高まりなどにより，極めて激しい変化を体験しています。表出する社会的課題は，非常に複雑な社会システムに埋め込まれており「厄介な問題」(Wicked Problem) (Rittel, H.W.J. & M. M. Webber, 1973) と言われます。第５章でも詳しく述べますが，気候変動，生物多様性の損失，天然資源の枯渇，富裕層と貧困層の格差拡大は，社会が対処しなければならない厄介な問題の例です。厄介な問題は多面的であり，対立する議題をもつ多くのステイクホルダーで構成されます。また，それぞれの問題は相互に関連し相互依存しているため，単一の解決策はない，という特徴があります。

例えば,「肥満」という問題を取り上げてみましょう。肥満は本人の問題，と思うかもしれませんが，実はそれほど単純ではありません。図**4－5**は，英国の「肥満」をめぐる様々な要素の相互関係を分析したマップです (Government Office for Science, 2007)。メディア，社会，心理，経済，食物，アクティビティ，インフラ，発達，生物学，医療といった要素が関わり，それぞれにポジティブな影響，ネガティブな影響を及ぼす非常に複雑な相互接続，相互依存性があります。これは１例ですが，企業が取り組もうとする社会課題はおしなべて極めて厄介です。そのため，企業はこのことを充分に認識して課題に取り組むことが求められます。

図4－5　肥満システムマップ

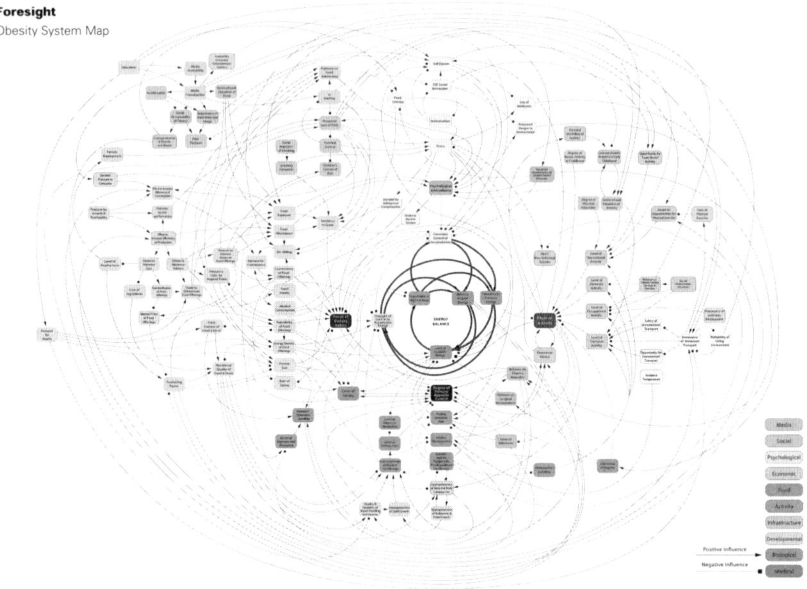

（出所）UK Government Office for Science, 2007, *Research and analysis Reducing obesity : obesity system map*

(2)　多様なステイクホルダーとの共創とオープンイノベーションが不可欠

企業は「厄介な」社会課題を単独で解決することはできません。例えば，企業内の技術では充分ではなく大学で開発された技術を活用することが必要になるかもしれません。次代を見据えた先進的なビジネスアイデアと高い機動力をもったスタートアップ企業と協働する必要があるかもしれません。新しい法制度や社会の仕組みを作ることが必要であれば，政府や自治体との協働も必要です。さらに，課題解決が他の社会課題を引き起こさないように，地域の住民やNPOなどと充分に協議していくことも必要です。すなわち，企業は他の企業，政府，自治体，大学，消費者，NPOなど，様々なステイクホルダーと共創することが求められているのです。

現在は，オープンイノベーションの時代です。オープンイノベーションとは，「外部に存在するアイデアの内部での活用と，内部で活用されていないアイデアの外部での活用によって価値を創造する」ことと定義されます（文部科学省，

図４－６　社会的課題解決に向けた，全社的なコミットメントと経営への統合

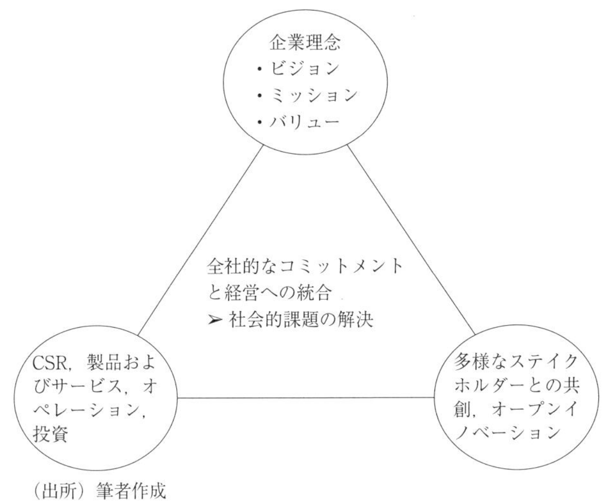

（出所）筆者作成

2017)。企業が持続可能性をもって発展するためにも，また社会的課題を解決に導くためにも，様々なアイデアをもつ外部ステイクホルダーとオープンイノベーションを推進していくことが，厄介な社会的課題解決には必須といえます。

⑶　全社的なコミットメントと経営への統合

企業が持続可能な形で社会的課題解決を創出していくためには，自社の組織理念に基づき，CSR のみならず本業である製品およびサービスおよびオペレーション，多様なステイクホルダーとの共創とオープンイノベーションを融合させていくことが求められます。この融合は，企業内の一部所による短期的な取組みでは実現困難です。自社の目標と優先順位を決定，実行し，継続する全社的なコミットメントと，経営への統合によってこそ実現できます（**図４－６**）。これにより企業は，社会的課題解決に向けた，重要な社会的インパクトを創出し続けることができると言えるでしょう。

注

⑴　GRI（グローバル・レポーティング・イニシアティブ），国連グローバル・コン

パクト及び WBCSD（持続可能な発展のための世界経済人会議）により共同で作成された。

(2)　もっとも最近では，企業の活動領域と政府や非営利組織の活動領域の境目が曖昧になっています。社会的企業の台頭などにより，明確な分類が困難な場合もあります。

(3)　環境基本法（1993年）は「公害」を，環境の保全上の支障のうち，事業活動その他の人の活動に伴って生ずる相当範囲にわたる大気の汚染，水質の汚濁，土壌の汚染，騒音，振動，地盤の沈下及び悪臭によって，人の健康又は生活環境に係る被害が生ずること，と定義しています。

(4)　これを受けて1967年には公害対策基本法が公布・施行されました。

(5)　このような動きに対応して，責任ある倫理的な企業行動のための国際的な枠組み，原則，行動指針が作られてきました。例えば，「OECD 多国籍企業ガイドライン」は，OECD が参加国の多国籍企業に対して責任ある行動を自主的に取るために策定した行動指針（ガイドライン）であり，1976年に策定されました。今日までに5回改訂されています。直近の2011年の改訂では，企業には人権を尊重する責任があることを明記した章の新設や，自企業が引き起こす又は一因となる実際の及び潜在的な悪影響を特定，防止，緩和するため，リスクに基づいたデュー・ディリジェンス（Due diligence）を実施すべき等の規定が新たに盛り込まれています。

(6)「ブレント・スパー」事件は，シェルのステイクホルダー観と経営行動の大きな転換を促したと言われています。

(7)「記述的（Descriptive)」要素とは，特定の企業の特徴や行動様式を記述し，説明する役割を担う（Donaldson & Preston, 1995)。すなわち，現実事象の観察（水村，2004)，事象の「ある姿」であり，実際に，いかに組織の管理者がステイクホルダーを扱っているかの記述（Berman, Wicks, Kotha, & Jones, 1999）です。

(8)「ステイクホルダー価値」は次の3つの性質を備えます。第1に，社会の構成の誰もが〈よい〉として一般に承認して是認すべき普遍的な性質，第2にステイクホルダーが〈よい〉として承認すべき普遍的な性質，第3に経営者が〈よい〉として承認して是認すべき普遍的な性質です（水村，2008)。

(9)　拡大された「組織富」の源泉は，1．実物資産および金融資産の市場価値の総計，2．無形固有資産の価値（例：人的資本，特許権）の総計，3．企業内部または企業外部の「関係特殊資産」(取引関係における質的な要素。例：評判)，から構成されます。3は，ステイクホルダーとの関係，協働，プロセス，評判を含みます（Post et al., 2002)。

(10)　SDGs コンパスは，バリューチェーンにおいて自社の業務プロセスとプロダクトが環境や社会に及ぼす影響（インパクト）を自ら分析し特定することを推奨しています。この SDGs にかかるバリューチェーンマッピングによっても企業の社会的課題解決の方法を整理することができます。

参考・引用文献

FSC ジャパン（https://jp.fsc.org/jp-jp）

大平浩二（2009）『ステークホルダーの経営学――開かれた社会の到来』中央経済社。

科学技術振興機構（JST）STI for SDGs タスクチーム（2018）「持続可能な開発目標（SDGs）の達成に向けた産学官 NGO 等の取組事例　科学技術・ビジネス・社会イノベーションによる共通価値の創造」（https://www.jst.go.jp/sdgs/pdf/sdgs_book_jp_2018.pdf）

環境省「持続可能な開発のための 2030 アジェンダ」（http://www.env.go.jp/earth/sdgs/index.html）

グリーンピース・ジャパン（2018）「世界の塩ブランドのサンプル９割からマイクロプラ発見」（https://www.greenpeace.org/japan/sustainable/story/2018/10/18/1541/）

下田屋毅（2014）「米ナイキが苦難の末に学んだ，CSR とは？」東洋経済 ONLINE〈https://toyokeizai.net/articles/-/35708?page=3〉

ジョンソン・エンド・ジョンソン「我が信条（Our Credo）」（https://www.jnj.co.jp/credo-jnj）

住友化学株式会社「オリセット®ネット」を通じた支援（https://www.sumitomo-chem.co.jp/csr/olysetnet/）

名和高司（2015）『CSV 経営戦略』東洋経済新報社。

日本経済新聞（2018）「脱プラの波買い物袋へ」2018年11月14日朝刊，13頁。

日本経済団体連合会 “Innovation for SDGs ―Road to Society 5.0―”.（https://www.keidanrensdgs.com/database-jp）

日本経済団体連合会（2017）「企業行動憲章の改定にあたって」（https://www.keidanren.or.jp/policy/cgcb/charter2017.html）

藤井剛（2014）『CSV 時代のイノベーション戦略』ファーストプレス。

水村典弘（2004）『現代企業とステークホルダー：ステークホルダー型企業モデルの新構想』文眞堂。

水村典弘（2008）『ビジネスと倫理：ステークホルダー・マネジメントと価値創造』文眞堂。

三菱電機株式会社「レーダーによる津波監視支援技術」（http://www.mitsubishielectric.co.jp/corporate/randd/list/info_tel/b196/index.html）

文部科学省（2017）「第１部　第１章　なぜ今，オープンイノベーションなのか」『平成29年版 科学技術白書』。（http://www.mext.go.jp/b_menu/hakusho/html/hpaa201701/detail/1388436.htm）

八木澤商店ホームページ「八代目，物思いにふける」（https://www.yagisawa-s.co.jp/blog/hachidaime/），「会社概要」（https://www.yagisawa-s.co.jp/outline/index.html#p02）

Berman, S. L., Wicks, A. C., Kotha, S., & Jones, T. M. (1999). Does stakeholder orientation matter? The relationship between stakeholder management models and firm financial performance. *Academy of Management Journal*, 42(5), pp. 488-506.

Donaldson, T., & Preston, L. E. (1995). The Stakeholder theory of the corporation - Concepts, evidence, and implications. *Academy of Management Review*, 20(1), pp. 65-91.

Epstein, M. J. & Yuthas, K, (2014). *Measuring and improving social impacts : A guide for nonprofits, companies, and impact investors*, Berrett-Koehler Publishers. (『社会的インパクトとは何か』英治出版, 2015年)

Freeman, R. E. (1984). *Strategic management - A stakeholder approach -*, Pitman Publishing.

Freeman, R. E., Harison, J. S., Wicks, A. C., Parmar, B. L., & Colle, S. D. (2010). *Stakeholder theory : The state of the art*. Cambridge University Press.

Friedman, A. L., & Miles, S. (2006). *Stakeholders : Theory and practice*, Oxford University Press.

Friedman, M. (1982). *Capitalism and freedom*. University of Chicago Press.

Government Office for Science (2007) Research and analysis Reducing obesity : obesity system map. (https://assets.publishing.service.gov.uk/government/uploads/system/uploads/attachment_data/file/296290/obesity-map-full-hi-res.pdf
https://www.gov.uk/government/publications/reducing-obesity-obesity-system-map)

GRI, the UN Global Compact, and the World Business Council for Sustainable Development (WBCSD) (2016), *SDG Compass*. (http://sdgcompass.org/), SDGs コンパス日本語版 (https://sdgcompass.org/wp-content/uploads/2016/04/SDG_Compass_Japanese.pdf)。

Hemmati, M., Dodds, F., Enayati, J., & McHarry, J. (2001). *Multi-Stakeholder processes for governance and sustainability - Beyond deadlock and conflict*. Earthscan.

Jones, T. M., & Wicks, A. C. (1999). Convergent stakeholder theory. *Academy of Management Review*, 24(2), pp. 206-221.

Kotler, P., Lee, N (2005), *Corporate Social Responsibility : Doing the Most Good for Your Company and Your Cause, John Wiley & Sons*. (『社会的責任のマーケティング』東洋経済新報社, 2007年)

OECD, OECD Guidelines for Multinational Enterprises (https://mneguidelines.oecd.org/guidelines/). 『OECD 多国籍企業行動指針』(https://www.mofa.go.jp/mofaj/gaiko/csr/housin.html)

Porter M. E., Kramer, M. R.(2011), Creating Shared Value, *Harvard Business Review*, THE JANUARY-FEBRUARY 2011 ISSUE, (「共通価値の戦略」, ハーバードビジネス・レビュー2011年6月号, ダイヤモンド社)

Post, J. E., Preston, L. E., & Sachs, S. S. (2002). *Redefining the corporation : Stakeholder management and organizational wealth*, Stanford Business Books.

RE100, Companies. (http://there100.org/companies)

Rittel, H. W. J. and M. M. Webber (1973). Dilemmas in a General Theory of Planning, pp. 155-169, *Policy Sciences*, Vol. 4, Elsevier Scientific Publishing Company.

Starbucks(2018). Starbucks to Eliminate Plastic Straws Globally by 2020. (https://stories.starbucks.com/press/2018/starbucks-to-eliminate-plastic-straws-globally-by-2020/)

United Nations, The General Assembly (2015). Transforming our world : the 2030 Agenda for Sustainable Development (https://www.un.org/ga/search/view_doc.asp?symbol=A/70/L.1), [国連総会 (2015)「我々の世界を変革する――持続可能な開発のための2030アジェンダ」(外務省仮訳) (https://www.mofa.go.jp/mofaj/files/000101402.pdf)]

＊ウェブページの最終アクセスはすべて2019/8/22

第 5 章

不確実性と公的・非営利組織のマネジメント

「不確実性は複雑な組織における基本的な問題として存在し，不確実性に対処することは管理プロセスの本質である。」（Thompson 1967, p. 159）

ポイント：不確実性は公的・非営利組織のマネジメントにおける主要な課題の 1 つです。本章では，組織の捉え方がどのように変わってきたかを取り上げるとともに，過去のようには公的組織，非営利組織，営利組織の区別が明確でなくなってきていることを述べます。そして、安定性に関する仮定が成り立たないことを踏まえ，不確実性と組織の意思決定の関係を整理します。その上で，公的・非営利組織のマネジメントにおける不確実性に対処するための方法、特に計画への非線形アプローチの適用について検討します。

1　組織の捉え方はどのように変わってきたか

現代の組織理論は，1911年に出版されたフレデリック・テイラーの『科学的管理法の諸原理』と，1916年のアンリ・ファヨールの『産業ならびに一般の管理』から始まりました。その後に1922年のマックス・ヴェーバーによる『官僚制』が続きました。これらの出版物の時期とタイトルを見ると，当時，成長する産業組織，それらの組織の構造，およびそれらを効果的に管理する方法に関心が向けられていたことがわかります。テイラーは，マネジメントは科学的に取り扱うことができると提案しました。ヴェーバーは，同時期にヘンリー・フォードが生産ラインで創造したシステムのように，複雑なタスクを小さなタスクに分離する効率的なシステムとして組織を捉え，組織は階層的に監視することができることを描写しました。彼らに共通する組織の捉え方は，組織内で起きていることに焦点を当てるということであり，組織の生産と管理を可能な限り合理的・効率的に捉えることでした。

また，1920年代のジョージ・エルトン・メイヨーによる**ホーソン研究**は，組織の構造と管理者の適切な意思決定だけでなく，労働者に焦点を当てることも同様に重要であることを見出しました。労働者の生産性と仕事に対する態度は同僚や組織の管理者によって影響を受けることを指摘しました。労働者にフィードバックを与え，仕事に多様性をもたせ，成長する機会を与えることで労働者の生産性を確保することが管理者の責任であると捉えました。この捉え方は，労働者の動機や満足度と組織の管理を結びつける**人間関係運動**（Human Relations Movement）の発展に貢献しました。

上記のような組織に関する捉え方は，組織は閉鎖的なシステムであるとの見方を反映しており（Scott, 1981），組織が置かれている外部の環境は，組織内で起こることには重大な関与をしておらず，そのため組織の成功または失敗には関与しないと考えられました。

こうした組織内に焦点を当てるそれまでの捉え方は，1950年代の**コンティンジェンシー理論**によって変わり始めました。コンティンジェンシー理論によれば，いかなる場合にも当てはまる最善の組織の構造は存在しません。どのような組織の構造がより効果的なものとなるかは，組織が置かれている外部の環境を含め，組織が直面している諸条件によって，異なることとなります。外部の環境が組織のパフォーマンスに役割を果たしているという認識は，その後の一連の組織理論の発展につながっていきました。**リソース依存理論**（Pfeffer and Salancik, 1978）は，組織が最も必要とするリソースが組織の形態を決定するとの主張を行いました。リソースとしては，原材料，資金，労働力，顧客などが挙げられます。希少で特に必要とされるリソースに関連した部門が組織において大きな権力と影響力をもつ形態となります。例えば，組織が必要とする訓練された労働力が不足している場合，人事部門がより大きな権力と影響力をもちます。

新制度論は組織の置かれている外部の環境に対する関心をさらに高めました（DiMaggio and Powell, 1983）。新制度論の１つの側面として，制度とそのアクターがどのように組織に影響を与えるかを見るということがあります。制度には，政府や法律，組織の資金源，認可・認証など活動を正当化する機関などが含まれます。制度的価値，規範，信念，文化的慣習は，様々な形態の「**同型**」（isomorphism）を通じて，多くの組織に対して似たような影響をもたらします。「擬態的な同型」（Mimetic isomorphism）は，ある組織が別の組織をコピーするときに発生します。「規範的な同型」（Normative isomorphism）は，相互に作用し合う組織が規範を形成し，同様の組織に準拠するよう圧力をかけるときに発生します。同型の圧力に従わない組織には正当性を失うリスクがあります。「強制的な同型」（Coercive isomorphism）は，制度の主要なアクターが組織に各種の要請に適合することを要求し，適合しなければ組織は資金，免許，契約などを失うリスクが生じます。非営利組織は，多くの場合，制度的な環境に置かれているため，３種類すべての「同型」の圧力を受けます。

組織とその置かれている環境との関係を重視する他の主要な組織理論としては**組織生態学**があります（Hannan and Freeman, 1989）。組織生態学では，進化生物学の概念を用いて組織を考察します。進化生物学は，環境が動物種のどのような特性を選好するかについて研究します。フィンチに関するダーウィンの研究では，ある環境の食物源はフィンチの長いくちばしを選好し，別の環境の食物源は非常に異なる形のくちばしを選好しました。最初の環境では，長いくちばしのフィンチは生き残りましたが，他の形状のくちばしを持つフィンチは生き残りませんでした。つまり，フィンチ自体ではなく，生存と死を決定したのは環境でした。組織生態学は，組織に対しても同様な主張を行います。環境は，組織の成功または失敗の主要な決定要因です。環境がどのように変化するかを事前に知ることは困難ですが，環境が組織のどの機能を選好するかを予測することは可能なのです。

要約すれば，組織研究においては，組織の成功と失敗を判断するに当たり，組織とその組織の管理者に焦点を当てることから，組織が置かれている外部の環境に注意を払うように変わってきました。公的・非営利組織は，制度的アクターが支配的な影響力をもつ環境の下に置かれています。例えば，制度的アクターである政府が，公共・非営利組織が従うべき政策や規則を作成した場合，公的・非営利組織はそれに従う必要があります。そうしないと，組織は継続することが許されません。制度的アクターである資金提供者が，公的・非営利組織に特定のやり方を採用することを要求する場合，資金を受け取るために組織はそれに従うことを余儀なくされます。制度がもたらす要件は組織に対して等しく影響を与えるため，組織はどれも同じような行動を見せるようになるのです。

公的・非営利組織は，制度的な環境の下に置かれており，主要な制度的アクターが要請する要件に適合する場合にのみ成功すると言えます。このことは営利組織の場合とは異なります。制度的な環境に置かれている公的・非営利組織の管理者は，その環境がもたらす暗黙的および明示的な規則に注意を払わなければならないのです。

2　どのような組織がどのようなサービスを提供しているか

過去には，公的組織，非営利組織，営利組織の区別は明確であるように思われました。公的組織を通じた政府サービスは，道路などのインフラストラクチャー，学校，病院，その他の社会サービスを提供してきました。公的組織は，税収により賄われ，そのサービスはコミュニティの利益のために行われてきました。また，非営利組織は，政府によって提供されていない公益のために，関係する市民によって設立されました。多くの国では，非営利組織は，提供する公益のために，税の減免を受けてきました。これらに対し，営利組織は，所有者と投資家に対する利益を生むために商品やサービスを提供しました。これらの商品やサービスが公共の利益を提供することもありますが，営利組織の収益は所有者と投資家の利益でした。

最近では，公的組織，非営利組織，営利組織のこれらの区別が不明確になってきました。これは，多くの場合，新自由主義的な経済政策の導入に起因するものであり，それは組織ができることとできないことを規定する法律や慣行に影響を与えています。例えば，多くの国では，同じ商品やサービスを提供する組織は，非営利組織とすることも営利組織とすることも，政府が直接設営することもできます。一般的な例は病院です。非営利病院，個人所有および企業所有の営利目的の病院，政府所有の病院があり，これらのすべてが同じ患者を受け入れることを競っています。別の一般的な例は，市民のための健康と運動の機会の提供が挙げられます。例としては，東京体育館や島津アリーナ京都などがあります。YMCA などの組織を通じて提供される非営利の運動クラブもあります。さらに，日本では営利目的の運動ビジネスが急増しています。

潜在的な入院患者または運動クラブの利用者は，公共サービス，非営利サービス，または営利サービスのどれを使用するかをどのように決定するのでしょうか。同じサービスを提供する組織が２つ以上の組織形態を採りうる場合，サービスの利用者にとっては不確実性が生じ，これらの組織を設立する者にとっては戦略的な機会が生まれます。サービスの利用者は，政府による提供，非営利組織による提供，営利組織による提供のどのサービスをより信頼するでしょうか。従来の組織に関する捉え方に沿えば，この場合，政府および非営利組織は営利組織よりも有利であるといえます。

営利組織には，消費者よりもサービスに関する情報を多く保持した上で，利益を上げるために，提供するサービスに関するネガティブな情報を隠そうとするインセンティブが働きます。つまり，消費者との間で情報の非対称性が存在します。他方，同等の政府または非営利組織は，運営のサービスによって利益を挙げる動機をもたず，組織に関する情報を隠す理由もありません。したがって，サービスの利用者は，営利組織よりも政府または非営利組織によるサービスの提供を信頼することとなります。

しかしながら，実際には，それほど単純でも明確でもありません。例えば，営利組織によるサービスの評判が非常によく，政府または非営利組織によるサービスの評判が悪い場合はどうでしょうか。例えば，1995年の阪神淡路大震災では，その被害により，市民は，政府が市民が必要とするサービスの一部を提供する能力に不信感を抱くこととなりました。その後，政府が提供していたサービスの一部を提供する非営利組織が日本において急速に増加しました。また，2011年の東日本大震災では，多くの人々が営利目的のエネルギー・プロバイダーである東京電力が市民に優しい意思決定を行っていないとの不信感を抱く事態となりました。

他方，サービスの利用者がどの組織形態を使用すべきかに関する不確実性が存在することは，組織を設立しようとする者に対していくつかの利点をもたらします。組織を設立しようとする者にとってはどの組織形態とするのかを選択できるということなのです。

阪神淡路大震災と東日本大震災は，組織が置かれている環境が組織の成功または失敗にとって非常に重要であることを示しています。これらの災害は，組織の外部に予期せぬショックを生み，組織のパフォーマンスに深く影響を与えました。次節では，組織の内外の安定性に関する仮定が組織のパフォーマンスとプロセスにどのように影響するかについて見ていきます。

3　安定性に関する仮定が組織思考にどのように影響したか

公的・非営利組織は，組織のニーズを満たす日々の意思決定を行い，組織の将来を計画する長期的な意思決定を行い，奉仕する人々のニーズを満たす新しい方法を開発し，組織を健全に維持する必要があります。組織内の意思決定者は，組織を危険にさらすことなく，組織が繁栄できるように思慮深く合理的な意思決定を行うことを望みます。組織内の意思決定者がこれらの目標を達成できる条件は何でしょうか。個々の意思決定レベルでは，意思決定者は，可能なすべての決定オプションについて，そのコストとメリットを検討し，その決定がもたらす結果を見極めるためにできるだけ多くの情報と時間をもちたいと考えます。かつては，こうした意思決定は完全に合理的なものとなりうるものとみなされました。

ハーバート・サイモンによる研究はこうした考え方を変えることとなりました（Simon 1957；Simon 1991）。サイモンは，完全に合理的な決定，または最適な選択の条件を満たすことは不可能であると主張しました。すべての決定オプションを特定することは不可能です。それらすべてについて大量の情報を収集するには時間と労力がかかりすぎます。組織の決定が複雑であることを考えると，各オプションの比較コストと利益を決定できるとすることは非現実的です。

そして，人々はそのような合理的なアプローチが生み出す膨大な量の情報すべてを認知的に取り扱うことができません。その結果，サイモンは，私たちがもっている，または合理的に収集できる情報を使用して，十分に妥当といえる意思決定を行うと仮定しました。彼は，この決定プロセスを，達成不可能な完全な決定ではなく，満足のいく決定を行う，すなわち，**満足化**（satisficing）と呼びました。この研究から生じる理論は，**限定合理性**（bounded rationality）と呼ばれ，これによりサイモンはノーベル経済学賞を受賞しました。

満足化が組織の管理者ができる最もよい決定であるならば，意思決定は複雑な現実にどのように影響されているのでしょうか。**混乱**（turbulence）や不確実性は，通常，組織にとって悪いものと見なされます。混乱は，組織の管理者によるミスや不正行為，労働者と管理者の間の不一致，劣悪な労働条件，取締役会・理事会と管理者の間の不一致，時代遅れのテクノロジーなど，組織内の問題から生じることがあります。また，混乱は，組織の外部の出来事や環境からも生じることがあります。公的・非営利組織の場合，混乱は，資金の損失または減少，自然災害などの外部ショック，公共政策や法律の変更，疾病の突然の増加，その他組織が対処しなければならない様々な出来事から生じます。組織の内部および環境の混乱は，限定合理性の想定するすでに複雑で不確実な決定プロセスを超えて，意思決定の複雑さと不確実性を増大させます。

ただし，混乱は必ずしも悪いこととは限りません。新しい組織や組織の起業家は，多くの場合，混乱と不確実性を利用して新しい機会と組織を構築します。彼らは，混乱を恐れるべきものとしてではなく，機会として見ています。資金の損失は，収入を生み出す社会的企業などサービスを提供するための新しいアプローチを模索することにつながります。自然災害などの外部ショックは，独自の取り組みや相互の支援の下で，新しい組織の設立や既存の組織の改編を促す可能性があります。公共政策や法律の変更は，組織とその労働者に対し，物事の新しいやり方を採用することや新しい専門分野を開発することに導くこととなります。

組織の内部および外部の諸条件が安定していて複雑でない場合，組織の管理者とスタッフは将来の計画に対して比較的安心感をもつことができます。これは，公的・非営利組織の管理者にとって，将来の予算，計画された組織の成長，提供するサービスの種類，および組織がサービスを提供するクライアントのニーズについて比較的確信できることを意味します。スタッフは，現在と同程度かそれ以上の賃金水準で，慣れ親しんでいる仕事や自ら選択した仕事を継続できることを比較的確信できます。安定していることにより，組織であれ，個人であれ，合理的な計画を行えるようになります。

組織の内部および外部の諸条件が不安定な場合，組織の管理者とスタッフは将来について不確実性を感じることとなり，そのため，計画を立てることがより困難になります。実際のところ，不安定であることが公共・非営利組織でより一般的となっています。例えば，多くの国では，非営利組織は，運営に必要な資金の全部または一部を自ら調達することが想定されています。募金活動は本質的に不確実性の高い活動です。非営利組織にお金を寄付するかどうかを人は自由に選択できるためです。非営利組織は，新会計年度の予算を作成するかなり早い時点で予算執行のために調達できる資金を見積もる必要があります。その時点では，資金調達の目標を達成できるかどうかについて不安を払拭できません。さらに，通常，お金を集めるにはお金がかかります。組織は資金調達を担当する者を雇うこととなるかもしれません。潜在的な資金提供者への手紙，電子メール，または電話による訴えを行うことやファンドレイジングのためのイベントを行うことが必要となるかもしれません。これらはすべて組織にとってコストであり，結果は不確実です。組織が資金調達の目標を達成していない場合，スタッフやサービスを削減する必要が生じ，組織，スタッフ，およびサービスの利用者にさらなる不確実性をもたらします。

また，非営利組織にとっては，政府機関から資金を調達できるかどうかも不確実です。政府の契約額は年度ごとに増加または減少することが多く，計画が不確実になります。資金が減少する場合はスタッフと計画の削減につながる可能性があります。また，資金が増加する場合は組織の変更を余儀なくされ，スタッフと計画を追加する必要があります。非営利組織は自己資金を用いて事業を実施し，政府機関からの資金は事業終了後になって初めて支払われることもあります。これには数カ月待たされることもあります。つまり，非営利組織は，キャッシュフローのニーズを満たすために資金を借りる必要が生じるかもしれません。このことは組織に不確実性をもたらします。

4　不確実性と意思決定

不確実性があるなかで組織がどのように意思決定を行うかに関しては，これまでに多くの理論と研究があります。研究者は，実際の不確実性と**知覚される不確実性**を区別しています。組織のメンバーは，環境が確実であるか不確実であるかについて正確に認識する場合とそうでない場合があります。組織のメンバーは組織が置かれている環境を確実なものと認識しているかもしれませんが，実際には非常に不確かな場合があります。同様に，組織のメンバーは環境が不確実なものと認識するかもしれませんが，実際には確実で予測可能な場合があります。こうした誤解によって，組織の意思決定者が不正確で誤った決定を下す可能性があると考えられてきました。

とはいえ，実際の環境の不確実性と知覚される環境の不確実性との区別に関する研究はあいまいでした。フランセス・ミリケンは，知覚される環境の不確実性を「正確に何であるかを予測することができないと知覚されていること」と定義し，知覚される不確実性の概念を戦略的意思決定における**3種類の不確実性**に分類できることを明らかにしました（Milliken, 1987）。

- **状態の不確実性**（State uncertainty）：将来の環境はどのようになっているか。
- **効果の不確実性**（Effect uncertainty）：環境の変化や傾向は組織にとってどのような意味をもつのか。
- **対応の不確実性**（Response uncertainty）：組織は不確実性について何をすべきか。

ミリケンは，これらの3種類の不確実性が相互に作用する可能性を指摘しています。例えば，環境の変化（状態の不確実性）は理解できるが，それらの変化の組織に対する影響（効果の不確実性），および組織がそれに対して何をすべきか（対応の不確実性）は理解できないかもしれません。この場合，相対的に将来について確実性が高いとしても，組織の意思決定者が，どのような決定を下すべきか，あるいは，組織に与える影響を知っているかについて確実なことは言えません。

一部の組織研究者は，不確実性と意思決定に関して「**意味づけ**」（sensemaking）という考え方を提唱しました。意味づけにおいては，組織のアクターが組織内外のイベントに対してどのような意味を与えるかを検討します。不確実性と意思決定の関係については，多くの場合，決定や計画がよいものであるか悪いものであるか，正しいか間違っているか，つまり二分法的に評価されます。しかし，実際には，多くの選択肢において明確にすべてがよいわけでもすべてが悪いわけでもありません。意思決定における認知革命，例えば上記の満足化（satisficing）では，客観的によいまたは悪い決定があるという考え方から，より微妙な考え方へと移行しています。カール・ワイクによって導入された「意味づけ」では，個人やグループが直面する状況ではなく，その状況をどのように意味づけるかに議論を移しました（Weick, 1969；Weick, 1995）。組織の置かれている環境そのものではなく，組織のアクターが環境をどのように理解するかが重要であると考えるのです。

組織の決定と意味づけが一個人によってなされることはめったにありません。これは，理事会および理事が重要な決定に関与することが多い非営利組織に特に当てはまります。また，多くの場合，法律，規制，およびマンデートを解釈する公的な管理者にも当てはまります。不確実性，不確実性の種類，不確実性への正しい対応などについての意見の相違は，グループの意思決定においてしばしば生じます。グループが不確実性をどのように扱うかについての研究もあります。グループが意思決定者間のコンセンサスの形成に圧力をかけることもあり，**集団思考**（groupthink）はこの例です（Janis, 1972）。集団思考はグループが調和を図ろうとするときの一般的な現象であり，その結果，反対意見や意見を抑制します。グループの調和が重視されすぎることもあります。集団思考は効率的ですが，悲惨な決定を下す可能性があります。1986年のスペースシャトル・チャレンジャーの有名な爆発を含め，こうした例は数多くあります。

グループの決定プロセスにおいては一部の反対意見は抑圧されてしまうことが多いため，これに対抗するための方法がこれまで多く提案されてきました。簡単な方法としては次のようなものがあります。

- グループ・リーダーがグループの決定プロセスの早い段階で意見を表明しないようにする。
- 決定プロセスのいくつかの議論にグループ・リーダーを欠席させる。
- 各セッションで「悪魔の擁護者」（グループの意見に反対する役割を割り当てられた者）を任命する。

より正式な方法も提案されました（Van De Ven and Delbecq, 1974）。例えば，ランド・コーポレーションによって開発された Estimate-Talk-Estimate（ETE）としても知られる**デルファイ法**（Delphi Method）は，もともと軍事予測のために開発されましたが，ほとんどがビジネス予測で使用されるようになりました。また，公共政策立案者や非営利組織によっても使用されています。デルファイ法では，専門知識をもつ組織内外の専門家に，匿名で予測または推奨事項を提供するよう求めます。匿名の予測は，意思決定者によって議論され，ランク付けされ，その後，さらなるアイデアを得るために専門家に送り返されます。目標は，専門家の間で何らかの合意に近づくことです。匿名性によって予測に関する個々人の評判の影響を避けることができます。

これらのグループ決定の技術においては，変化する環境において組織が採るべき行動を予測するために人々が情報を分析し，使用する能力が不完全であることを認識しています。これらの技術は，組織の意思決定の限界を認識しており，組織が直面している不確実性を合理化または制御するように設計されています。個人レベルであろうとグループレベルであろうと，環境が複雑な場合，不確実性に直面した場合の意思決定は不安定なものとなります。

こうしたなかで，組織が向かう先を明示するための技術として，**長期的プランニング**や**戦略的プランニング**があります。過去には，多くの非営利組織，営利組織および公的組織が，環境の将来の傾向を予測し，10年以上先の組織的対応を予測する長期的プランニングに従事していました。1950年代と1960年代には，将来は比較的安定しており，予測可能であるように見えたため，長期的な計画は理にかなっているように思われました。その後，1970年代から1990年代に，組織が置かれている環境は安定しているまたは予測可能であるとは思われなくなったため，戦略的プランニングが好まれるようになりました。戦略的プランニングにより，将来の予測の期間が3～5年の短い期間に短縮され，計画はより偶発的なものとなり，ボラティリティの増大と将来の不確実性が認められました。

多くの組織，特に非営利組織は，不確実な将来に直面してもなお戦略的プランニングを実行しています。管理者，スタッフ，理事，組織のサービスの利用者および資金提供者やコミュニティ・メンバーなど多くの利害関係者が関与する戦略的プランニングは，通常，組織にとって非常に費用がかかります。なぜ組織は，比較的特定の未来に備えるために，あまり役に立たない高価な計画の作成に従事するのでしょうか。

将来の計画に効果がない場合でも組織が戦略的プランニングを作成し続ける理由は同型（isomorphism）の概念によって説明できます。組織は規範を形成し，他の組織には正当性を維持するためにこの規範を遵守する圧力がかかります。資金提供者や組織の規制当局は，資金調達や免許を維持するために組織が特定の慣行に従うことを要求する場合があります。規範的で強制的な圧力は，組織が彼らの最善の利益にならないかもしれないいくつかのことを行うよう強制します。その結果，組織は戦略的プランニングを作成することになりますが，実際には使用しないこととなります。

戦略的プランニングは線形思考の一形態です。線形思考は，段階的かつ直線的な考え方であり，1つのステップが別のステップにつながるため，最終結果が予測可能です。組織の管理者が未来を知っているか，未来を知っていると信じている場合，合理的な線形思考を使用して，組織とその目標のために何をどのようにすべきかをプロットできます。未来が未知であるか，予測不可能である場合，つまり未来が不確実である場合，線形思考を使用しても効果がありません。

公的・非営利組織で使用される線形思考には他の形式もあります。一般的な例として**ロジック・モデル**（logic model）があります。ロジック・モデルは，対処する問題を解決するための新しい方法を開発する際に使用されます。これは，インプット－アウトプット－アウトカムの論理的な流れを図に示したものとなります。組織がその手順に従い，問題に対処して解決するまでの流れを図に示すのです。ロジック・モデルでは，不確実性は結果に影響を与えません。実際に対処される前に結果を知っているとの印象を与えることとなります。

米国などの一部の国では，国際的な開発プロジェクトにおいて，組織が資金を受け取るためにはロジック・モデルの作成が義務付けられています。組織とその資金提供者は，ロジック・モデルを見ることにより，対処する問題が解決可能であり，解決策が明確になっていると理解することができます。

ロジック・モデルでは，確実性に関するいくつかの仮定が置かれています。まず，ロジック・モデルは，それによって対処される問題が対処する前から既にわかっていることを想定しています。第２に，問題の解決策は一連の特定のステップであり，環境や予期しないイベントの影響を受けないことを前提としています。第３に，その手順を実装する能力を備えた安定した組織とスタッフを想定しています。第４に，サービスの提供者とサービスの利用者がその手順に従うことをいとわないことを前提としています。

公的・非営利組織で使用される線形思考のもう１つの例として，**ニーズ・アセスメント**（needs assessment）があります。ニーズ・アセスメントは，組織が潜在的なサービスの利用者から様々なニーズに関する情報を取得する方法です。一般的に，組織の研究スタッフと専門スタッフは，調査，インタビュー，および潜在的なサービスの利用者との**フォーカスグループ**を実施して，状況と認識されているニーズの詳細を把握します。収集された情報は組織に戻され，分析されます。組織はそれを使用して，インタビュー対象者が特定したニーズに対応するプログラムを開発します。組織がニーズとして特定したものについては，インタビュー対象者に知らされることがあります。しかしながら，通常は，インタビュー対象者は分析に関与せず，分析の情報源にすぎません。また，潜在的なサービスの利用者は分析のためのデータソースにすぎないため，ニーズ・アセスメントでは，潜在的なサービスの利用者のニーズよりも特定のタイプのサービスを提供する組織のニーズが偏重されるおそれがあります。

5　不確実性を受け入れる：組織の意思決定および計画への非線形アプローチ

1993年以来，ベイン・アンド・カンパニーは，営利企業の経営者による管理ツールの使用に関する16のレポートを作成しています（Rigby and Bilodeau, 2018)。公的・非営利組織での管理ツールの使用に関する調査ではありませんが，組織と組織が置かれている環境の変化を反映しています。16のレポートは，特定の管理ツールの使用の増減を示しています。例えば，1993年には経営者の88％が**ミッションとビジョン・ステートメント**（Mission and vision statement）を使用した管理ツールがトップでしたが，2017年には32％が使用するにとどまり第10位に落ちました。**戦略的プランニング**（Strategic planning）は，1993年にはトップ10ではありませんでしたが，2000年には第１位となり（マネージャーの76％が使用），2014年には第４位（44％），2017年には第１位に返り咲きましたが48％の使用率にとどまりました。2017年のレポートでは平均7.5の管理ツールが使用されていますが，これは10年前に比べて半数程度となりました。2017年のレポートでは上位５つの管理ツールの使用率は40％から48％の範囲でしたが，これは，1993年の上位５つの管理ツールの使用率が70％から88％の範囲であったことと比べ，使用する管理ツールのばらつきが大きくなっていることを表しています。

一般に，管理ツールは，管理者が現在および将来の出来事に関する予測に基づき戦略的な意思決定を行うのを支援するために使用されます。これらのツールは，組織が直面している現在および将来の状況を理解し，うまく対処しようとする管理者を支援することを目的としています。これらのツールは，通常，予測へのアプローチが直線的です。ベイン・レポートは，一般に管理ツールの使用の減少を示しており，これらのツールは計画，予測および意思決定にとって有用ではなくなってきていることを反映しています。その理由は，環境の信頼性がますます低下しているため，安定性，確実性および予測可能性に依存する線形ツールの有用性が低下しているためです。ただし，全く役に立たないという意味ではありません。有効性が低下しているにもかかわらず依然としてこれらのツールが使用されている理由の１つは，管理者を含む人々が，たとえそれが幻想であっても，自分の決定と将来について確信をもちたいと思うためです。実際には不確かであっても，確信を抱くことにはある程度の価値があるのです。

6　不確実性と予測不能性を受け入れるツールと方法

組織の不確実性と予測不能性の現実に対処する別のアプローチは，不確実性を受け入れ，その中で機能する方法を探ることです。例えば，ベイン・レポートにも含まれている非線形計画ツールである**シナリオ・プランニング**（Scenario planning）に着目した人もいます（Schwartz, 1991）。シナリオ・プランニングでは，複数の実行可能な将来に関するシナリオおよび各シナリオにおける組織の将来に対する影響が検討されます。例えば，メンタルヘルス・プログラムを例にいくつかのシナリオを示してみましょう。

- 統合失調症を治療する薬物療法または遺伝子療法が開発される（技術的なシナリオ）。
- 政府が赤字に陥りプログラムの資金の50%が削減される（資金調達シナリオ）。
- 新政府がメンタルヘルス・サービスへの資金を25%増やす（政策シナリオ）。
- 研究の進展により，精神疾患を経験した人々の間の自助および相互による支援が専門的なサービスよりも有益であるとの結果が得られる（研究シナリオ）。
- 重篤な精神疾患をもつ人々の治療方法について世論が変わり，長期入院が好ましい対応となる（世論のシナリオ）。

通常，実際のシナリオはもう少し長く，もう少し詳細になります。また，シナリオはすべて悪いわけでもよいわけでもありません。

次に，各シナリオにおいて，組織の将来にどのような影響があるのかを検討します。組織はどのような変更を行うか，サービスをどのように適合させ，誰がそれらを提供するか，組織は構造，所在地，雇用者を変更する必要があるか――。予測可能な未来に向けて組織を配置する長期的プランニングや戦略的プランニングとは異なり，シナリオ・プランニングでは，不確実性を受け入れ，その未来が何であれ，組織ができるだけ早くその未来に適応できるよう準備を行います。理想的には，シナリオ・プランニングでは，策定に当たって複数の観点を考慮しうるように，策定に関与する者に多様性をもたせる必要があります。例えば，組織のマネージャーだけで計画を立てる場合，マネージャー同士は頻繁に相互に関わっているため，どのマネージャーも同じように考える可能性が高くなります。したがって，策定に当たっては，サービス利用者，その家族，スタッフメンバーなどの様々な利害関係者が含まれることが理想となります。

公的・非営利組織を含む組織全般で影響力をもつようになってきている別の非線形アプローチとして，**デザイン**（design）および**デザイン思考**（Design thinking）があります（Mandiberg, Livingston and Silva, 2019）。公的・非営利組織におけるプランニングに使用されるデザインは，多くの場合，ホルンスト・リッテルが定義した「**厄介な問題**」（Wicked Problem）の概念に当てはまります（Churchman, 1967；Rittel and Weber, 1973）。簡単に言えば，「厄介な問題」は次の機能で類型化できます。

- **解決策が問題を定義する**　厄介な問題は，様々な方法で概念化できます。解決策が定式化されるまで，問題は十分に理解されない可能性があります。別の解決策では，問題の定義が異なります。
- **解決策は二分法ではない**　それらは善悪ではなく，真でも偽でも，正誤でもありません。
- **解決策は不確定である**　厄介な問題は，いつ解決したか，あるいは解決したのかどうかわからないかもしれません。解決策に対する決定的な検証を行うことはできません。

- **他の問題と絡み合っている**　厄介な問題は他の問題と密接に結びついていることが多く，その解決策はそれらの他の問題を明らかにしたり，それらが原因で予期しない結果をもたらしたりします。

厄介な問題は，公的・非営利組織のマネジメントでよく知られています。実際，社会サービスで対処されている問題の多くは，解決策が浸透していない厄介な問題です。例えば，貧困は個人，社会の不平等，教育，機会，差別と排除などの問題に関わっています。教育を解決策として選択した場合，問題を概念化する他の方法の1つではなく，教育の1つとして定義されます。ホームレスは，個人的なイニシアチブの欠如，恒久的な手頃な価格の住宅の欠如，普遍的な最低所得の欠如，十分な賃金の労働機会の欠如，夜間に睡眠をとる場所の欠如などの問題を含みます。ホームレスのシェルターと簡易宿所を解決策として選択した場合，問題は一時的な住宅の不足として定義されます。貧困とホームレスは非常に複雑な問題であり，それをたんにその複数の原因の1つとして定義することを選択すると，その解決策ではそれを完全には解決することができません。実際，単一の解決策は他の問題を引き起こす可能性があります。

デザインは，分析プロセスではなく，主に計画における創造的なプロセスです。創造的なプロセスとして，社会問題に対処する際に使用される多くのデザイン手法があります。おそらく，ソーシャルデザインで最も使用されているデザインに関するアプローチは**デザイン思考**です。デザイン思考は，デザイン会社 IDEO およびスタンフォード大学 d スクールによって開発されました。**反復的な5段階のプロセス**によって知られています。5段階のプロセスは，(問題が発生している人に) 共感－(問題を) 定義－(問題に対処するための) アイデア－プロトタイプ (解決策を試すための迅速で安価なモデルを構築) ―テスト (実践) となります (図**5-1**)。

デザイン思考には段階がありますが，反復的であるため，線形ではありません。デザイン思考を用いる人は，おそらく複数回，5つの段階のいずれかの段

図５－１　デザイン思考における５段階のプロセス

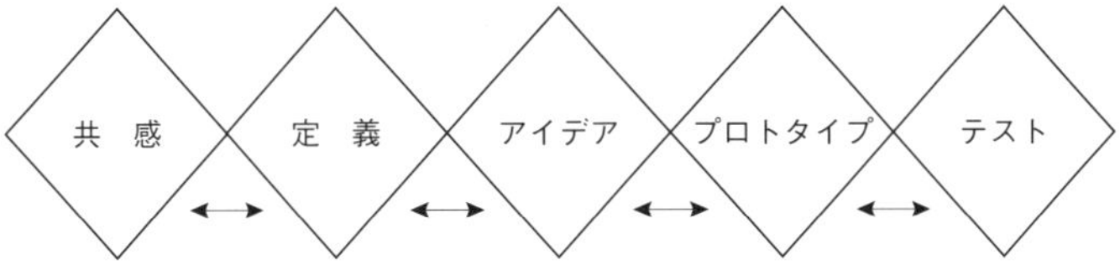

共　感	⟷	定　義	⟷	アイデア	⟷	プロトタイプ	⟷	テスト

（出所）筆者作成

階に戻ることが期待されます。問題に対処するためのアイデアが間違っているように思える場合，問題の定義の段階に戻ることが適切です。プロトタイプがうまく機能しない場合は，別のプロトタイプを開発するか，他の前の段階のいずれかに戻ることが適切です。厄介な問題には，単一の定義や解決策はありません。デザイン思考は，「迅速に失敗し，頻繁に失敗する」という考え方を受け入れています。デザイン思考を使用するマネージャーが使用可能な解決策を作成できるのは，おそらく何度も試行して失敗することができるためです。

7　線形アプローチを改善しようとする新しい管理ツール

多くのマネージャーは，計画に対する線形的かつ合理的なアプローチの改善にも目を向けています。ベイン・レポートにはこれらも含まれています。ビッグデータとコンピューティング能力の利用可能性の増大および大量のデータを分析するために利用できる高度に洗練されたツールの開発によって，線形的かつ合理的な管理ツールの改善がなされるようになりました。例えば，ベイン・レポートには，アジアで最も多く使用されているツールとして「高度な分析」（advanced analytics）が挙げられており，管理者の42％が使用しています。高度な分析には，予測分析，ビッグデータ，データマイニングが含まれます。予測分析の例は what-if 計算です。興味深いことには，シナリオ・プランニングから得られる複数のシナリオにおいて what-if 計算を行った上で，計算結果を各シナリオにおける計画と意思決定に対する非線形アプローチと組み合わせて用いることができます。また，ビッグデータは，モノのインターネット（IoT）によって可能となった大量のデータへのアクセス，計画に役立つ分析可能なデータを送信できるスマートマシンの開発の恩恵を受けています。データマイニングは，計画に役立つ可能性のある様々なデータのパターンの検索を含みます。

8　まとめ

本章の冒頭のトンプソンからの引用が示しているとおり，不確実性，特に組織とその環境の両方の複雑さの増加に起因する不確実性が組織とその管理者が解決しなければならない問題であり続けています。営利の世界では，あるビジネスが提供する解決策に対する不満があれば顧客はより望ましい解決策を提供する別のビジネスを見つけることができます。公的・非営利組織では異なります。多くの場合，特定の問題に対するサービスと解決策を提供する組織は１つしかありません。これは，公共・非営利組織の管理者が，公共のニーズや社会問題に対応するための新しい，より満足のいく方法を探す必要があることを意味しています。

本章では，組織の管理者が，組織のパフォーマンスを考える上で注意を払うべき最も重要なこと，およびそのパフォーマンスに影響を与える上で最も重要なことについての捉え方をどのように変えてきたかについての歴史的な視点を提供しました。その考え方は必然的に将来的にも変わるでしょう。本章では，計画に対する非線形アプローチをさらに検討することを支持して，線形計画への批判を行っています。ただし，線形の what-if 計算を非線形シナリオと組み合わせる例は，計画が１つまたはそれ以外のすべてのアプローチである必要はないことを示しています。複雑さに対する将来の解決策には，線形アプローチと非線形アプローチの両方が含まれることが予想されます。さらに，技術の進歩により，新しい方法でモデルを計画することができるようになりました。例えば，3Dプリントを使用すると，デザイン思考で使用される様々な種類のプロトタイプを迅速に作成できます。同様に，安価で迅速な技術的解決策により，広範に実施する前に解決策をテストすることができるようになります。教訓は，満足することではなく，よりよい解決策，特に厄介な問題を解決することです。

参考・引用文献

Churchman, C. W. (1967). Wicked problems. *Management Science.* 14(4): B-141-B-146.

DiMaggio, P. J. and Powell, W. W. (1983). The iron cage revisited: Institutional isomorphism and collective rationality in organizations. *American Sociological Review*, 48(2), 147-160.

Fayol, H. (1916/1917). *Administration industrielle et Générale.* (Dunod, Paris. Originally published in the Bulletin de la Société de l'Industrie Minérale, 5th series Vol. 19, 1916).

Hannan, M. T. and Freeman, J. (1989). *Organizational Ecology.* Cambridge, MA: Harvard University Press.

Janis, Irving L. (1972). *Victims of groupthink; a psychological study of foreign-policy decisions and fiascoes.* Boston, MA: Houghton, Mifflin.

Mandiberg. J. M., Livingston, J. P. H. and Silva, J. (2019). Social Innovation and Social Work Practice. In M. Nandan, T. Bent-Goodley and G. Mandayam (Eds.)., *Social Work Entrepreneurship, Intrapreneurship and Social Value Creation: Relevance for Contemporary Social Work Practice.* Washington, D.C.: NASW Press.

Milliken, F. J. (1987). Three types of perceived uncertainty about the environment: State, effect, and response uncertainty. *Academy of Management Review*, 12, 133-143.

Pfeffer, J. and Salancik, G. R. (1978). *The External Control of Organizations: A Resource Dependence Perspective.* New York, NY: Harper and Row.

Rigby, D. & Bilodeau, B. (2018). *Management Tools and Trends.* London: Bain & Company

Rittel, H. W. J. and Webber, M. M. (1973). Dilemmas in a general theory of planning. *Policy Sciences.* 4(2): 155-169.

Schwartz, P. (1991). *The Art of the Long View: Planning for the Future in an Uncertain World.* New York, NY: Currency Doubleday.

Scott, W. R. (1981). *Organizations: Rational, Natural, and Open Systems.* Englewood Cliffs, NJ: Prentice Hall Inc.

Simon, H. A. (1957). *Models of man, social and rational : mathematical essays on rational human behavior in a social setting.* New York, NY: John Wiley.

Simon, H. A. (1991). *Models of My Life.* New York, NY: Basic Books.

Thompson, J. D. (1967). *Organizations in Action: Social Science Bases of Administrative Theory.* New York, NY: McGraw-Hill.

Taylor, F. (1911). *Principles of Scientific Management.* New York, NY: Harper & Brothers.

Van De Ven, A. H. and Delbecq, A. L. (1974). The effectiveness of nominal, delphi, and interacting group decision making processes. *Academy of Management Journal*, 17, 605-621.

Weick, K. E. (1969). *The Social Psychology of Organizing*. Reading, MA: Addison-Wesley Pub. Co.

Weick, K. E. (1995). *Sensemaking in Organizations*. Thousand Oaks: Sage Publications.

第6章

学生のソーシャル・ベンチャー

ポイント：社会的企業に関心をもつ学生の○○さんは，両親の親しい友人で彼女のことも小さいときからよく知っている大学教授のおじさんに相談をしました。彼は，その相談にメールで，答えることになりました。

そのメールでは，まず起業の類型から話を始め，起業の目的や手法に話が進みます。起業リスクについて，普通の就職の選択との比較もされますし，さらに起業条件の海外比較についても触れることになります。日本はそれほどよいとは言えません。具体的に，学生からの起業事例も1つ紹介されます。最後に，起業するにせよしないにせよ，学生時代に仲間とともに事業を行うことの意味について考えることになります。

++++++++++++++++++++

To：socialventur@gmxxx.com

1　何をしたいのか：その1 参入型と創発型

件名：社会的企業を立ち上げたいというお話について（その1）

....

○○さん

先日伺った相談について，そのときには十分に答えられませんでした。学生時代に社会的に意義ある事業で起業をしたい，という話は，もちろん，夢があってとても素敵だと思いました。やっぱり想像力も創造力もある貴女らしいですね。ちょっと，ネット検索をかけてみれば，社会的企業とかソーシャル・

ベンチャーとか，学生起業とかいっぱいヒットします。行政も推進していますし，支援する団体も多い。大学でも，また民間のスクールなども起業支援は商売として成り立つぐらいですし，プランのコンテストなどもいろいろあります。本も Amazon でキーワード検索をかければたくさん出てきます。ほんとうに，トレンディというか，官民挙げて応援している感じが分かります。

しかし，お父さんやお母さんの友人でもあるし，子供の時から貴女の成長を見守ってきた僕としては，リスクのことも考えて，軽率に答えることはできないな，と感じました。SNS の時代にマッチしないかもしれませんが，調べたことを含めて，メールで少し丁寧にお返事することにしました。

長いメールになることを許してください。ツイッターのように短く，インスタのように印象的に，というわけにいかないのは世代のせいかもしれませんが，まだまだ文章によって丁寧に伝えることが必要なこともあると思っています。

起業したい，という人の動機や形は様々です。「起業」ということだけであれば，先日貴女の家の近くの通りの角に開店したパン屋さんも，確かその向かいに開店したコーヒーショップも立派な起業ですよ。どちらもチェーン店ではないようですから，地域で自分のリスクで商売を始められた勇気ある起業家です。実際，いろいろな統計や研究でも，新規に事業を始めた個人事業主や数人までの小規模企業は，こういった従来からあった事業形態の中で，新しい店や事業を作る場合が圧倒的です。

メディアに掲載されてかっこいいと思える「起業家」たちは，こういう人々である場合はまれで，それまでにない新しい形の事業，新しい市場そのものを開拓するような人のことが出てきますね。例えば，ジェフ・ベゾスの Amazon とか，マーク・ザッカーバーグの始めた Facebook のような大成功ビジネスを思い浮かべてもいいですね。ビル・ゲイツは，848億ドル（約9.5兆円：2017年）の巨大な富を獲得しました。彼は，世界中のパソコンの普及をはじめとしてデジタル革命に大きな役割を果たしたばかりか，メリンダ・アンド・ビル・ゲイツ財団にその巨額の資産から寄付を行い，かつその運営を担い，億万長者たちにその資産の半額以上を寄付する運動であるギビング・プレッジ

（The Giving Pledge，寄付誓約宣言）を進めています。彼は17歳の高校時代に，後にマイクロソフトの共同創業者となるポール・アレンと Traf-O-Data という事業を始めました。こんな大成功の事例もあります。知っているかもしれませんが，日本で病児保育事業を始めた特定非営利活動法人フローレンスの代表の駒崎弘樹さんのことを考えてもいいでしょう。おそらく，貴女を含め学生が「起業したい」というときのイメージも，そういう社会的に注目されるような，ちょっと変わった？　ちょっと斬新な，そんな事業ではないでしょうか。

最初のものを，既存市場のなかに参入するという意味で「参入型」，後者の方を，新しい市場を形成するという意味で「創発型」としましょう。一般的には，参入型の方が，ビジネスのノウハウは蓄積されていますので，事業をイメージしやすいし，アルバイトにせよ正社員にせよ，事業を経験してみることもでき，事業計画や収支見通しも比較的立てやすく，先輩からアドバイスも受けやすいといえるでしょう。市場が既に存在するということは，一定の基盤的ニーズがあることも明らかです。

とはいえ，すでに多くの事業者が競争しているわけですから，その中で顧客を開拓するには知恵も努力も，あるいは経営が安定するまでの運転資金も必要ということは当然です。特に，大規模資本をもったチェーンが展開していたり，大企業による供給がなされているところでは，コスト面でもそれと競争して勝ち抜くには，相当の工夫が必要になりますね。

他方，創発型は，これまでにない事業なので，事業を支えるニーズがあるか，財やサービスの提供のためのコストを支払う負担能力のある顧客があるのか，未知数のところがあります。自分では，これは必ず当たるはず，と思っていても，すでにその事業を運営している先達の蓄積した知恵が望めませんから，必然的に綿密な事業計画や収支計画は立てにくく，希望的観測から信頼性が定かではないものになりがちです。

とはいえ，新しく提供される財やサービスの前例がないとすれば，競争相手がいないので，その領域で爆発的な成長を狙える可能性も大きいともいえるでしょう。メディアも，新しもの好きですので，広報されれば宣伝広告費を節約することもできそうです。

学生には，今の社会のしきたりや在り方を超えて，新しい世界を作っていく可能性を開いていってほしいと思いますし，そういう意味では，創発型を構想してみることは，重要だと思います。その可能性を探ってください。

当然ですが，そういうビジネスチャンスは簡単に思いつくものではありません。大企業も新しい市場を開拓しようと，必死で新商品やサービスの開発に投資しているのです。けれども，特に，最近のように，ますます社会インフラの水準での変化が激しい時代，つまりインターネットによるコミュニケーション手段の絶え間ない変化や，コンピュータリゼーションによる AI の導入のインパクト等が次々に現れてくる世の中ですから，従来と違った新しいビジネスチャンスも広がっています。また，それに対応して，行政による規制なども変化していますので，新しい領域ができてくる可能性も広がります。新しい社会インフラの中で育った新しい世代しか気が付かないようなチャンスがあることも間違いがありません。ですから，学生であれば，まず創発型を目指すべく頑張ってみてください。きっとわくわくすると思います。

その前提でですが，実は，参入型も重要です。従来型の事業形態をとって失敗の可能性を減らしつつ，新しい手法や意味づけを与えていく場合もあります。今日はここまでにしておきます。できたら，こんな形があるのじゃないか，というアイデアを，友だちと出し合ってみるといいですね。

2　何をしたいのか：その2「社会的」企業と普通の企業，非営利目的と営利目的

件名：社会的企業を立ち上げたいというお話について（その2）

…………………………

○○さん

お返事ありがとう。そうですね，貴女がしたいと考えているのは，社会的に意義がある，ソーシャル・ベンチャーですよね。だから，Amazon なんかを例に出したのは，よくなかったかな？　今回は，「社会的」ということについて考えます。

すべての企業は，「社会的」です。いわゆる「企業の社会的責任」を果たすために，社員ボランティアや寄付を行っていたり，崇高な企業理念を掲げて社会貢献を強調している企業だけに限られません。

「反社会的」とされる企業以外のすべての企業は，第1に，何らかの社会的ニーズを満たしているのですから，社会的貢献を行っています。コンピューターや紙を作って売ったりする企業の製品がなければ，社会は今の水準の豊かさを作ることはできなかったでしょう？　社会的に有用な財やサービスを，できる限り競争力のある安い価格で提供する企業は，社会貢献をしています。

第2に，雇用を作り納税することによって，社会に貢献していますよね。条件のよい雇用があれば，地方からの人口減少もかなりの程度押しとどめられるでしょう。過半数の企業は，法人所得税を払っていないとはいえ，儲かれば所得税を払いますし，賃金や配当を払えば個人の所得税の元となる価値を生み出しているわけです。もちろん，消費税だって馬鹿になりません。

ですから，企業が本業でどんどん稼いでたくさんの人を雇い，きちんと税金を納めていれば，当然に社会貢献しているわけです。

もし，自分が作ろうと思っている事業が，その財やサービスの提供に対して，対価を払う人々や団体がいる場合には，普通の企業，つまり営利企業（現在では，株式会社，合同会社等がありますが）として，社会貢献は十分に可能です。

ただし，営利企業の場合，法律的には基本的には営利追及が第1の目的となります。それに対して，非営利でしかも公益的な法人形態（例えば，特定非営利活動法人や公益社団法人，公益財団法人，社会福祉法人等の法人類型）を取れば，団体の第1の目的は営利ではない，ということをその団体の法人格を表す名称によって示すことができます。どちらの形にも有利な点と不利な点があります。詳しい法人格の意味や法人格ごとの違いについては，面倒になるので，ここでは触れません。

しかし，起業するときには，いったい自分たちの事業の目的は，お金を儲けることなのか，社会的に有名になることなのか，自分のアイディアを試してみたいということなのか，とにかく人に雇われずに自分たちで事業を運営したいということなのか，具体的な社会問題を解決したいということなのか，さらには面白いと思うことを広げたいのか，とか，よく考えた方がいいと思います。

学生が起業を考えるときには，たいていこれらが混ざっていて，あいまいな場合が多いようです。貴女もきっとそうなのではないでしょうか。はじめは，それで構わないのです。でも，少なくともお金儲けを本気でしたいのか，という点だけは，確認しておくことが不可欠です。事業によって自分が飯を食うということや雇用を作るということ，事業を拡大していくことと，お金をどんどん儲けていくこととは，全く異なります。

また，自分たちの立ち上げる事業に，具体的社会的ニーズがあるのか，その事業を運営する費用・コストをどこからもってくるのか，を考える際には，自分たちの目的を何度も問い直すことになると思います。

一般的に，社会貢献したい，だけでは事業のアイデアは出てきません。子供のために働きたい，というだけでもダメですね。不登校の子供たちや障がいをもつ子供たちの役に立ちたい，というだけでも，事業にはなりません。不登校の子供たちや障がいをもつ子供たちに対する現在あるサービスで満たされていない具体的なニーズは何か，それを提供することができていないのはなぜか，そのニーズを満たそうとする試みはされたことはあるのか，などが確認できる，本当に具体的で確実なニーズを捕まえること，そして，それに応えるための財やサービスの提供が可能な新しい事業スキームはどのようなものか，が描かれる必要があります。

一般に，非営利公益を目指す団体の場合には，受益者が対価を支払えないことが多いものです。

例えば，ホームレスの人たちが栄養を十分に取れていないという問題を解決したいとしましょう。そこで，おいしい炊き出しを行うとしましょう。一食500円をかければ，ボランティアによる調理や配食によって可能になりそうです。しかし，ホームレスの人たちがその費用を支払える場合は多くありません。となれば，そのお金を，寄付や行政や民間財団からの委託事業費・助成金等から調達することを考えたり，食材の寄付を求めることを考えなければならないでしょう。難民や発展途上国のストリートチルドレンを支援するときに，彼らから対価を得ることはほとんど不可能でしょう。では，どうしたら事業スキームを作ることができるか，真剣に考えなければいけません。

つまり，受益者が対価を支払えないとすれば，どこかから資源調達することが必要になります，それも継続的に。この仕組みをどう工夫できるでしょうか。簡単にお金は出てきません。

お金を得る仕組みを工夫することから，もっと深い問題も考えられます。

例えば，なぜ500円が支払えないか，という問いから，アルコールやギャンブル依存の問題や継続的な仕事が得られない社会的条件の問題に踏み込むことになるかもしれません。そちらの方が当初の問題を解決するためには妥当な問題への切込み方かもしれません。

また，忘れていけないのは，ホームレスのような「社会的弱者」と言われている人たちは，たんに食べ物や住処が必要なだけでないということです。貴女の事業の受益者としての関わりは，その人々の誇りや人間として生きる意味を傷つけるかもしれません。むしろ，自分たちの状況を克服するために，事業の運営に参加することこそが NPO 的だと言ってもいいでしょう。

さらに，地域の人たちは，ホームレスの人たちを「迷惑者」として追い払いたいと考えているかもしれません。でも，そういう人たちは，無関心な人たちよりも実は地域をよくしたいと思っている可能性もあります。そういう人たちも含め，どうしたら一緒になって地域を作っていけるか，知恵も力も出し試していける場を作ることが大切かもしれません。たんにサービス提供として炊き出しを考えるよりも，サービスを受ける人たちが社会の担い手となる可能性を広げることが，500円の問題にも解決の糸口を与える可能性があります。

あるいは，学生が大学でもっと実質的に学んで学力が付くような大学にしたい，と考えたとします。よい授業と悪い授業を学生アンケートで調べ，それを公表して大学に圧力をかけることを思いついたとしましょう。うまくいけば，この事業スキームを，アプリとして作って販売すれば全国の大学，学部などに広がるかもしれません。

しかし，学生はアンケートに答えてくれるでしょうか。また，アンケートの回答は，楽勝科目がよく出て，意味ある有益な授業だけれど単位が難しい科目は悪くでることはないでしょうか。大学や教員がほとんど結果を無視していれば，その内アンケートを集めたり答えたりする意欲もなくなりそうです。一部の学生だけがとても忙しくなるし教員からは煙たがられるなら，ボランティアで始めても続かないかもしれません。アプリのメンテには，能力と時間などのコストがかかりますから有給で行いたいと考えた場合，その費用はどこから出てくるでしょうか。学生が受益者としても，費用を学生は払ってくれそうにありません。

しかし，学生が自分たちが授業を評価するという試みを通じて，教員と対話したり，自分たちで面白い授業を作り出したりできれば，学生自身が成長できるし楽しい事業になるかもしれません。アプリ開発に関心がある学生もいるかもしれませんね。

そして，具体的に授業改善という成果が出てくれば，大学や教育関係の財団などからの支援が期待できるかもしれませんし，教育産業と連携して学生アンケートから得られる情報の一部を提供することによって，費用が調達できるかもしれません。そのためには，実績を作ることが必要になりそうですね。

こういう具体的な問題を解決するために，よく考えて始めることは当然ですが，失敗を通じて改善していく作業が必要になるでしょう。その際，困難に当たってそれを解決しようとするたびに，自分たちは何のためにこれを始めたのだろうか，が問われてくることになります。その考え方の違いから，仲間が離れていくことになるかもしれません。お互いの考え方をできるだけ緊密に共有しつつ，事業への関わり方を整理していくことも必要でしょう。

このように，「社会的」起業の「社会的」の意味を考えることは，ニーズの具体的内容，その資源調達の方法，事業の展望，参加の仕組みと意義，そしてどのように社会を変えるのかなどを構想し工夫していく上で，深まっていくことになるでしょう。

もちろん貴女も知っているように，すでにたくさんの社会的起業が存在しています。多くの NPO・NGO は，社会貢献を主たる目的にして具体的な事業を展開しています。ですから，そういう既存の団体の活動に，ボランティアでもアルバイトでもいいので，参加してみるといいと思います。まず，参加して，どうやってその団体がミッションと具体的な事業としてのお金や活動の流れを作っているのかを勉強してください。よいところも，問題があるところも見えるでしょう。それを，団体の人たちや参加者と話し合ってみてはいかがでしょう。それは，とてもよい起業のための準備となるでしょう。もちろん，無理して起業しなくても，そういう団体で活動を続けてもいいですしね。

3　リスク，そして学生の起業について

件名：社会的企業を立ち上げたいというお話について（その3）

…………………………

○○さん

お返事ありがとう。いつもすぐに返事をくれるので，長いメールでも読んでいただいていることが分かりますし，応答もしてくれているので，うれしく思っています。結構，本気なんですね。

①　どのぐらい起業は生き残っていくのか

貴女の方からリスクの話を出してくれて，安心しました。そうですよね。起業なんてことは，危ない，という感じは，すごく健全だと思います。あまりトレンディな言い方ではないので，怒られるかもしれませんが……。成功者の自慢話とかそういう話を集めて，学生をあおろうとするようなサイトは，本当にいっぱい転がっています。けれど，失敗事例は，報告され紹介されることはほとんどないし，まして分析されることは少ないようです。もちろん誰でも知っていますが，成功事例の影には失敗事例があります。

企業の存続比率に関するデータは，あまり整備されていません。大企業だけの存続率なんていうのは，起業を議論する場合にはあまり役にたちませんが，起業を励ましたいためか，しばしばそんなデータが用いられているようです。より実態に近いものとしては，少し古いですが，以下のようなデータがあります（**表6-1**）。

表6－1　1984年から02年までの事業所の経過年数別生存率

全事業所ベース										
開業年	1年経過後	2年経過後	3年経過後	4年経過後	5年経過後	6年経過後	7年経過後	8年経過後	9年経過後	10年経過後
生存率	72.8%	60.8%	52.7%	46.5%	41.8%	37.7%	34.3%	31.2%	28.4%	26.1%
会社ベース										
開業年	1年経過後	2年経過後	3年経過後	4年経過後	5年経過後	6年経過後	7年経過後	8年経過後	9年経過後	10年経過後
生存率	79.6%	69.7%	62.7%	57.1%	52.6%	48.6%	45.1%	41.7%	38.6%	35.9%
個人事業所ベース										
開業年	1年経過後	2年経過後	3年経過後	4年経過後	5年経過後	6年経過後	7年経過後	8年経過後	9年経過後	10年経過後
生存率	62.3%	47.3%	37.6%	30.5%	25.6%	21.4%	18.2%	15.6%	13.4%	11.6%

（注）事業所の84年から02年までの開業後経過年ごとに，前年の存続割合を各年の前年比と乗じて算出。なお，84年から93年までの開業起業には10年後生存率が計算できるが，02年開業起業は1年生存率のみが計算されている。また，「今回の手法を用いる上では，パネルデータ（個々の調査対象を時系列で追跡できる統計データ）が必要になる。さらに，開業年をある程度特定的に推定し，経過年別に生存率を観察する上では，毎年実施される調査を用いることが望ましい。この条件を満たす統計として経済産業省「工業統計表」を用いた。ただし，同統計の設計上，集計対象は製造業に限られ，また従業者4人以上の事業所に限定されていることに留意が必要である」とされている点に注意。

（出所）経済産業省「工業統計表」再編加工による中小企業庁『平成17年度中小企業の動向』2006年，データをもとに筆者作成。

このデータは，製造業の従業員4人以上事業所に限定されているので，廃業率はもっと高いと思われます。法人化していれば5年で6割，法人化していない場合には5年で4分の3が廃業になっています。この数字を厳しいとみるか案外頑張っているとみるかは，人によって異なるでしょう。もし自分の生活の資を得ようとするのであれば，この比率程度のリスクを考えておく必要はあるでしょう。

②　でも，企業に就職するのが，安全パイともいえないのです

ところで，学生は，特に3年生ぐらいから就活で一生懸命ですよね。「全身就活」という言葉を以前聞いたことがあります。怖いなあ，と思います。僕は，学生時代には，実務的に就職に役立つことよりむしろ長い目で見て人間としての力を高めるような勉強をしてほしいと切に願っています。ですから，「全身就活」に学生が入り込んでいくのは，見ていてとてもつらいことです。ちなみに，厚労省統計によれば，2016年には，大学生・専修学校生徒を合わせて32人の方が「就職失敗」を原因にして自殺したとされています。10代20代で見れば，81人の方が「就職失敗」で自ら命を絶っています。悲惨ですよね。

他方，2014年3月卒業で就職した学生たちの，32.2％が3年以内に会社を辞めています。しかも，就職勝組とされそうな，従業員1000人を超える大企業に就職した人でも，その24.3％が辞めています。必死で就活に励んで，でも，3分の1は，3年経つ前に辞めているのです。となると，多くの人たちが考える，リスクの少ない安全パイの道も，それほど「安全」でもないようです。

つまり，いずれにせよ，リスクはあるのです。生きるということには，常にリスクが伴います。もちろん，安全パイが欲しいですよね。でも，そもそも，確率で人生を生きることは，常に多数派に従うことになって，自分らしい人生を歩むことができなくなります（ちなみに，ほとんどの親は，安全パイをつかんでほしいと子供に圧力をかけます）。たとえ成功の確率が低くても，賭けることは，それ自体，決して悪いことではありません。その判断をするのは，自分しかできません。

③　国際比較してみると分かる社会的条件の違い

一般的には，日本は，起業率は他の先進国に比べるととても低いとされています。フランスや英国などに比べると，3分の1まではいきませんが，半分以下であるというデータがあります。先のような廃業率ですが，日本はこれらの諸国に比べると存続率は高いようです。つまり，他の多くの先進国は，起業も多いけれど廃業も多いのです。

意外かもしれませんが，実は，発展途上国は起業率は高いのです。それは，安定してちゃんと勤められる企業が少ないことから，自分で小さな事業を始めるしか食べる道がないからです。ですから，そういう国々とではなく，豊かな国々（イノベーション主導型経済）のなかでの国際比較が大切です。しかし，そのなかで日本は，起業家比率（正確には，総合起業活動指数（Total Early-Stage Entrepreneurial Activity：TEA））が，とても低い数値になっています（図**6-1**）。

図 6－1　イノベーション主導型経済の元での TEA

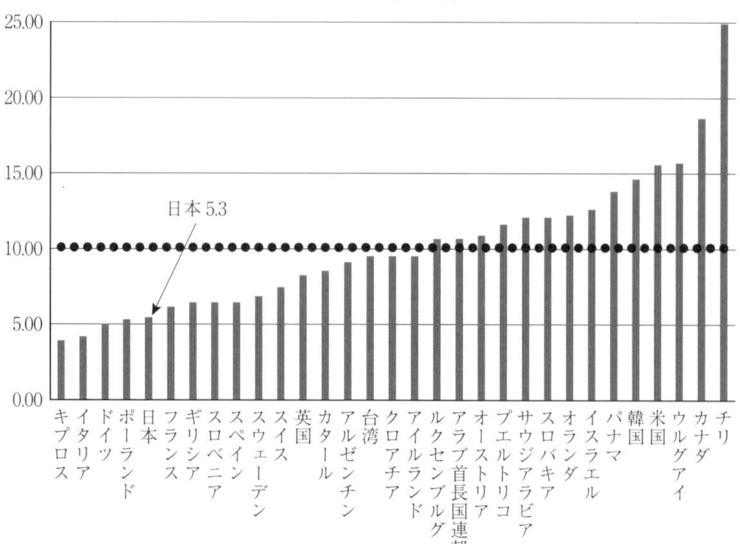

（出所）みずほ情報総研株式会社（2019），図表 2－3 から。

図 6－2　事業機会型 TEA／生計確立型 TEA の比率（倍率）

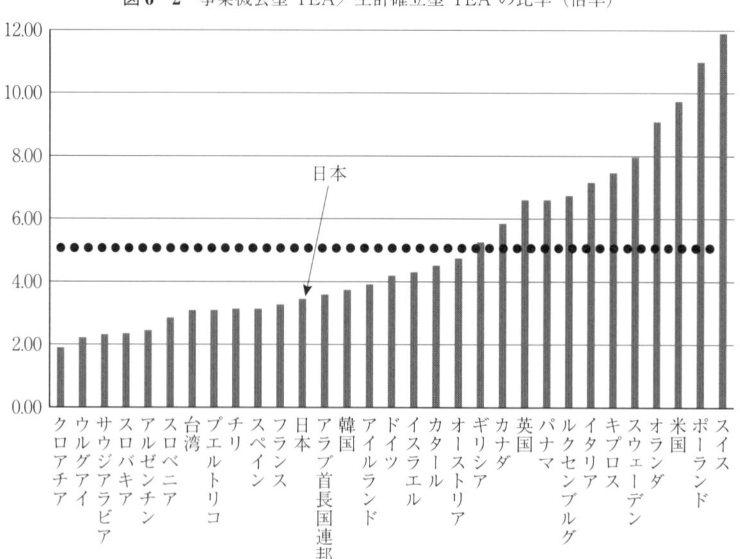

（出所）みずほ情報総研株式会社（2019），図表 2－6 から。

ここでは，図表は挙げませんが，半年以内に有利な事業機会が来るという認識，新しいビジネスを始めるために必要な知識，能力，経験をもっているという認識，新しいビジネスを始めることが望ましい職業の選択であるという評価，等において，日本は，調査対象となった経済的に豊かな国々のなかでほぼ最低に位置しています。有利な機会もありそうにないし，自分の力もあまりないし，社会的にも望ましい職業選択とは思われていない，そんな日本で起業をしようというのは，とても無謀に思えてしまうのも無理ないことです。

しかも，日本では，起業の質について，ビジネスチャンスを生かすためか（事業機会型）と，自分の仕事として他によりよい選択肢がないからか（生計確立型）と比較すると，事業機会型の割合がとても低い。つまり，新しいビジネスチャンスを生かそうという積極型の起業は少なく，他に仕事がないから，という気持ちが強いのです（図**6－2**）。

ここで特に注目すべきなのは，米国などの競争マインドがとても強いところは別にするとしても，スウェーデンやノルウェーなどの高福祉国家が高いビジネスマインドを示していることです。これらの国々では，起業に失敗した場合でも，高い社会福祉水準があるがゆえに生活や再出発に手厚い保証が与えられています。ですから，路頭に迷う恐怖は少なく失敗ができます。冒険的で革新的な起業がやりやすい社会的条件があると言ってもよいでしょう。このようにみてみると，起業リスクというのは，たんに文化や個人の資質の問題ではなく，社会的条件にもよることが分かります。

さて，リスクについて考えてきました。確かに起業にはリスクはつきものです。成功の方が少ないといってよいでしょう。しかし，安全パイを求めるだけが人生ではないし，企業に勤めても，それだけでリスクがないわけでも「上がり」というわけでもないですね。国際的に見ると，日本は，どうも革新的，第１回目のメールでの分け方でいえば，「創発的」な起業ができにくいような条件があるようです。だからこそ，そういう勇気ある革新者が求められているとして，行政や企業などが旗を振っているのかもしれません。僕には，行政はもう少しやることがあるように思えますが……。

では，今回はここまでにしておきます。リスクなんて気にしなくてもいいんだよ，なんて威勢のいい話にならなくて，少々残念なのですが。

4　あるソーシャル・ベンチャー：Nさんの例

件名：社会的企業を立ち上げたいというお話について（その4）

…………………………

○○さん

すぐにお返事ありがとう。ビジネスメールのマナーとして，かなり大事なのは，すぐに応答するということです。僕はなかなかできていないのですが，貴女は，もうそういうマナーができているのはすごいですね！

確かにあなたの言うように，日本では，実際にはどんな人がどうやって起業しているのか，見てみたいですよね。

ネットを覗けばいろいろな成功者が経験を語っていますし，それを支援しようという人たちも，これが大事とか，ビジネスプランの書き方はこうだ，などなどたくさん情報があります。

ですから，そういう話も貴女は読むであろうことを前提にしたうえで，1人紹介しておきたいと思います。ちょうど，貴女の大学の先輩にあたる人でもありますし，大学の近くに事務所を構えて大学生のボランティアや参加を募っていますので，すぐに会ったり体験できたりするという点でもよいと思います。

①　概　要

ここで紹介するNさんは，ビル・ゲイツだとか，マーク・ザッカーバーグのような大企業家ではありません。現在は，1億ほどの事業規模をもつ特定非営利活動法人の理事長をしています。この団体は，その傘下に株式会社をもち，彼はその専務取締役です。また，特活法人の着手した事業から，2億円弱の事業規模をもつ公益社団法人をスピンアウトして設立しており，彼は，その理事も兼任しています。

Nさんは，学生時代，1994年に高校時代からの仲間と家庭教師のアルバイトグループを立ち上げました。業者に所属した家庭教師では，途中でピンハネされてしまいますよね。このグループは，自分たちで広告を出してお客さんを集めようとしたのです。1年生4人が組合契約を締結しました。資金は共同出資，利益が出たら配当するという形で，所在地は，仲間の下宿でした。特に，社会課題を解決するとかいう志があったわけではありません。出し合ったお金で広告は出したものの，あまりお客さんは来ずという状況だったようです。

ところが，その後，95年1月に阪神淡路大震災が起こりました。彼の大学の周りの被災の状況は激しく，多くの死者やけが人，家屋の倒壊が出ましたし，避難所には子供たちを含めたくさんの人たちが暮らしていました。

全国から，たくさんのボランティアが駆け付けました。彼の所属大学でも，ボランティアセンターが立ち上がり，その大学の学生はもちろん，卒業生や他大学の学生も参加して，大規模な支援活動が行われました。彼らも，そんな活動にも参加していました。

1月に発災でしたから，ちょうど受験期でした。彼らの仲間の間で，「この前，避難所で夜遅くに参考書を広げて勉強している中学生の姿をテレビで見た。なにか俺たちにできることはないか」という「何気ない会話」がなされたといいます。そこから，当初のグループで「救援教育センター」を立ち上げる話が持ち上がりました。彼らは，被災地内の大学生として，また自分たちのしていた活動の延長として，無料で被災した子供への家庭教師派遣を行うことを考えたわけです。当時は，ボランティア活動情報などを新聞も積極的に掲載していたこともあり，発表後すぐに事務所代わりの下宿の電話が鳴り始めました。「無料家庭教師をしたいというボランティアとその派遣を求める家庭とのコーディネートを行った」たのです。その結果，「2月21日から4月末までの間に200名以上のボランティア登録，100件以上の家庭に講師を派遣する」という成果を上げることになりました。彼らは，ボランティアをしたい，という人々と，ボランティアを求める人々の情報の結節点としての役割を担いました。

その後，家庭教師先の子供たちの要望もあって，キャンプ事業を始めます。子供たちの遊び場であった学校や公園が避難所に，地域にもがれきが多く，親も子供の遊びどころではない状況もありました，彼らは，大学の施設やバス会社，教育委員会と交渉して，廉価でのキャンプを実現しました。彼らは，得意ではなかったようですが，募集した学生ボランティアがキャンプリーダーとなって実現しそうです。確かに，こういう活動が得意な学生もいますね。その年の４月には「救援教育センター」を「ちびっこ支援センター」に改組し，レクリエーションも活動に正式に加えました。ほぼ毎月ハイキング等のイベントを行い，春夏に泊りがけでキャンプ，冬にはスキーをしていきます。

大規模災害が起こると，ボランティアが駆け付け，また多くの NPO が支援活動を行います。ちゃんとした活動であれば，共同募金や民間財団などに応募することによって，かなりの確率で助成金を得ることができます。彼らの団体の場合も，このような助成金も受け，仮設住宅でのイベントなどを含め継続的に被災者支援事業を行っています。しかし，同時に，キャンプ等のレクリエーションは有料でしたし，被災地の平常復帰とともに家庭教師派遣も有料になっていきました。学生ボランティアが多数参加する事業型団体としての運営が定着していきました。次第に事業規模が大きくなっていきます。

1997年には，発足時１年生だった設立時メンバーが４年生になり，事業を継続しつつ理事長のＮさんも理事を降り，理事長も交代することになりました。学生団体の宿命ですね。

その後，98年に大学を卒業したＮさんは，銀行に就職していましたが，１年ほどで退職し，BH（仮名）という別の団体を立ち上げ，当初の会を吸収します。そして，この新しい団体が2000年３月に，学生主体の団体としては全国で初めて特定非営利活動法人の認証を受けました。

その後，様々な事業を展開し，家庭教師や野外活動以外に，学習支援として補習塾事業，不登校支援事業，国際交流事業，子ども食堂事業などにも事業を拡げています。最初にも述べたように，2009年には，学校外教育バウチャーを提供する CC 事業を始め，その後，2011年には一般社団法人として独立させ，さらにこの法人は公益社団法人としての認定を受けて活動しています。また，国内外の教育関係の旅行事業について，100％子会社として2014年に KK 旅行株式会社を設立しています。

Ｎさんは，多方面で活躍しており，学生などのソーシャル・ベンチャーを支援するＥという団体でも理事になっていますし，またメンターとして具体的に起業したいという学生たちに個別にも指導しています。

② できそうですか？

この団体は，もともとは，社会問題解決を目指して起業されたわけではありません。しかし，事業として，震災という特別の状態の時に社会的ニーズを見出し，自分たちが得意な領域で活動を始めたわけです。はじめはボランティアベースでしたが，キャンプやレクリエーション等を通じて，また不登校児の学習支援などを通じて，助成金や一定の対価報酬を得ることになって，事業体として展開していくことになります。

子供向けのキャンプやレクリエーションも家庭教師派遣は，特に新しい事業形態ではありません。「参入型」と言ってもよいでしょう。その意味では，斬新な事業ノウハウは必要ありませんでした。というより，ちょっと力のある学生ならば運営できそうな分野ですよね。

しかし，震災後という特定の状態では，被災地域にある大学の学生のボランティアや事業として，理解も得やすかったし社会的支援も得やすかったと言えるでしょう。無料で被災者に対して家庭教師を派遣するということは，被災地が復興していけば，一般的には長期にわたって行われる活動ではありません。他方，子供へのレクリエーション提供や不登校児童への家庭教師派遣等は，平常時でもニーズがある事業でした。ですから，非常時に，社会的意義のある活動を行う団体としてのミッションの社会性の定式化と組織力の獲得を行い，平常時に転換していく際には，持続的ニーズをきちんと捕まえて組織体を維持発展する条件ができたわけです。

災害時の支援のためのボランティア団体は，一時的にはたくさんできますが，支援ニーズがなくなるとともに，撤退するか，街づくりや仕事づくり，地域でのボランティア活動支援などに転換していくか，選択することになります。この団体は，もちろん，後者の例です。

リスクの点では，この団体は，現在でも無借金経営です。企業が失敗した場合に最も問題となるのは，債務の返済です。学生の起業した非営利団体等では，よっぽど現実的で技術的突破力があるような事業でなければ，お金を貸す銀行もまずありません。このことは，特に初期投資という点では，大きな制約でもありますが，リスクという点で考えれば安心ですね。

当初から団体の事務局ではボランティアベースで活動が行われていましたが，組織活動が平常時転換してからも，キャンプなどの事業でも学生ボランティアが活発に活動し，現在でも専従有給職員とは別に，その運営に学生が中心的にかかわっています。学生が自発的にかかわりたいと思える，活動の楽しさや革新性を維持するためには，時代状況に合わせた新しい社会的ミッションを具体化した事業提案を歓迎し，権威的な組織体制ではない参加型の事業運営を作ることが必要でした。

もちろん，子供相手の事業をする上では，安全はもちろん，お金をやり取りする事業として，当然の契約責任も問われます。ですから，仲良しクラブではやっていけません。この自由と規律のバランスこそが，この団体が持続し発展してきた運営ノウハウの核心にあると思います。

その中心に座っていたのが，Nさんです。彼が銀行を辞め，団体を率いることに本気になって取り組むことになって，すぐに法人化し団体は確実に事業としての強固さをもつことになりました。いつでも，事業の中心には本気で人生を賭けるような人がいないと，なかなか発展はしないものです。法人化後の事業の発展は，彼の事業についての考え方によるところは大きいのですが，その点については，貴女自身が直接に関わって探ってみることがよいように思います。

いかがでしょう。この団体のでき方は，ある意味では無理のない，自然なものに見えるのではないでしょうか。中心的起業家リーダーの，カリスマ的なリーダーシップが強調されることが多いのですが，起業家が事業を育てると同時に，事業自体がリーダーを育てていくという側面もあります。1つの参考になるのではないでしょうか。

5　最後のメール

件名：社会的企業を立ち上げたいというお話について（その5）

……………………………

○○さん

お返事ありがとう。

昨日は，結構大きな台風でしたね。このあたりでは，あまり大きな被害はなかったようですが，かなりの被害が出たところもあるようです。被災者のことを思うと，あの震災の際の悲惨さが思い返されてきます。

前回の話は，震災救援から始まった団体についてでした。日本は，地震をはじめ大規模災害から逃れることはできません。間隔ははっきりしませんが，必ず（大規模）災害がやってくるという意味では，常に私たちは，災害と災害の間，「災間期」にいる自覚が必要だという指摘もあります。災害を念頭に置けば，平常時でもしておくべきことはたくさんありますね。最近，寺社に災害時の際の備蓄物資を常備したり，避難所としての役割を行ってもらえるように，自治体と協定したりしているところが出ているようです。平常時に準備しておくことは，社会的ニーズとしてたくさんあるように思います。

もちろん，災害とは直接の関係はありませんが，例えば子供や高齢者の貧困や虐待，シングルマザーの窮状なども，常に言われることですが，見えない，見えにくいものです。遠くの外国で起こっていることは，もっと見えにくいかもしれません。

また，ほとんどの平常時の社会的問題は，個人の問題として自覚されることが一般的です。自分の力不足であったり，自分が悪いからこういう状態に陥ってしまったと思っている場合が多いのです。ですから，それを示したり助けを求めたりすることは，恥ずかしいことであって，隠すべきことだと思われることが多い。苦しんでいる人たちは自分を追い詰めて自殺まで行く可能性もあります。毎年２万5000人ほどの自殺者が出ている事実は，社会問題の個人的な

「解決」への根深い指向を物語っています。大阪マラソンの参加者数に近い人々が，ほぼ毎年全員死に向かって走っていくのです。孤独の中で。

大部分の解決すべき社会問題は，見えにくいか，見たくないものに関わっています。しかし，改革されるべき社会的現実は確実に存在しています。見ることができる力は，ソーシャル・ベンチャーにとって，前提となる人間的力であると思います。

この現世を作ってきたし作っているのは，学生たちではありません。「戦争とは，爺さんが始めておっさんが命令し，若者たちが死んでゆくもの」（大林素子「MOTHER 特攻の母 鳥濱トメ物語」）という言葉があります。戦争だけではありません。現在の世の中は，基本的には，今でも（日本では特に）爺さんたちが始めておっさんが命令しています。そして，例えば，たくさんの人が不安定雇用の中で苦しんでいたり，正社員でも使い尽くされて過労死に至ったりという現状があります。最近話題の大企業の製造現場での不正行為も，誰かが命令して誰かが従ってなされてきました。

若者たちが自ら新しい世界を作ろうとすることは，素晴らしい。ただ，貴女方が始めたり命令したりすることで，同じ若者たち（のみならず爺さんやおっさんたちもです）が死んでゆくことになっては困ります。不正行為を命令されることになっても困ります。

もちろん，貴女が，そんな職場や社会を作ろうと思っていないことは知っています。むしろ，そういう社会を変えたい，と考えられているでしょう。あなたの志や思いを共有する仲間が作る事業はとても素晴らしいでしょう。けれども，事業を学生時代の体育会気分で事業を運営すると，勝つためだったらなんでもして当然だ，というような，とんでもない言葉が出てきたりします。「勝つため」の代わりに，「新しい事業を成功させよう」「世界を変えよう」「そのためにすべてをささげて当然だ」という話になれば，一緒です。

むしろ，やりがいのある仕事であればあるほど，そのために働く人は，自分やその家族を犠牲にしやすいものです。介護職や看護職等，目の前の人を置き去りにできないと思って頑張ってしまう人の心の在り方（「ケアの倫理」としてしばしば議論されています）は，利用され搾取されやすいかもしれません。事業を率いる立場になると，同志的な仲間のつもりで働いている人の権利を無視する，というか，気が付かない場合もあります。また，事業経営者としては，事業を存続させ発展させるためとなると，従業員に強い圧力をかける必要があると思うときも必ずあると思います。NPO だって，ブラック職場になります。

また，善い目的を掲げて事業をする過程で，その目的の達成のために（あるいは自分の名誉欲や事業の生き残りのために），社会的倫理をあいまいにして嘘をついたり人を踏みつけたりする誘惑に負けることもあります。

そんなことは先の先のことだから，今から心配することはないと，思われるでしょう。そうかもしれません。でも，このことは，いったい何のために事業を起こしていくのかを常に振り返る必要がある，という点で，起業の前から意識しておいてよいことだと思います。

私の経験からも分かりますが，貴女は，とても優れた資質をもった学生です。そんな貴女ですから，一般的な成功確率よりは高いと思います。でも，失敗するかもしれませんよね。ただし，今，まさに学生時代に，貴女がいろいろとしかけてみること，まずやってみることは，とても意味があると思います。

僕は，卒業する学生に毎年言っていることがあります。

「社会に出て企業や役所など職場の社会があると思うけれど，それと別の「社会」をもつようにしてください。家族だけでなく，また例えば，フィットネスクラブでたんにサービスを受けるだけでなく，自分がその社会のなかで役割をもつような形での「社会」をもってください。ボランティアでもいいですし，趣味の会でもいい。「２枚目の名刺」という特定非営利活動法人がありますが（この団体自体が本業をもつ人が30歳の時に立ち上げた団体で，また代表は会社員と二足の草鞋生活のようです），ぜひ会社以外のもう１つの「社会」をもってください。

もちろん，こういうことは，社会を豊かにする，本当の意味で社会を作ることになると思いますが，むしろあなた方自身のためなのです。職場の中ではいろいろなことがあります。失敗をしたり成績が上がらなかったりして，周りから『ダメな奴』とレッテルを貼られるようなこともあるでしょう。そんな時に，その人の社会が職場だけしかないと，その評価を，人間としての評価と受け取ってしまいがちです。もちろん，家族がいれば支えてくれるかもしれません。けれど，しばしば家族には心配をかけたくない，と思いますし言えないものですし，むしろ家族を支えなければいけない立場であることも多い。だから，そんなとき，別の社会，別の人間関係をもっていることがとても大切なのです。会社の出世や評価と関係なく，あなたが好きで関わっている仲間がいるということが重要なのです。そこで，あなたは職場とは別の評価を得るでしょうし，別の関係をもてる。また，別の業種の人たちと接することで，将来の別の仕事に関心をもつことができるかもしれません。

ですから，ぜひ，もう１つの社会をもっていてください」。

学生時代にいろいろとしかけて，社会的に意義ある事業を作れば，それが大きく発展して自分の仕事になるかもしれません。けれども，貴女の仕事にならなかったり，ボランティア団体としてのみ続いたとしても，決して無駄ではないでしょう。もっと言えば，事業の継続が難しくなって解散してもいいのです。それでも，自分がそのプロセスから学んだことは，一生貴女の人生を豊かにするでしょうし，将来事業を始めたいと考えたときに，その経験は必ず役に立ちます。

私自身としては，起業した方がいいとも悪いとも言えません。それは，貴女自身の人生の選択として決めること，責任を取れるのは貴女だけだからです。僕は，子供の時から見ていた貴女が，起業を考えるほど成長したことにうれしさを感じられずにはいられません。この長い数回のメールが，貴女のよい決断に役立てば幸いです。

参考・引用文献

アンドリュー・S・ウィンストン（2016）『ビッグ・ピボット――なぜ巨大グローバ

ル企業が〈大転換〉するのか』英治出版。

川崎祐史（2016）「起業を応援する社会」MRI トレンドレビュー，株式会社三菱総合研究所（http://www.mri.co.jp/opinion/column/trend/trend_20160208.html）。

厚生労働省（2016）『新規学卒者の事業所規模別・産業別離職状況』厚生労働省（http://www.mhlw.go.jp/stf/seisakunitsuite/bunya/0000137940.html）2020年3月4日確認。

厚生労働省自殺対策推進室・警察庁生活安全局生活安全企画課（2019）『平成30年中における自殺の状況』厚生労働省自殺対策推進室（https://www.npa.go.jp/safety-life/seianki/jisatsu/H30/H30_jisatunojoukyou.pdf）2020年3月4日確認。

スコット・A・シェーン，谷口功一・中野剛志・柴山桂太訳（2011）『〈起業〉という幻想――アメリカン・ドリームの現実』白水社。

中小企業庁（2017）『平成28年度小規模企業の動向』（小規模企業白書）中小企業庁（http://www.chusho.meti.go.jp/pamflet/hakusyo/syoukiboindex.html）2020年3月4日確認。

中小企業庁（2006）『平成17年度中小企業の動向』中小企業庁（http://www.chusho.meti.go.jp/pamflet/hakusyo/h18/H18_hakusyo/h18/html/i1220000.html）2020年3月4日確認。

日本政策金融公庫総合研究所（2017）『起業と起業意識に関する調査』日本政策金融公庫総合研究所（https://www.google.co.jp/url?sa=t&rct=j&q=&esrc=s&source=web&cd=1&cad=rja&uact=8&ved=0ahUKEwiZjv6zv5XXAhWMXrwKHYMuBSIQFggnMAA&url=https%3A%2F%2Fwww.jfc.go.jp%2Fn%2Ffindings%2Fpdf%2Ftopics_170126_1.pdf&usg=AOvVaw15fai5Tde7-BYQPi9OR0LV）2020年3月4日確認。

特定非営利活動法人ブレーン・ヒューマニティ（2017）ブレーン・ヒューマニティウェブページ（http://www.brainhumanity.or.jp/）。

古市憲寿（2012）『僕たちの前途』講談社。

みずほ情報総研株式会社（2019）『平成30年度創業・起業支援事業（起業家精神に関する調査）報告書』，平成31年3月（https://www.meti.go.jp/meti_lib/report/H30FY/000149.pdf）2020年3月4日確認。

リチャード・ドッブス（2017）『マッキンゼーが予測する未来――近未来のビジネスは，4つの力に支配されている』ダイヤモンド社。

Global Entrepreneurship Research Association (2017). 2016 Global Entrepreneurship Monitor (GEM) Global Report 2016/2017, Global Entrepreneurship Research Association (http://gemconsortium.org/report/49812) 2020年3月4日確認.

Scott A. Shane (2008). *The Illusions of Entrepreneurship: The Costly Myths That Entrepreneurs, Investors, and Policy Makers Live By*, Yale University Press.

第Ⅱ部

公共経営と市民社会・NPO の四半世紀

第7章

変わりゆく行政

ポイント：バブル経済崩壊，リーマンショックから立ち直る間を「失われた20年」といいいます。このような長期に渡る景気の低迷や悪化は公共経営の根幹である歳入に直接影響を及ぼしたことから各地で様々な問題が生じることとなりました。このため「地方分権改革」や「NPM」による経営手法などにより大きな転換が図られてきました。加えて，我が国の景気低迷の要因の1つとされる人口減少問題は近い将来自治体消滅につながる脅威となり，高齢化率が50％を超す「限界集落」は決して他人事ではない状況が全国の基礎自治体に迫っています。

有識者らでつくる政策発信組織「日本創生会議」の人口減少問題検討分科会（座長・増田寛也元総務相）が平成26（2014）年に発表した「2042年には若年女性の流出により全国896市区町村が消滅の危機に直面する」という試算は当時の公共経営にかかわる者だけでなく社会全体に大きな波紋を投げかけることになりました。我が国は急速に少子高齢化社会に突入して久しく，すでに人口減少社会に転換し恐るべき早さで少産多死時代を迎えようとしています。いや，すでに迎えています。このような「縮む社会」における公共経営はどうあるべきでしょうか。これまでのフルパッケージ型行政サービスから「PPP」などによる協働・連携による行政サービスに転換することが求められます。さらには「ビッグデータ解析」「AI」「IoT」などデータとITの活用を視野に入れイノベーションに取り組むことも忘れてはなりません。

これから迎える「2025年問題」さらには「2040年問題」を無事乗り切るため，本章では，「失われた20年」の政策を検証し加えて「縮む社会」における公共経営，なかでも基礎自治体の経営戦略について解説します。

平成3（1991）年，資産価格の上昇と好景気が51カ月続いたバブル経済が崩壊しました。この影響を受け，平成5（1993）年から景気低迷期が長く続き，苦しみに喘ぎながらも国民の勤勉性もあり，立ち直りが見え景気回復の期待が高まった平成20（2008）年。米国のバブル崩壊をきっかけにサブプライム住宅ローン等が暴落しました。国際的な金融危機の引き金となったリーマン・ブラザーズの経営破綻とその後の株価暴落が世界経済を襲い，我が国も例外ではなく新たな試練を迎えることとなりました。いわゆるリーマンショックです。

平成25（2013）年，長く続いた世界的経済不況もようやく海外景気が勢いを取り戻し，輸出も増加し国内製造業の生産活動も回復し，リーマンショック前のレベルまでようやく景気を回復することができました。

このバブル経済崩壊，リーマンショックから立ち直る間を「失われた20年」といいいます。このような長期に渡る景気の低迷や悪化は，公共経営の根幹である歳入に直接影響を及ぼすため，大きな問題が生じることになります。加えて，我が国の景気低迷の要因の１つとされる人口減少問題は，近い将来自治体消滅につながる脅威中の脅威といえます。高齢化率が50％を超す「限界集落」は決して他人事ではない状況が全国の基礎自治体に迫っています。

我が国の総人口の減少を調べると平成26（2014）年，年間26万人が減少しています。これは東京都府中市分の人口が１年で消えたことになります。平成27（2015）年は30万人が減少し，東京都豊島区分の人口が消えました。平成28（2016）年は33万人に上り東京都新宿区分の人口がまるまる減少したことになります。この平成28年は我が国の出生数が初めて100万を割り込み97万人にとどまりました。亡くなられた方は130万人に上り人口減少にさらに拍車がかかったことは明らかです。平成29（2017）年は39万人，東京都品川区の人口に匹敵，平成30年（2018）年には遂に自然減が40万人を超え44万人となりました。

この人口減が令和３（2021）年には70万人に達すると予想されています。この数は東京都江戸川区分の人口がまるまる消えることになります。その後，毎年70万人以上のペースで人口が減り続けることになります。このまま出生率をＶ字回復するための手を打たずにいると本格的な少産多死時代となり，令和３年以降は江戸川区民と同数の地方自治体，県庁所在地や政令指定都市規模の市と同じ人口が毎年我が国から消えていくことになります。

また，「2025年問題」も忘れてはなりません。団塊の世代が全員75歳以上となり，日本人の５人に１人が75歳以上，３人に１人が65歳以上という「超・超高齢化社会」のことです。街中に老人があふれ，その10人に１人が認知症という異常な社会に2025年に突入します。この超・超高齢化社会は，153ヵ国・地域の参加で我が国が開催国として行われる東京五輪オリンピック・パラリンピック大会のわずか４年後に到来することと予測されています。さらなる人口減少社会「2040年問題」についても今後の公共経営に大きな影を落とすことになります。

本章ではこの「失われた20年」の時期からその後にスポットを当て，行政がどう変わったのか。中でも基礎自治体である市区町村の改革についてその背景を含め検証し少産多死時代を乗り切る戦略を示唆します。

1　自治体経営の背景

「失われた20年」という時代。長引く経済不況による所得減少や雇用不安などもあり，国・都道府県・市区町村を問わず，公務員あるいは行政に対する風当たりがこれまで以上に強まりをみせていました。公務員の退職金や給与削減，職員定数削減や勤務体制の見直しなどその待遇改善を求める記事が連日マスメディアを賑し，さらなる構造改革，行政改革が求められていました。このバブル崩壊の激動する社会環境の中で都道府県や市町村は翻弄され続けてきました。国と地方の権限移譲問題，国と地方の税財源配分の見直し・税源移譲，これに加えて市民の生活に直面した市町村合併問題，地方交付税問題，道州制移行問題などにより地方公共団体，特に基礎自治体はその根幹に関わる部分での改革が時の政府の手で行われてきました。

「民にできることは民に」という大合唱のもと進められた小泉構造改革。後に「平成の大合併」と呼ばれる市町村合併などは，行政に対する風当たりが強まっていたことを証明する代表的改革事例でした。このため，この「失われた20年」の時期こそ基礎自治体である市区町村における行政の運営状況が大きく変化した時と重なるのです。

そもそもバブル景気崩壊以前の行政には「経営」という表現はありません。当然ですが地方自治法にも「経営」という記載は見当たりません。しかし，この時期 NPM（New Public Management）と呼ばれる「経営理念」や「経営手法」といった民間経営手法を公共部門に導入して公共サービスの向上を図る手法が台頭してきました。この NPM が受け入れられたことで「公共経営」「自治体経営」「政策経営」という表現が瞬く間に全国の地方公共団体に広がりました。この欧米諸国で確立された自治体運営の手法が導入されたことで地方公共団体，中でも市町村における「公共経営」は大きく変わることになったのです。

(1) 地方分権

地方分権は，市民に身近な行政である地方公共団体が，自主的かつ総合的に広く担うようにするとともに，市民が自らの判断と責任において地域の諸課題に取り組むことができるようにするための改革と言われました。しかし，結果的には国と地方公共団体との役割分担，地方公共団体と市民との関係を見直すための改革として進められました。

具体的な課題を審議，提言する首相の諮問機関として設置されたのが臨時行政改革推進審議会（略称：行革審）です。第1次行革審は，行政改革推進体制整備のため中曽根康弘内閣の時代の昭和58（1983）年に発足。会長は土光敏夫氏。機関委任事務の整理合理化，地方自治法146条の執務執行命令訴訟制度の簡素化，内閣官房の総合調整機能等について答申して解散しました。

第2次行革審は，中曽根内閣時代の昭和62（1987）年に発足。会長は大槻文平氏。好景気と地価高騰のなか，地価・土地政策に関する答申や公的規制緩和に関する答申，国と地方の関係に関する答申などを行いました。平成2（1990）年に出された答申では世界への貢献や民間活力の活用，効率的な行政運営などが盛り込まれました。この第2次行革審の答申が，この後の地方分権改革を示唆するものとなったのです。

第3次行革審は，海部俊樹内閣時代の平成2年に発足。鈴木永二会長。「豊かな暮らし部会」「世界の中の日本部会」「公正・透明な行政手続部会」の3部会が設けられました。平成5（1993）年に中央省庁の再編，地方分権推進基本法の制定，行革推進本部の内閣への設置などを盛り込んだ最終答申を時の細川護熙首相に提出しました。この答申をもって行革審は幕を閉じました。この最終答申の中の地方分権と規制緩和の推進に基づき平成５年宮沢喜一内閣により分権推進決議が全会一致でなされ，本格的に地方分権改革がスタートします。

地方分権改革

平成７（1995）年，村山富一内閣において地方分権推進法が施行され，首相の諮問機関として地方分権推進委員会が設置されました。委員長は諸井虔氏。翌平成８（1996）年橋本龍太郎内閣の下で同進委員会は中間報告『分権型社会の創造』を発表し，５次にわたる勧告を行いました。その結果，平成11（1999）年の地方分権一括法の成立をもって第１次地方分権改革が実現されました。「国と地方の関係が上下・主従の関係から対等・協力の関係」に変わり，「機関委任事務制度の廃止」や「国の関与に係る基本ルールの確立」などを実施し，地方分権型行政システム（住民主導の個性的で総合的な行政システム）が構築されました。

平成13（2001）年，小泉純一郎内閣により，地方分権の一層の推進を図る観点から，国と地方公共団体との役割分担に応じた事務及び事業の在り方並びに税財源の配分の在り方，地方公共団体の行財政改革の推進等行政体制の整備その他の地方制度に関する重要事項で緊急に検討すべきものを調査審議することを目的に地方分権推進会議が発足しました。

また，それまで大蔵省が握っていた予算編成の主導権を内閣に移すために同年，総理大臣を議長とする経済財政諮問会議を設置し「経済財政運営と構造改革に関する基本方針」としてまとめられました。これらの会議での答申を踏まえ，閣議決定されたものを「骨太の方針」として改革に着手しました。

片山プラン

平成14（2002）年には，地方６団体の要求を踏まえ，片山虎之助総務大臣が①国と地方の税収配分を１対１に変えます。②第１段階として所得税から住民税に3.0兆円程度移譲します。第２段階として消費税から地方消費税へ2.5兆円。合わせて5.5兆円程度の規模で税源移譲を行います。③国庫支出金を5.5兆円程度削減します。④地方交付税等の見直しを行います。後に「片山プラン」と呼ばれた改革プランを発表しました。しかし，当初目論んだ片山プランレベルまで達せず，平成17（2005）年三位一体改革（第2次地方分権改革）は決着をみせます。この三位一体改革の検討過程において，補助金の削減には各省庁が反対，税源移譲には財務省が反対，交付税改革には総務省が反対するなど，実施には困難を極めました。

しかし最終的には，財務省が推進しようとしていた国の財政再建のために地方分権改革を利用したという批判もあり，地方分権推進の立場での改革という意向が薄められたものとなりました。

夕張市破綻

平成18（2006）年6月北海道夕張市が財政破綻します。長引く経済不況により自治体も連動し悪化に転じました。多くの基礎自治体は財政が危機的状況に陥り，ついには財政破綻するに至りました。夕張市は財政編成において「ジャンプ方式」「一時借入」を常習的に繰り返し運用してきたことは事実ですが，その要因として元炭鉱の町を支援してきた探鉱離職者臨時措置法や，国の石炭政策費のうちの閉山交付金が平成13（2001）年に期限が切れ，炭鉱の町からリゾートの町への転換もバブル景気崩壊により頓挫してしまい莫大な開発費が残されたことがあります。これに加えて小泉内閣の三位一体改革による地方交付税大幅削減の影響もあり，財政が破綻，財政再建団体となりました。負債額は632億円，基礎自治体である市区町村が倒産する厳しい時代となりました。

地方分権の今後

国は第1次・第2次地方分権改革を通じた取組みにより，地方全体に共通する地方分権の基盤となる制度が確立し，地方公共団体について自治の担い手としての基礎固めがなされたとしていますが，肝心の税源移譲がなされないなかでの権限移譲は，地方公共団体にとっては，業務が増え，その業務を遂行するための予算措置がないという現実があります。

地方分権改革の推進は，地域が自らの発想と創意工夫で地域の課題解決を図るための基盤となるもので，地方創生の視点からも極めて重要なものです。この新たな仕組みに変更されてから，平成27（2016）年6月に国から地方，都道府県から指定都市への権限移譲，義務付け・枠付けの見直しを盛り込んだ第5次一括法が，地方分権改革有識者会議の「個性を活かし自立した地方をつくる」というミッションで「行政の質と効率を上げる」「まちの特色と独自性を活かす」「地域ぐるみで協働する」という3つのビジョンを掲げ成立しました。

その目指すべき方向は，1．国と地方の役割分担の見直し（権限移譲），2．地方に対する規制緩和の推進，3．地方税財政の充実強化，4．重要な政策分野に関する改革（土地利用等），5．改革の成果を実感できる情報発信の展開の5つです。加えて今後地方に期待することとして，1．改革成果の住民への還元（地域課題の解決に向け独自の工夫を凝らし地域を元気に），2．住民自治の拡充（政策形成過程への参画，地方議会改革），3．改革提案機能の充実（専門性を有する人材の育成，政策法務の強化）の3つが示されましたが，既に地方公共団体が取り組んでいるものばかりで残念ながら目新しいものではありません。

真に地方分権を進めるのであれば，財源を地方に移譲することであり，片山プランが示した国と地方の税収配分を1対1に変えることが不可欠です。また，様々な規制を盛り込んだ地方自治法を撤廃もしくは大改正を行い地方公共団体自らが地域に適した自治体経営を可能にする抜本的な構造改革が求められます。

(2)　パブリック・プライベート・パートナーシップ

「失われた20年」の間，地方公共団体は行政改革の名のもと事業や体制のスリム化を進めてきました。このスリム化の手段として多くの市区町村は，PPP（Public Private Partnership）を進めてきたところです。PPPは「公共と民間による事業の連携・協働」を意味する概念として用いられますが，この新たな手法に大きく舵が切られたことになります。

民間委託

これまで地方自治体は「揺り籠から墓場まで」の市民の要求も含め，様々な業務を展開してきました。しかし，高度成長期やバブル景気絶頂期のように人口増，歳入増が続く状況であればそれは歓迎されるところですが，歳入減が続いた「失われた20年」の間では，市民の考えも無駄を省き，効率性を高めることに優先順位が転じます。このためバブル景気を背景に広げに広げてきた行政サービスを見直すことが急務となりました。このように行政組織の効率化と経費削減を主な目的とした事業の見直しなどを一般的に「行政改革」と呼びます。

費用対効果の視点からまず着手されたのが業務の民間委託です。主な事例として「夜間警備，緊急電話交換業務委託」「公用車運転業務委託」「し尿処理業務委託」「ごみ収集運搬業務委託」「粗大ごみ分別収集受付業務委託」「学校給食調理等業務委託」「水道料金徴収等業務委託」「道路維持補修等業務委託」「汎用機プログラム作成・運用事務委託」「保育所運営業務委託」「児童館運営業務委託」「養護老人ホーム運営業務委託」「下水道終末処理施設運営業務委託」「プール運営業務委託」「図書館運営業務委託」などがあります。平成16（2004）年に閣議決定された『今後の行政改革の方針』には，民間委託等の推進の観点から事務事業全般にわたり改めて点検を行うよう要請するとともに団体区分ごとの委託実施団体の比率，民間委託等の代表的事例や効果等を各団体で比較検討できるよう広く情報提供を行い，積極的かつ計画的な民間委託等の推進を図るとされています。このことを受け自治行政局長名要請により改めて地方公共団体に対し，行政運営の効率化，住民サービスの向上を図るため，委託可能な事務事業については，積極的かつ計画的に推進するよう要請がなされました。この要請に背中を押されたこともあり，市区町村は税収減等による歳入減を埋めるために可能な限り業務を外部に委託することで行政のスリム化を進めてきました。

指定管理者制度

平成15（2003）年地方自治法の改正が行われ，行政サービスの質的向上と行政コストの削減双方を達成するために公の施設の管理運営を，個人を除く一般の民間企業や NPO などに広く委ねることを可能とした制度がつくられました。「公の施設」とは，地方自治法244条に「住民の福祉を増進する目的をもってその利用に供するための施設」と規定されており，一般に「住民の利用に供するための施設」「住民の福祉を増進する目的をもって設ける施設」で地方公共団体が設ける施設と解され，民政施設，体育施設，社会教育施設，宿泊施設，公園，会館などをいいます。

平成15年に指定管理者制度が創設され，公の施設の管理は公共団体，公共的団体に限定することなく，民間事業者や NPO 法人などに委託することを可能とする大きな改正となりました。最大の改正ポイントとしては，公の施設の管理運営主体が「法人その他の団体」にまで広がったことです。しかも個人でなく一定の団体であれば受託可能となり，法人格の有無を問わないというものです。このことは自治体経営における公の施設の経営方針を根底から覆すこととなります。当時天下りの温床とされた第３セクターの解体，縮小や NPO や自治会・町内会などの地縁団体の財政力向上に寄与するとともに，民間企業のノウハウが導入され，利用者の満足度は飛躍的に向上しました。平成27（2015）年時点で都道府県では6909施設，政令指定都市で7919施設，市区町村で６万1967施設，合計で７万6788施設が導入されています。

PFI（Private Finance Initiative）

我が国の PFI は，前述した指定管理者制度と同様，これまでに公共が独占してきた領域に新しく民間資金や運営方法を導入する手法として，欧米諸国の社会資本整備の推進方法を参考にして作られたもので，昭和30年代40年代にその多くが建設された公共施設やインフラをどのように再生するかについて FM（Facility Management）を進める上でも不可欠な手法として期待されています。PFI は，公共施設等の建設，維持管理，運営等を民間の資金，経営能力および技術的能力を活用する手法です。このため小渕恵三内閣により平成11（1999）年「民間資金等の活用による公共施設等の整備等の促進に関する法律」（平成11年法律第117号）が施行されました。これにより国や地方自治体がこれまでのように直営で行うよりも効率的かつ効果的に公共サービス提供を可能とする手法として注目されることになります。中でも公共施設の建設などは景気低迷により税収減が要因で後回しにされる事業も多かったことから平成30（2018）年末には PFI 事業は666事業を数え，前年度末を62事業上回り事業費（累計）も増加しており，その額は７兆円に達しようとしています。公共施設等の管理者等別にみると，国が79事業，地方が541事業，その他46事業となっています。

市場化テスト

市場化テストとは，これまで官が独占してきた公共サービス事業を，官と民の双方が入札を通じて競争し，その結果，価格や提供内容の優れたものが落札する。その落札した者が主体となってサービス提供を担っていこうとする官民競争入札制度のことです。三位一体改革を強く推し進めた小泉純一郎内閣が，平成18（2006）年，市場化テスト法（正式名「競争の導入による公共サービスの改革に関する法律」）として成立させました。この市場化テストの制度が導入されたことで，国の機関である社会保険庁関連施設，ハローワーク関連施設，行刑施設などが民間の業務経験を活かせることから民間企業が落札し，新しいビジネスチャンスにつながりました。また，サービス内容のマンネリ化と費用対効果が指摘され，「お役所仕事」と呼ばれていたサービスについて，コスト削減を含めた抜本的な見直しが行われるものと期待されました。多種多様の行政サービス事業を民間に開放することで新たな経済規模は50兆円に及ぶと試算されています。

国においては導入が進んだ感のある市場化テストですが，地方公共団体においては政府の目論み通り進んでいません。それはなぜでしょうか。基礎自治体における基幹業務といえる「戸籍証明の発行」や「住民異動の広範囲の業務」を担う窓口業務を市民サービス向上と歳出削減の両面からみても民間に委託したい業務です。しかし，これらの業務こそ民間委託が最も困難といえる領域といえるからです。それは，大きく４つ課題が存在することによります。「公権力行使」「偽装請負」「分割損」「個人情報」です。しかしながら，地方公共団体は，これらの課題について手を拱いていたわけではありません。

東京都足立区の呼びかけにより，平成24（2012）年，民間委託や行政改革の現状における課題を解決するために「日本公共サービス研究会」が立ち上がり，全国153市区町村の参画を得て研究をスタートさせました。その結果，市場化テストの制約や手続きの煩雑化を回避するための新たな外部化手法を検討し，平成27（2015）年，足立区が全国に先駆けて戸籍住民課窓口等業務委託を実施しました。翌平成28（2016）年には，窓口業務を民間に委託しているのは全市区町村のうち275団体で全体の16％となり，中でも政令市では80％の16団体，東京23区でも18団体が実施し，大規模な市区町村から委託が進んでいます。

広域連携

PPP に加え，地方自治体と地方自治体の協働，いわゆる広域連携も新しい公共経営には不可欠です。これまでの地方公共団体は，「揺り籠から墓場まで」の行政サービスを自らの力で担ってきましたが，これら全てを完結する力は急速に低下しています。このことから隣接市町村間や近隣市町村間で可能な事業を協働することで，さらなる財政効果を得ようとする取組みです。広域連携の手法として既に一部事務組合や広域連合があります。一部組合は普通地方公共団体が行政サービスの一部を共同で行うことを目的とする組織（地方自治法284条２項）として，消防組合，組合図書館，病院組合，公立病院組合などの実績があります。広域連合は地方自治強化の一環として平成６（1994）年，地方自治法改正により新たな制度として導入されました。処理するものは一部事務組合と同じですが，広域連合は選挙管理委員会が置かれるなどその権限が高められています（地方自治法284条３項）。国民健康保険や後期高齢者医療制度の共同運用などで実績があります。これら一部事務組合や広域連合とは異なり，複数の自治体が簡単な手続きで行政サービスを分担できるようにする改正地方自治法が平成26（2014）年成立しました。これは少子高齢化による人口減に伴い現在の税収の確保が難しく，これまでのように単独の自治体で様々な行政サービスを提供することが困難になる事態に備え，基礎自治体である市区町村の広域連携を促すのが狙いの「連携協約」（地方自治法252条２項）です。既に，先駆的自治体では「公共施設共同利用」「オープンデータ共同提供」「公共交通相互乗入れ」「建築基準行政共同実施」など研究が進められており，今後広く展開していくことが期待できるツールといえます。

⑶　NPO との協働

この「失われた20年」の間，特に地方公共団体は，組織のスリム化，職員の削減策による歳出削減に取り組んできました。しかし，それでも地域の課題解決に十分に手をまわすことが困難となる恐れが迫ってきていました。もちろん厳しい財政事情だけでなく，少子超高齢化社会，地方分権改革，頻発する大型災害そして市民視点の行政運営など求める背景から，その対策ツールとして，注目されたのがコラボレーション（協働）で，「協働による自治体経営」，特に「NPO との協働による自治体経営」です。協働による自治体経営は，現在においては特に目新しいことではありません。しかし，当時は新しい考え方であり，その定義すら確立されていないばかりか自治体用語にもない新しい言葉，新しい概念でした。

ここで改めて「NPO」と「協働」について，整理をしておきます。

まず NPO（Non-Profit Organization）についてです。近年，NPO は法人格を有する特定非営利活動法人等だけを指す狭義の概念が主流ですが，NPO の性格を考えればもっと広義にとらえるべきです。市民活動の裾野を支える多くの団体は，法人格のない任意団体です。この任意団体を構成する市民こそが地域における課題解決に多大なる貢献をしているのが実態です。このことを踏まえNPO は任意団体を含む広義の意味での団体とします。

次に協働についてです。協働という表現が行政で使われ始めたのは平成（1989）に入ってからです。当初，自治体で多く用いられたのは参加・参画の同意語もしくはその発展形で使われ，明確な定義が確立されていませんでした。このことは現在も同様で定義が統一されていないばかりか地方自治法にも規定されていません。このため協働の定義については，地方公共団体の数だけあるものと推測できます。このようななかで協働の定義として代表例を１つあげると，総務省自治行政局地域振興課が平成18（2006）年３月に定めた「NPO と行政が，対等な関係で，相互の立場や特性を認識尊重しながら，共通の目的を達成するために協力して活動すること。さらに，その活動を通じて相乗効果や住民自治能力の向上が期待できること」があります。このように，協働が参加・参画から独立し明確に区別されたのはこの頃です。ここではこの総務省の定義を踏まえ論じていくものとします。

協働の必要性

平成12（2000）年頃，神奈川県鎌倉市や横浜市などが先駆的に実践してきた協働による自治体経営は，厳しい財政状況，少子超高齢化社会，地方分権改革，頻発する大型災害，市民視点の行政運営などを背景に全国に波及していきました。平成15（2003）年，「コラボレーション・フォーラム横浜2003」が開催され，当時の中田宏横浜市長は「市政運営の基本理念は民（みん）の力が充分に発揮される社会の実現で，これまでのように経済の成長，拡大を前提としたシステムを続けていくことや，市民の多様化・複雑化するニーズにすべて行政が対応していくことは限界です。横浜という都市をさらに発展させていくためには，新しい都市経営の手法が求められており，NPO など民の意欲と実行力を活かし協働により都市を経営することが必要と考えます」と挨拶しました。この挨拶がこの時期の協働による自治体経営の必要性を適格に捉えています。現在は PPP などにより行政サービス提供者の多様化にともないさらなる協働の必要性が高まっています。

少子高齢化社会到来に伴う人口減少を迎え，多様化する市民ニーズに応えることが市町村として困難となっています。また，先にも述べたように行政改革の名のもとにスリムな組織へと改編されるに併せ職員の削減も行われてきました。このため地域の課題解決に充分に手をまわせなくなる状況が迫っていました。そのため，基礎自治体を構成する様々な主体が，行政に依存するだけでなく，力を合わせて地域の課題解決に当たっていくことが求められました。このため協働による公共経営の仕組みを構築しなければ，サスティナブルな社会が構築できない状況に追い詰められていたのです。また，市町村が市民ニーズを迅速・的確に把握するためにも NPO との協働が有効な手段でありました。NPO は，社会をよくしていこうとする活動理念に従い，あらゆる分野でその活動を展開し，その活動の原点は地域です。とすれば，地域の課題を的確に把握し，その解決に向けて活動している NPO と協働することが，地域の課題解決に向けた最も有効な手段となります。加えて，協働を進めるプロセスにおいて，地域の課題を的確に把握しているNPOと力を合わせることで市民視点の市町村経営が進められ，透明性も高まり，市民の信頼をより得ることに繋がるからです。

協働の仕組みづくり

地域の環境変化や景気の低迷により，地域の活力が失われていく現状をそこで暮らす人々自身が地域の危機と捉え，緊張感をもって解決策を発案し行動に移してきたのがNPO活動の原点です。しかし，NPO発案による地域活性化を成功させるために必要な要素がもう1つあります。それはその地域の市町村の経営方針です。地域で暮らす市民の思いや地域で活動するNPOを活かす「協働によるまちづくり」を戦略としてもっているかということです。そのためには，協働を推進するための仕組みを整える必要があります。

1つは情報公開，情報共有です。地方公共団体が，自らもつ情報の公開に努め，市民やNPOと情報を共有することが重要です。

2つ目としていかに事業を委ねることができるかです。より多くの協働事業創出に努めるとともにより活動しやすい環境づくりを行うことです。その一例として「公募型協働事業制度」や「提案型協働事業制度」があります。

3つ目は新たなパートナーの開拓です。地域によっては，これまで協働のパートナーとして重責を担っていた自治会・町内会，商工会・商店街，各種組合，PTAなど，そしてNPOも例外なく人口減少，超高齢化のため機能していないケースが散見されます。Uターン，Iターンに加え，若者が結婚し家庭を築くことの幸福感を目の当たりにできる環境の構築など地域をあげて人口減少に取り組むとともに，NPO等に代わる新たな協働のパートナーとして学校，企業などと新たなパートナーとなるよう積極的に働きかけていく必要があります。

また，前述したとおり，現在，地方自治法に参加・協働に関する規定がないことから，「まちづくり基本条例」「自治基本条例」「市民参加条例」「協働推進条例」「コミュニティ条例」「新たな公共推進条例」などを策定し，協働の定義や仕組みをしっかり規定することが不可欠です。このような仕組みが準備されることで協働によるまちづくりが推進されることになります。加えて，協働事業を実のあるものにするためにも，「共に汗をかく」という姿勢を決して忘れてはなりません。

協働からコミュニティ・ビジネス，ソーシャル・エンタープライズへ

これまでのような職員による職員のための行政から，市民による市民のための行政に変わりつつあります。引き続き協働による行政経営を積極的に展開していく必要があります。

昨今，社会貢献や地域課題解決への意欲が高い NPO を軸に地域を元気にすることを目的に，行政や企業，大学や商店街を巻き込み，地域を構成する主体が協働しながらまちづくりを行っている事例が増加しています。今後，このような取組みがさらに推進され，地域のネットワークが構築されれば，地域の課題解決ための協働から，コミュニティ・ビジネスへの発展が望まれます。多様なコミュニティ・ビジネスが創出されれば，地域での雇用創出などが促進されることになります。さらに，一定の地域で生まれたコミュニティ・ビジネスが成長し続けることで，先進国である英国のような社会性と事業性をもったソーシャル・エンタープライズへと発展しいくことが期待できます。

NPO と行政の協働からソーシャル・エンタープライズに発展させるためには，地域に潜在している問題や困っている人からのニーズを迅速に発見し，テーマや地域の実情に応じたビジネスモデルを構築し，その事業の必要性や意義を社会に対して発信し，共感・賛同する人々を得る必要があります。そのためには資金・労働力・活動場所などといった多様な社会的資源を提供してもらえるか，NPO，企業，大学，商店街，農業経営者など地域を形成する関係者が共に課題解決について考えることが重要です。これからは，市区町村だけが行ってきた地域の課題解決のシステムを大きく変えていくことが求められます。

2　これからの自治体経営

(1)　PPP の課題

これまで述べてきたように，少子超高齢化・人口減少やバブル景気崩壊・

リーマンショックなどにより，自治体の経営環境は大きく変わりました。

PPP の推進などにより平成17（2005）年304万2000人いた地方公務員が平成22（2010）年には281万4000人となり，わずか５年間で22万8000人の職員が削減（7.5％）されました。平成30（2018）年４月１日現在の地方公務員数は273万6000人で，平成６（1994）年が統計上地方公務員数のピークとされることから，平成６年比でみると約55万人減少しています。これは公共サービスの担い手55万人分が民間セクターに移されたとも言えるでしょう。また，主に地方分権改革の受け皿を作り，そのスケールメリットを享受するという目的で進められた「平成の市町村大合併」等により，平成11（1999）年３月3232あった市町村は平成30（2018）年３月には1765とおよそ半数に減少しました。

自治体数の遍歴をここで簡単に記してみると，明治21（1888）年７万1314もの自治体数がありましたが，明治22（1889）年の明治の大合併で１万5859となり，その後も合併等が繰り返され昭和28（1953）年には9869となりました。昭和31（1956）年の昭和の大合併で4668となり，平成７（1995）年には3234まで整理され，平成18（2006）年平成の大合併により1820となりました。

市町村がこれまで取り組んできた PPP によるアウトソーシングは，財政的にも市民サービスの向上にも一定の成果をもたらしたことは疑いのないところです。内閣総理大臣が会長を務める民間資金等活用事業推進会議の決定を経て策定された『PPP/PFI 推進アクションプラン』では，平成25（2013）年から令和４（2022）年の10年間で21兆円を事業規模目標額とし，内訳はコンセッション事業７兆円，収益型事業５兆円，公的不動産利活用事業４兆円，その他事業５兆円としています。

しかし，その一方で，各種事業における PPP のパートナーとなる事業者の選定においては，価格競争が激化し著しい低価格による入札やくじ引きによる落札者の決定がみられるようになりました。またこの間，PPP のパートナーとしての事業者が倒産あるいは指定管理者の事業従事者による公金横領事件など予期せぬ不祥事も全国で散見されてきました。これらは民間に蓄積されたノウハウを自治体経営に活かすことから進めてきた PPP の意図しない結果といえます。

その原因の主なものとして，前者は市場原理のみに頼ったばかりに事業者の業務遂行能力を見極めることなく契約を締結したこと。また，後者の公金横領は事件を起こした社員のモラルがそもそもの原因ではありますが，パートナーとして選んだ事業者の社員に対する教育や研修など社員管理マネジメントやマニュアルの精度を含め社員管理体制について不備を見抜けなかったことなど事業者選定の在り方そのものも要因の１つといえるでしょう。

このことから，公共調達にある目的をもたせ，ルール化したのが「公共調達条例」です。今後の新しい行政経営における調達の考え方は，パートナー（協働してサービス供給を行う主体）に成果実現に必要な供給活動を委任することと理解することが重要です。言い換えれば，公共調達とは，「市町村が外部から事務事業の運営上必要な物品やサービス等を売買，貸借，請負その他の契約により得ること」となります。

契約に基づき公共サービス提供者として従事する者の賃金相場については，基本的に最低賃金法などを踏まえながら企業における使用者と被雇用者との関係の中で決まっていくものですが，ここに初めて行政が介入し，労働条件・賃金の向上と適正水準化を規定する条例です。この条例を定めることで PPP のパートナーの公正労働基準の確立はもちろんのこと，環境への配慮・福祉の充実・男女共同参画・障害者高齢者雇用など地域の特性や地域課題の解決に果たすべき責任が明確化されることとなり，「官制ワーキングプア」や「協働疲れ」などが改善されていくことになります。

⑵　縮む社会における自治体経営

少子超高齢化社会に入り込み少産多死時代を迎えた現在，基礎自治体である市区町村が，すべての市民ニーズに応えることが財政的に難しくなっています。このままの状態が続けばそれほど遠くないうちに，基礎自治体の提供できる行政サービスは，下水道・道路・ゴミ処理などのライフラインに直結するものと，義務教育，高齢者福祉部門のサービスしか提供できない日が来てしまうでしょう。このような厳しい状況下であるからこそその地域社会を構成する様々な主体が，力を合わせて課題解決に当たっていくしかありません。

政府は平成28（2016）年の予算編成から，民間委託を通じた行政コストの縮減や徴収対策の強化による税収確保といった取組みが各地の地方自治体に広まるよう地方交付税の配分の見直しを行いました。行政コストを大きく抑えている先進自治体に合わせて，基準財政需要額を算定する際に使用する単位費用を低く設定することで未導入の自治体に対し同様の取組みを促す「トップランナー方式」です。学校用務員事務，図書館，博物館などの管理業務など，地域ごとの特殊事情に関わらず，どの自治体にもアウトソーシングが可能な縮減策を横展開することで，現在直営で行っている自治体にさらなる PPP を促すことを狙いとしています。

このようなトップランナー方式などにより PPP の領域はさらに拡大していくことは明らかです。これまでのように多くの市民が行政サービスを享受するだけの立場から，サービスを提供する側のプレーヤーになることでさらなる協働社会を構築し，公共サービスの主体を公務員（市町村職員）から市民社会全体への展開を図らなければ，持続可能な地域社会を描くことが難しいのではないでしょうか。

同様に地域の疲弊が進む中で活性を取り戻すためにも，これまでのように市町村だけの一方的な取組みや呼びかけによるものでは大きな効果は期待できません。むしろ，商店街やまちづくり団体などが発案し，地域の関係団体を巻き込みながら行ってきたものが成功の好事例となっています。このことは，自らの暮らす地域の活力が失われていく現状を，そこで暮らす人々自身が地域の危機と捉え，緊張感をもって解決策を発案し，行動に移しているからです。地域の NPO 活動等に飛び込み自ら汗を流すのはいまです。

これからの自治体行政に必要なものは，新機軸（イノベーション）です。そのためには「ダイバーシティ」の概念を自治体経営に根付かせ，今までのような前例主義を排除していくことが不可欠です。違ったものの見方ができる人が集まる組織の構築が求められます。さらには，少産多死時代を迎え，これまでのように『長期総合計画』の策定が難しい時代を迎えるにあたっては2015年9月国連サミットで採決された国連加盟193カ国が2016年～2030年の15年間で達成するために掲げた 17 の大きな目標とそれを達成するための 169 のターゲット

「SDGs（Sustainable Development Goals）」をそれぞれの地方自治体の実情に合わせて「誰１人として取り残さない（leave no one behind）」政策を展開すべく計画づくりに活かすことが重要となります。また，これまで述べたように PPP や協働による自治体経営を進めることで，地域に新たな雇用が創出されるとともに，地域における新たな課題に取り組むことができるようになります。その結果として，市民の満足度が向上することになります。企業や NPO と行政の双方が努力し，これまで以上に PPP や協働による自治体経営に取り組むことが求められます。

また，平成28（2016）年に閣議決定された『第５期科学技術基本計画』では，「ビッグデータ解析」「AI（人工知能）」「IoT（Internet of Things）」など ICT を最大限に活用し，サイバー空間とフィジカル空間（現実社会）を融合させた取組み「Society 5.0」により，人々に豊かさをもたらす「超スマート社会」を未来社会の姿として共有し，その実現に向けた一連の取組みをさらに深化させるとしています。このことから，エネルギー・交通・水道・医療・治安・物流・小売・教育・娯楽など様々なサービスが ICT の技術進歩により大きな変換が実現することも遠い未来のことではありません。令和元（2019）年５月，財務省財政制度等審議会で地方財政改革試案が示され「警察官，消防士，教師を除いた地方自治体の一般職員数は今後の人口減少ペースに合わせ令和７（2025）年には約３万人減らせるとし，人工知能（AI）の活用などで事務作業を効率化し着実に人員を絞るよう求める」としており，これからの公共経営はさらなる厳しい改革が求められます。このことからも「PPP」による協働・連携のさらなる新領域での展開と ICT による「超スマート社会」実現により行政サービスの展開により希望にみちた市民の満足度に高い地域の未来を構築していかなければなりません。

参考・引用文献

井信夫編著（2006）『新しい公共経営の実践』公職研。

岡田浩一・石川公彦編著（2010）『ケースで学ぶまちづくり――協働による活性化への挑戦』創成社。

岡田浩一・藤江昌嗣・塚本一郎編著（2006）『地域再生と戦略的協働――地域ガバナ

ンス時代の NPO・行政の協働』ぎょうせい。
沖大幹ほか著（2018）『SDGs の基礎』シナノ書籍印刷。
事業構想大学院大学編（2018）『産官学ベストプラクティス』中央精版印刷。
清水浩昭ほか著（2016）『少子高齢化社会を生きる』人間の科学新社。
塚本一郎・山岸秀夫編著（2008）『ソーシャル・エンタープライズ――社会貢献をビジネスにする』丸善。
外山公美ほか著（2014）『日本の公共経営』北樹出版。
日立東大ラボ（2018）『Society（ソサエティ）5.0』日本経済新聞出版社。
古川俊一・北大路信郷（2004）『公共部門評価の理論と実際』日本加除出版。

第 8 章

アートプロジェクトと地域経済

ポイント：本章では，現代アートによる文化・芸術振興を通じた地域再生・経済活性化の取組みとして，2010年から瀬戸内海の島々を舞台に開催されている「瀬戸内国際芸術祭」を取り上げ，今後の地域社会の在り方について考えます。具体的には，まず，瀬戸内国際芸術祭がどのような取組みなのか，概要を解説します。次に，その芸術祭がなぜ誕生したのか，社会・経済・文化的な背景について検討します。その上で，芸術祭が地域再生や経済活性化に寄与しているかどうか，観光客数，定住人口，経済効果などの側面から評価を行います。最後に，アーティスト，地方自治体，NPO，住民といった多様な主体間の相互作用を通じて展開されるこの瀬戸内国際芸術祭が，新公共ガバナンスの時代を象徴する事例であることについて考察します。

1　地域再生とアートプロジェクト

地方の衰退が指摘されるようになって久しくあります。特に，人口流出や経済の衰退が顕著な過疎地域では，従来から活性化のための様々な政策や手段が講じられてきたものの，根本的な問題解決には至っていません。過疎地域に住む人々を取り巻く状況は一段と厳しさを増しています。

そのような状況のなかで，近年，現代アートによる文化・芸術振興を通じて地域を活性化させようとするプロジェクトが注目されています。例えば，大地の芸術祭（新潟県），横浜トリエンナーレ（横浜市），神戸ビエンナーレ（神戸市），あいちトリエンナーレ（名古屋市）といった現代アートを通じた地域再生の取組みが全国各地で生まれています。このようなアートプロジェクトには，芸術作品の制作・展示とそれによる地域再生が目指されること，アーティストがアトリエで孤独に作品を制作するのではなく，現地に滞在しながら住民とのコミュニケーションを通して作品をつくること，そして，その際，地域の歴史や固有の文化が制作上の重要なファクターとなること，といった特徴がみられます（野田 2011）。

こうしたプロジェクトのうち，本章で取り上げるのは瀬戸内海を舞台にした「瀬戸内国際芸術祭」です。瀬戸内国際芸術祭は，衰退の著しい瀬戸内地方の島々の再生に貢献する芸術祭として大きな関心を集めています。この芸術祭が，なぜ生まれたのか，どのように運営されているのか，そして，地域にどのようなインパクトをもたらしているのか，といった点について考察していきます。

2　海の復権と瀬戸内国際芸術祭

(1)　趣旨と目的

瀬戸内国際芸術祭は，瀬戸内海の島々で開催されている芸術祭であり，「海の復権」が大きなコンセプトになっています。「海の復権」とは，過疎化・高齢化によって疲弊している瀬戸内の島々が，固有の文化や美しい景観を残し，自然と人間が交錯する島々の固有性を見直し，瀬戸内を新たな文明のモデルとして「希望の海」になることを目指そうとするものです。さらに，瀬戸内の島々の各所にアートや建築が関わることによって，島々で営まれてきた生活，歴史，民俗を浮きぼりにし，瀬戸内の魅力の再発見を促して，住民，特に島のお年寄りたちの元気を取り戻そうとするものでもあります（西田 2011）。開催のコンセプトとしては，①アート・建築：地域の特徴の発見，②民族：地域と時間，③生活：住民（島のお年寄りたち）の元気，④交流：日本全国・世界各国の人々が関わる，⑤世界の叡智：この地を掘り下げ，世界とつながる場所に，⑥未来：次代を担う若者や子どもたちへ，⑦縁をつくる：通年活動，といった点が掲げられています（瀬戸内国際芸術祭実行委員会 2017a）。そこでは，瀬戸内の文化や産業，そして，人々の交流と協働が強く意識されています。

表８－１　瀬戸内国際芸術祭の開催概要

	2010年	2013年	2016年	2019年
会　場	直島，豊島，女木島，男木島，小豆島，大島，犬島，高松港	直島，豊島，女木島，男木島，小豆島，大島，犬島，沙弥島，本島，高見島，粟島，伊吹島，高松港，宇野港	直島，豊島，女木島，男木島，小豆島，大島，犬島，沙弥島，本島，高見島，粟島，伊吹島，高松港，宇野港	直島，豊島，女木島，男木島，小豆島，大島，犬島，沙弥島，本島［春のみ］，高見島［秋のみ］，粟島［秋のみ］，伊吹島［秋のみ］，高松港，宇野港
会　期	7/19-10/31 （計105日）	春：3/20-4/21 夏：7/20-9/1 秋：10/5-11/4 （計108日）	春：3/20-4/17 夏：7/18-9/4 秋：10/8-11/6 （計108日）	春：4/26-5/26 夏：7/19-8/25 秋：9/28-11/4 （計107日）
参加国数／作家数	18 の国と地域／75組	26 の国と地域／200組	34 の国と地域／226組	32 の国と地域／230組
作品数／イベント数	76点／16イベント	207点／40イベント	206点／37イベント	214点／35イベント
来場者数	93万8246人	107万368人	104万50人	117万8484人

（出所）瀬戸内国際芸術祭実行委員会（2010，2013，2017b），瀬戸内国際芸術祭 Web サイトをもとに筆者作成

(2)　開催概要

瀬戸内国際芸術祭は2010年から開催が始まりました。その後，2013年，2016年，2019年と計４回開催されています（表８－１，図８－１）。

第１回となる2010年は，７月19日から10月31日の期間に開催されました。会場となったのは，直島，豊島，女木島，男木島，小豆島，大島，犬島および高松港周辺です。18 の国と地域から75組のアーティスト・プロジェクトと 16 のイベントが参加しました。会場の島々では，様々な場所にアーティストによる作品が展示されました。作品は，屋内に展示されるものと屋外に展示されるものがあり，また，常設されているものと芸術祭期間中限定で公開されるものがあります。また，会期中は作品の展示だけでなく，直島女文楽や演朦，農村歌舞伎の上演，シンポジウムといった関連イベントも実施されました（瀬戸内国際芸術祭実行委員会 2010)。会場となっている島へのアクセスは岡山県と香川県

図８-１　瀬戸内国際芸術祭の会場となっている島々

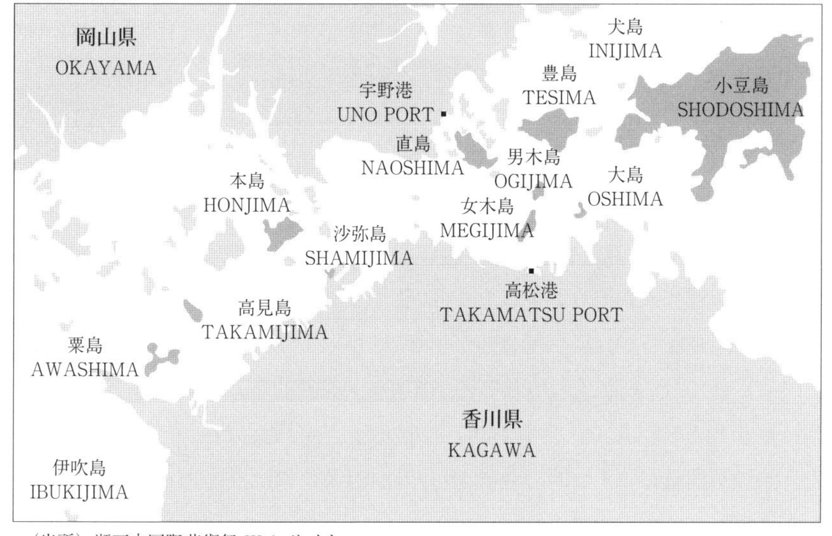

（出所）瀬戸内国際芸術祭 Web サイト

の港からフェリーまたは高速船が運行されており，会期中は大幅に増便されました。会場内の移動は徒歩，バス，レンタサイクル，レンタカー，バスなどが利用されています。

2013年は，春（３月20日～４月21日），夏（７月20日～９月１日），秋（10月５日～11月４日）と３つの会期に分けられ，計108日間の開催となりました。2010年に会場となった島々に加えて，新たに沙弥島，本島，高見島，粟島，伊吹島の中西讃の５島を加えた開催となりました。26の国と地域から200組の作家が参加し，作品数は207点，イベント数は40と，前回と比べて大幅な増加となりました（瀬戸内国際芸術祭実行委員会 2013）。

2016年も，同じく瀬戸内の12の島々と２つの港周辺を舞台に，会期を春（３月20日～４月17日），夏（７月18日～９月４日），秋（10月８日～11月６日）とする計108日間の開催でした。作品数は206，イベント数は37，アーティストは34の国と地域から約226組が参加しました。また，この2016年開催では，特に「海でつながるアジア・世界との交流」「瀬戸内の「食」を味わう食プロジェクト」，獅子舞や盆栽など「地域文化の独自性発信」といった新たなプロジェクトがつくられました（瀬戸内国際芸術祭実行委員会 2017b）。

そして，2019年は，春（4月26日～5月26日），夏（7月19日～8月25日），秋（9月28日～11月4日）の計107日の開催，作品数は214，イベント数は35，アーティストは32の国と地域から約230組が参加する規模となりました。2019年開催は，香港，台北，北京で企画の発表会が開催されるなど，とくにアジアを中心とした海外との連携強化が図られています（瀬戸内国際芸術祭 WEB サイト）。

これら4回の芸術祭にはどのくらいの人が訪れたのでしょうか。2010年開催では，93万8246人がカウントされました。3つの会期に分かれた2013年開催では，春会期が26万3014人，夏会期が43万5370人，秋会期が37万1984人であり，最終的には107万368人となりました。2016年の開催は，春会期が25万4284人，夏会期が40万1004人，秋会期が38万4762人と，3会期合わせて104万50人でした。2019年開催は，3会期の合計が117万8484人にのぼり，過去最多の来場者数がカウントされています[(1)]。

来場者アンケートによれば，女性比率が67.2％であり，10代～30代の年齢層が過半数を占めるなど，特に若者や女性に人気があることが分かります。また，来場者を地域別にみると，地元である四国地方が35.8％を占めるものの，全ての都道府県からの来場者があることや，台湾，香港，中国といった海外からの来場者が13.4％いることなど，多様な人々が芸術祭を訪れていることがうかがえます（瀬戸内国際芸術祭実行委員会 2017b）。

(3)　運営体制

芸術祭は，主に以下の団体や人々によって運営されています。

総合プロデューサー・総合ディレクター

この芸術祭を語るうえで欠かせない2人のキーパーソンがいます。1人は，総合プロデューサーの福武總一郎氏，もう1人は，総合ディレクターの北川フラム氏です。総合プロデューサーの福武氏は，公益財団法人福武財団の理事長であり，直島を中心とする美術施設に関わっています。事業全体のビジョンを方向付けや全体の統括を担当しており，企画段階においては，作家の選択や作品の設置場所の選定を行っています。アートディレクターの北川フラム氏は，芸術祭の実行において，行政機関との調整，地元住民に対する説明・調整，ボランティアの組織化を含めて事業を統括する役割を担っています。出展される作家・作品，開催するイベントなどの選定には，北川氏が大きな役割を果たしています（金谷 2014）。

瀬戸内国際芸術祭実行委員会

芸術祭は瀬戸内国際芸術祭実行委員会によって主催されています。この実行委員会には，香川県知事，香川県商工会議所連合会会長，高松市長といった自治体や経済団体の長が名を連ねています。また，香川県内の各市町村や，銀行，観光業界団体，大学等を含む多様な主体が構成団体として参画しています。実行委員会事務局は香川県庁内に置かれており，地元自治体である香川県は重要な運営主体の1つです。当実行委員会の主な役割は，開催市町と総合ディレクターのつなぎ役です。開催場所となる島々に総合ディレクターとともに出向き，市町関係者および地元関係者の調整役となります。他方で，芸術祭の開催地となる各市町は，作品の設置場所や作家の受入に関して，地元住民との直接の交渉窓口になります。利用する場所や施設（学校，民家，農地など）の利用に関して地元住民と調整を行ったり，制作を行う作家の受入や制作協力に関して，地元住民に依頼や調整を行うことが役割となります（金谷 2014）。

こえび隊（特定非営利活動法人瀬戸内こえびネットワーク）

芸術祭は多数のボランティアが参加していますが，その中心となっているのが「こえび隊」という NPO です。こえび隊は瀬戸内国際芸術祭の運営を支えるボランティア・サポート組織であり，第1回芸術祭の開催時に結成されました。会期中は会場での受付が主であり，作品の説明や案内，チケット販売のほか，作品であるレストランで皿洗いや接客なども行います。会期前には，作品展示場所の清掃や片付けをするだけでなく，作家とともに作品を制作します。また，会場となった島の祭りや行事へ参加するなど，1年を通じて活動を行います。こえび隊を通じてボランティアに参加した人数（延べ人数）は，第1回開催時が約5000人，第２回が約7000人，第３回が約7000人，第４回が約9000人，となっており，芸術祭のボランティア数としては国内有数の規模です。ボランティアには，岡山県・香川県などの地元の人が多い，女性が多い，20歳代から30歳代の社会人が多い，リピーターとして何回も参加する人が多い，といった特徴がみられます（瀬戸内国際芸術祭実行委員会 2010，2013，2017b；高松市国際文化振興課 2010）。

地域住民

開催地の地域住民も様々な形で瀬戸内国際芸術祭に参加しています。住民は様々な形で芸術祭に関わりますが，作品の材料収集，作品設置場所の調整，制作協力，清掃，来島者に対する接待・ガイドなどが主な活動になります。例えば，2016年の開催では，次のような住民の活躍がみられました（瀬戸内国際芸術祭実行委員会 2017b）。

- 会場付近の清掃活動，来場者の多く通る場所での花や絵画の展示，湯茶の接待，休憩所の設置（直島）
- 作品を制作する過程の中で，多くの住民が制作作業（ワークショップ）やアーティストなどが主催するイベントに参加（豊島）
- 芸術祭の会期中，港や作品の近くにて，地元住民が，郷土料理である「ところてん」や「そうめん汁」「石切り寿司（押し寿司）」などの提供を行う（小豆島）
- 地元のボランティア組織などによって作品紹介を含む島内ガイドが展開される（高見島，粟島など）

公益財団法人福武財団

公益財団法人福武財団は，福武總一郎氏が理事長を務める団体であり，美術館・美術施設の運営，美術イベント・国際交流，情報提供・出版，助成事業などの活動を行っています。直島を中心とした当地域の芸術文化事業を行うとともに，日常的に自治会や祭りに関わるなど，地域との連携にも取り組んでいます。当法人は，芸術祭において主に２つの役割を果たしています。第１に，瀬戸内国際芸術祭実行委員会の構成員の一員として負担金を提供していることです。第３回開催における負担金は，香川県が約２億円，関係市町があわせて約２億3000万円であるのに対し，当法人は単独で１億9000万円を拠出しており，非常に重要な役割を果たしていることが分かります。第２に，芸術祭の参加作品として，美術館・美術施設を提供していることです。直島および犬島の作品の大半，豊島，女木島および小豆島の一部の作品は，当法人の美術施設です（金谷 2014；公益財団法人福武財団 Web サイト）。

株式会社アートフロントギャラリー

瀬戸内国際芸術祭に出品する作家との交渉や調整を担うのは，北川フラム氏が代表取締役会長を務める株式会社アートフロントギャラリーです。同社は，1984年のギャラリー開設以降，展示会企画，コミッションワーク，地域計画・アートプロジェクトなど様々な美術関連事業を展開している会社です。芸術祭では，同氏の意向を受けて作品制作に関わる調整を実行委員会とともに行うエージェントでありブレーンのような存在です（金谷 2014）。

以上のように，非常に多様な人々の関わりによって芸術祭は運営されています（**図８－２**）。

3　なぜ瀬戸内国際芸術祭は生まれたのか

(1)　政治・行政課題

瀬戸内国際芸術祭は瀬戸内における一大プロジェクトです。地域活性化の取組みとして大きなインパクトをもたらしていると考えられます。では，なぜこのようなプロジェクトが生まれたのでしょうか。芸術祭が生まれた背景を理解するためには，複雑な社会・経済・文化的文脈について考えてみる必要があります。ここでは，政治・行政課題および民間のリーダーシップ，という２つの視点から検討してみることにします。

まず，政治・行政課題として，人口減少にともなう地域の著しい衰退が挙げ

図8－2　瀬戸内国際芸術祭の実施体制と主な関連団体

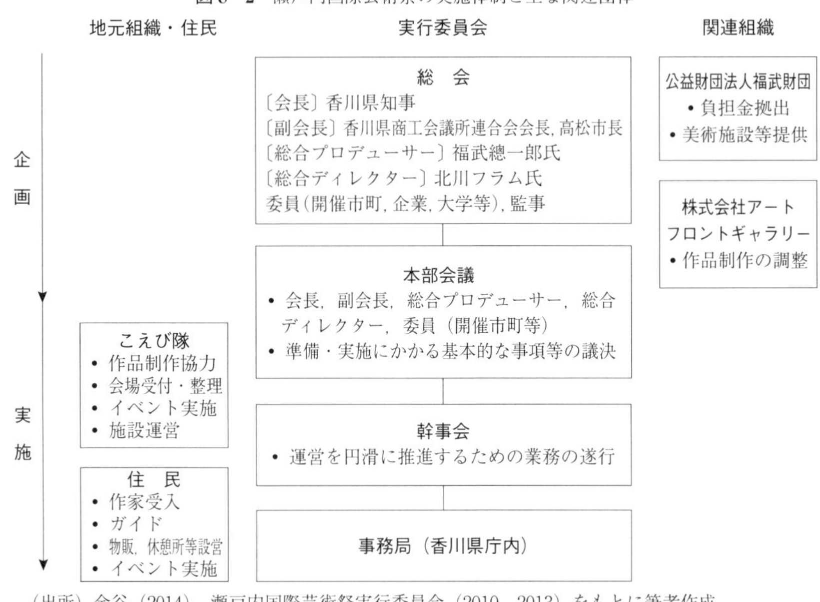

（出所）金谷（2014），瀬戸内国際芸術祭実行委員会（2010，2013）をもとに筆者作成

られます。芸術祭の舞台となった瀬戸内の島々は，いわゆる離島です。離島については，従来から離島振興法（1953年制定）に基づく離島振興が展開されてきました。しかし，これまで様々な離島振興施策が行われてきましたが衰退に歯止めをかけることができていません。**表8－2**は，芸術祭の会場となった主な島々の人口，高齢化率を示したものです。2000年と2015年の状況を比較すると，多くの島で人口が激減していることが確認できます。また，高齢化率も軒並み50％を超えており，なかには80％を超えてしまった島も存在します。2015年における日本の総人口に占める高齢化率が23.1％であったことを踏まえると，島々の人口減少や高齢化の進展がいかに著しいかがよく分かります。これらの地域では，いかにして島々を維持するかという喫緊の課題を抱えているのです。

さらに，この地域特有の課題もありました。その代表例が，豊島の産業廃棄物不法投棄事件です。これは，豊島の産業廃棄物処理業者が，1980年代初めころから1990年にかけて，面積約28.5haの処分地に，許可外の大量の産業廃棄物を搬入し不法投棄を続けた事件です。豊島住民が県知事に公害紛争処理法に

表8-2　会場となった主な島々の人口および高齢化率[2]

島　名	2000年 人口(人)	2005年 人口(人)	2010年 人口(人)	2015年 人口(人)	増減率(%) 2015年／ 2000年	2015年 高齢化率 (人)
小豆島	34,572	32,432	30,167	27,927	−19.2	39.4
豊　島	1,327	1,114	1,018	867	−34.7	50.3
直　島	3,636	3,476	3,277	3,139	−13.7	34.2
男木島	248	189	162	148	−40.3	63.5
女木島	244	212	174	136	−44.3	75.0
犬　島	84	65	54	44	−47.6	72.7
本　島	768	605	492	396	−48.4	59.8
粟　島	415	349	289	216	−48.0	83.8
高見島	118	73	43	27	−77.1	77.8
伊吹島	1,020	793	590	400	−60.8	52.3

（出所）各年国勢調査，公益財団法人日本離島センター編（2019）をもとに筆者作成

基づく公害調停を申請するなど，社会的にも大きな注目を集めました。我が国最大の産業廃棄物不法投棄事件といわれています。香川県としては，こうした負のイメージを払拭するためにも，この地域の活性化に力を入れる必要があったのです。実際に，真鍋武紀香川県知事（当時）は，現代アートの施設群を擁する直島と協力することを望んでいたといわれています（金谷 2014)。つまり，人口減少による衰退や産廃などによる問題を抱えた島々であったからこそ，芸術祭の舞台として選ばれたといえます。

このような背景もあり，香川県では地域を活性化するための各種政策が展開されていますが，その重要施策の1つがアートツーリズムを通じた交流人口の増加やまちづくりです。県では，2001年に観光行政のシンクタンクとして「観光香川21戦略会議」を設置され，観光振興のための戦略について検討が行われました。2002年の報告書では，「観光からツーリズムへ」という視点が提示され，「まちづくり型観光地」の考え方が提唱されました。これは，地域の資源を発掘し，磨き上げ，あるいは保護する「まちづくり活動」の多様な展開によって，観光客のためだけではなく，そこに暮らす人々が誇りと愛着のもてる

地域づくりを展開するというものでした。これを受け，香川県では，2003年に商工労働部内に新たに観光交流局を設け，まちづくり型観光やアートツーリズムに取り組み始めました。もともと，香川県には，アートや建築の分野では名の通った優れた文化資源がありました[(3)]。観光交流局の創設以降，アートの香川県を発信しようと，県内にあるアート・建築資源を結びつけ，「アート，建築をめぐる旅」という新たな魅力が開拓されていきました。こうした流れのなかで，2004年に香川県の若手職員による政策研究「『現代アート王国かがわ』の確立」でアート資源を活かした大規模トリエンナーレの開催が提言され，また，主要な美術館同士を結ぶ「瀬戸内アートネットワーク」が実践されるなど，複数施設を巡るアートツーリズムの動きが広がっていきました（工大 2009)。こうした構想や政策展開が瀬戸内国際芸術祭の開催へとつながっていったのです。

(2)　民間のリーダーシップ

瀬戸内国際芸術祭が開催された背景には，民間のリーダーシップも大きく影響しています。それが，芸術祭総合プロデューサーの福武總一郎氏，総合ディレクターの北川フラム氏という２人のキーパーソンです。

株式会社ベネッセホールディングスの顧問を務める福武氏は，芸術祭が開催される以前から，企業のCSR活動としてこの地域を中心に活動を行っていました。福武氏は，「瀬戸内海の島に世界中の子供たちが集える場を作りたい」という思いのもと，「ベネッセハウス（1992年)」「家プロジェクト（1998年)」「直島福武美術館財団（現：公益財団法人福武財団）(2004年)」「地中美術館（2004年)」「犬島精錬所美術館（2008年)」といったプロジェクトを次々と展開しています（ベネッセアートサイト直島 Web サイト)。瀬戸内国際芸術祭も，このような活動のなかで生まれてきたものといえます。福武氏は，瀬戸内国際芸術祭の開催を迎えるにあたり，次のように語っています。

「瀬戸内海の島々には日本が近代化していく過程において被った「負の遺産」が多く残っており，このシンポジウム，展示の主たる舞台である直島では20世紀初頭に設立された精錬所から発生する亜硫酸ガスにより周辺の山々がはげ山となり，豊島では産業廃棄物が不法投棄され，大島では1909年に出来た精錬所が10年稼働の後，操業を停止し荒れ放題になっていました。こうした島々を建築家・安藤忠雄さんとともに現代美術作品によって再生させたいと考えてから20数年が経過しました。（中略）私にとってアートは目的ではありません。重要なことは人々の暮らしや環境です。アートはあくまで地域を活性化させる手段だと思います」（福武 2009）。

北川フラム氏も，芸術祭の開催に強い影響を与えています。というのも，北川氏は，瀬戸内国際芸術祭を手掛ける以前から，アートによる地域活性化の先駆的取組みである「大地の芸術祭　妻有アートトリエンナーレ」の総合ディレクターを務めているのです。この大地の芸術祭は，「人間は自然に内包される」を理念に，過疎化・高齢化の進む中山間地域である新潟県越後妻有地域（十日町市・津南町）で3年に1度行われる世界でも有数の大規模な国際芸術祭です。越後妻有地域約760㎢の広大な土地を美術館に見立て，アーティストと地域住民とが協働し地域に根ざした作品を制作，継続的な地域展望を拓く活動を目的とする芸術祭です。2000年に第1回が開催されて以降，今では国内だけでなく，世界からも注目を集めている芸術祭となっています（原 2012；杉本・南 2013）。瀬戸内国際芸術祭は，この大地の芸術祭と類似する部分が多いです。例えば，現代アートを用いて問題を抱える過疎地の活性化を目指す点や，大地の芸術祭で活動したボランティア組織“こへび隊”と同様に“こえび隊”が活躍している点などです[(4)]。すなわち，瀬戸内国際芸術祭の開催には，総合プロデューサーの北川氏の経験やノウハウが大きく影響したといえます。

瀬戸内国際芸術祭は，以上のような，瀬戸内が抱えていた多様な地域課題と，瀬戸内の再生を願う民間のリーダーシップが交わることによって生まれました。そして，衰退する離島に現代アートを持ち込み，NPOや住民との協働を通じて地域の活性化につなげていくという形で体現されているのです。

表 8‐3　会場となった主な島々の観光客数の推移[6]（千人）

	2009年	2010年	2011年	2012年	2013年	2014年	2015年
小豆島	1064.0	1098.0	1044.0	1059.0	1126.0	1053.0	1093.0
豊　島	14.9	57.9	26.6	30.8	69.0	36.4	41.3
直　島	336.0	638.4	411.9	432.6	707.8	489.3	496.0
男木島	4.0	50.8	3.6	2.5	11.1	5.8	7.3
女木島	64.9	229.1	80.0	88.0	194.7	103.4	103.6
犬　島	24.4	38.5	22.9	28.4	35.6	22.1	24.7
本　島	24.0	47.6	22.7	22.6	122.5	78.7	67.7
粟　島	7.9	7.6	7.8	7.5	13.3	7.2	9.8
高見島	1.4	1.4	1.4	1.4	25.8	1.6	1.6
伊吹島	16.0	15.0	11.0	11.0	41.0	11.0	14.3

（出所）香川県（2019），公益財団法人日本離島センター編（2013，2014，2015，2016，2017，2018，2019）をもとに筆者作成

4　瀬戸内国際芸術祭は何をもたらしたのか

(1)　観光客数の変化

瀬戸内国際芸術祭は，計４回の開催を経て定着してきた感がありますが，果たして地域の再生は達成されているのでしょうか。もちろん，衰退する地域の再生が非常に困難な課題であることは，これまで全国各地で取り組まれてきた同様の事例が示す通りですし，2010年に始まった取組みの結果や成果を評価するには時期尚早でもあるでしょう。しかし，芸術祭が地域の活性化を目指す公共的なプロジェクトである以上，その結果や成果を評価していく試みは重要です。ここでは，芸術祭にどのくらいの観光客が訪れたのか，人口減少は緩和したのか，地域経済に効果はあったのか，そして，地域コミュニティにどう影響したのか，という４つの視点で検討してみたいと思います[5]。

まず，芸術祭を通じてどのくらいの観光客が訪れたのでしょうか。**表 8‐3** は，芸術祭の会場となった島々における観光客数の推移を示したものです。第１回目の開催から会場となっている豊島，直島，男木島，女木島，犬島につい

ては，芸術祭が開催された2010年および2013年にその数が大きく増加していることがわかります。また，第2回目開催から会場となっている本島，粟島，高見島，伊吹島でも，2013年の数値はそれ以前と比較して数倍にものぼっています。とくに，豊島，直島，女木島，本島などは，芸術祭が開催さていない年においても，（芸術祭開催前の2009年と比較して）観光客数は増加傾向にあります。総じて，芸術祭が交流人口の増加という点で地域に相当のインパクトをもたらしていることがわかります。一方，小豆島では，芸術祭開催以前から100万人を超える観光客が訪れていました。2010年および2013年の観光客数は増加していますが，相対的にはそこまでのインパクトはなかったかもしれません。

(2) 定住人口への影響

瀬戸内地方の根本的な問題は，すでに述べたように顕著な人口減少です。芸術祭を通じた交流人口の増加を経て，人口減少の抑制や定住人口の増加といったような変化は生まれているのでしょうか。**図8-3**，**図8-4**は，会場となった主な島々における人口動態の推移を示したものです[(7)]。小豆島・豊島における近年の人口動態をみると，常に人口減少傾向にあることがわかります。ただし，2009年以前と以後では，社会増減数の傾向に違いがあるようです。2009年以後は，若干ではありますが社会減は縮小傾向にあるようにみえます。小豆島町では，瀬戸内国際芸術祭を契機としたまちづくりに取り組んでおり，とくに域外からの移住受入れを促進する空き家バンク制度，家賃補助制度，移住者体験施設の整備といった事業を推進しています（神山 2016；小豆島町 Web サイト）。芸術祭による交流人口の増加と，それを契機とする町の政策が人口減少の抑制に貢献している可能性があります。

一方，直島では，域外からの転入者が増加し，2015年，2016年，2018年に社会増減数がプラスに転じるなど，人口減少傾向が抑制されていることがうかがえます。前述のように，直島町は芸術祭開催以前から福武財団を中心にアートプロジェクトが展開され，観光振興やまちづくりが積極的に取り組まれてきました。その意味では，これらの傾向は，芸術祭の直接的なインパクトというよりも，直島における長期的な活性化活動の成果を示したものと理解した方がよ

図8-3　小豆島・豊島における人口動態の推移

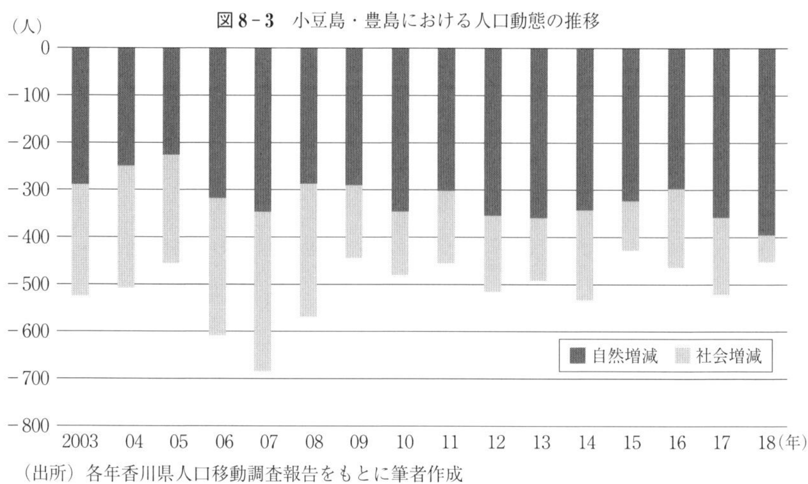

（出所）各年香川県人口移動調査報告をもとに筆者作成

図8-4　直島における人口動態の推移

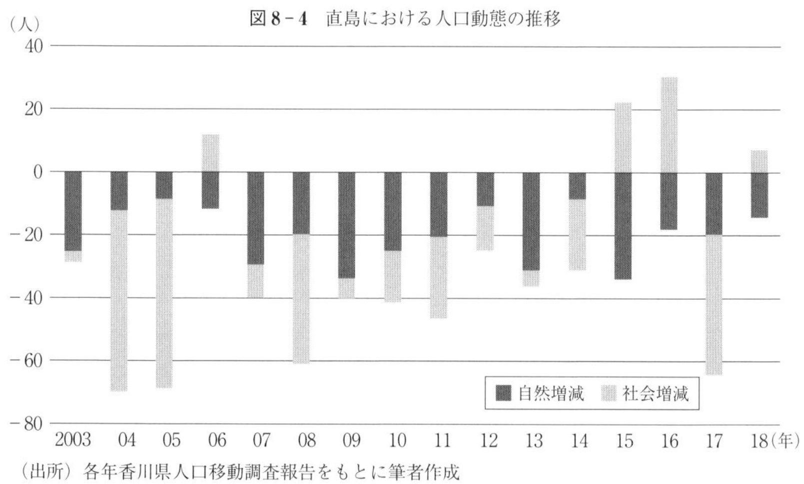

（出所）各年香川県人口移動調査報告をもとに筆者作成

いかもしれません。

(3)　経済効果

芸術祭を通じた多くの観光客の到来は，地域に大きな経済効果をもたらします。日本銀行高松支店などによる試算では，第1回開催の経済波及効果は111億円といわれています。また，この経済波及効果は，回数を重ねるごとに増加傾

図8-5　小豆島・豊島および直島における事業所数および従業者数の推移

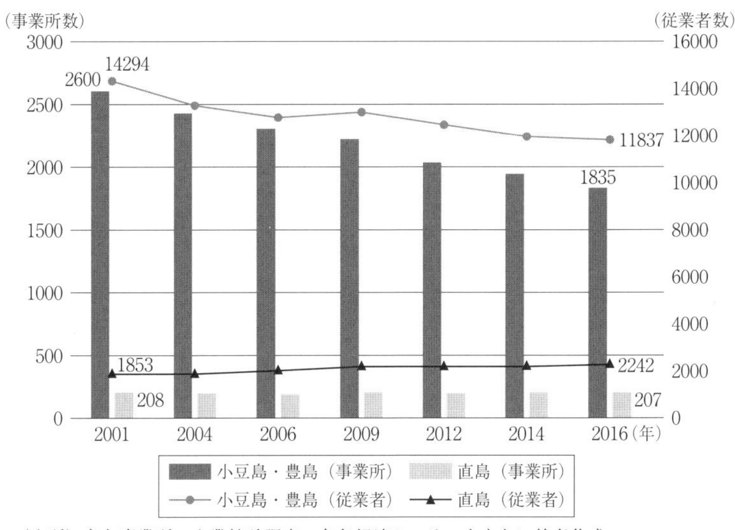

(出所) 各年事業所・企業統計調査，各年経済センサスをもとに筆者作成

向にあり，第2回開催は132億円，第3回開催では139億円，第4回開催では180億円，と試算されています。経済効果が増加した背景としては，香川県外からの来場者の平均滞在日数が延びていることや，宿泊，飲食，交通を中心に消費金額が増加したこと，さらに，消費金額の多い外国人来場者の増加などが寄与していると考えられています（瀬戸内国際芸術祭実行委員会 2011，2014，2017c）。

このような多数の観光客によって一定の経済効果が生まれるわけですが，それらは地域の雇用創出や経済発展にまで影響しているのでしょうか。**図8-5**は，会場となった主な島々における民間の事業所数（様々な事業を行う施設の数）と従業者数の推移を示したものです。小豆島・豊島は，事業所数，従業者数ともに衰退傾向にあります。2001年は事業所数が2600，従業者数が1万4294であったのに対し，2016年では前者が1835，後者が1万1837，と減少しています。芸術祭が開催された2010年以降もそのトレンドは変わっているようにはみえません。他方で，直島は異なった傾向を示しています。事業所数は2001年以降ほぼ横ばい，そして，従業者数はゆるやかに増加傾向にあります。もっとも，増加傾向は直島に地中美術館がオープンした2004年時点から続いており，前述のように，芸術祭の結果というよりも，直島独自の活性化活動の影響と考えた方がよさそうです。

(4) 地域コミュニティへの影響

瀬戸内国際芸術祭は，以上のような観光客数や経済効果といった数字で表すことができないインパクトをもたらしていることが指摘されています。それは，住民によるまちづくりの「きっかけ」を生んだという点です。例えば，小豆島では，芸術祭によって，京阪神と結ぶ大型フェリー航路が十数年ぶりに復活し，アジアからの観光客が急増しました。島内のホテルやレンタカー，レンタル自転車はフル稼働となり，お洒落なカフェや土産物屋も増え，島への移住者も増加しました。また，住民が，芸術祭に参加するアーティストを通じて台湾の特定の地区とコミュニティ協定を結ぶケースも誕生しています。小豆島町としても，2011年に，継続的な芸術祭の開催に備え，「小豆島町芸術文化のまちづくり条例」が施行され，アートによるまちづくりを活かす仕組みがつくられました。旧小学校区単位で政策を立案し，それに貢献するアートプロジェクトを展開し，そこから地域再生に取り組むことが決められました。町長の塩田幸雄氏は，「島内全域で展開される芸術祭は島に一体感をもたらし，地元民にとっても各地の宝を再認識するきっかけにもなった。そこから島の自信や誇りも生まれてきたのだ」と語っています（神山 2016）。

アートプロジェクトは，「参加」「協働」「コミュニケーション」「結果よりもプロセス」といった点が重視されます（八田 2004；中嶋 2012）。住民が，アーティストとのコミュニケーションを通じて，まずは作品の受け手として，そして，次第に担い手として参加・協働していくプロセスが存在するのです。アートプロジェクトは，地域性を強く打ち出し，それに共感する担い手を作りだしていく，すなわち，新たなソーシャルキャピタルの形成に貢献しているといえます（松本ほか 2005；宮本 2008；野田 2011；杉本・南 2013）。

以上，芸術祭がもたらすインパクトについて検討してみました。まとめると，観光客数の増加や一定の人口減少抑制効果，経済効果，そしてまちづくりの契機の創出，といったものをもたらしているといえます。一方で，地域の企業活動の活発化や雇用創出には至っていないとみられます。

5　瀬戸内国際芸術祭が示唆するもの

本章では，瀬戸内国際芸術祭を取り上げ，その社会背景や地域にもたらしている経済効果などについて検討してきました。瀬戸内国際芸術祭が，従来からの離島振興策が成果を上げられないなかで置き去りにされてきた瀬戸内の島々に，非常に大きなインパクトをもたらしていることは間違いないでしょう。しかし，万事が上手くいっているわけではありません。例えば，運営上の様々な課題が存在します。交通機関・施設の混雑や観光客マナーによる住民生活の阻害（中嶋 2012）や，地域経済を担う既存の事業者の不参加（田代 2017），主導する実行委員会と地域住民との関係性（金谷 2014）などです。芸術祭のインパクトが一過性のものではなく，本質的な地域再生・経済活性化に結びつくかどうかは，今後に委ねられた課題といえます。

最後に，この瀬戸内国際芸術祭がもつ意味について，公共経営のパラダイム転換という観点から考察しておきたいと思います。公共経営をめぐるパラダイムには，①19世紀に現代官僚制が出現してから1970年代後期もしくは1980年代前期まで続く伝統的行政（Public Administration），②1980年代後期に発展し21世紀初頭までの新公共経営（New Public Management），③1990年代後期ないし21世紀初頭から現在までの新公共ガバナンス（New Public Governance），という3つの段階があると指摘されています（Osborne 2010）。このようなパラダイムの主要な特徴を示すと，**表8-4**の通りになります。ここでは，それぞれのパラダイムの詳細について触れる余裕はありませんが，国家が中心となり安定した公共サービスが必要とされた時代から，財政難を背景とする公共の市場化・効率化の時代に移り変わり，さらに，住民が自ら公共的活動へ参加しその一翼を担うことが求められる時代に突入しているという理解ができます。多様な主体間の相互作用を通じて地域再生を目指す瀬戸内国際芸術祭は，まさにこの新公共ガバナンスの潮流を象徴する事例といってよいでしょう。新しいガバナンスの行く末を占う意味でも，瀬戸内国際芸術祭の今後の展開は注目されるのです。

表 8-4　公共経営をめぐるパラダイムの特徴

	伝統的行政 Public Administration	新公共経営 New Public Management	新公共ガバナンス（ネットワーク・ガバナンス） New Public Governance
戦　略	国家中心	市場と顧客中心	市民社会による形成
アクターによるガバナンス	ヒエラルキー／公務員	市場サービス購入者と供給者／発注者と受注者	ネットワーク，パートナーシップ／市民リーダーシップ
重要概念	公共財	公共選択	公共的価値
政策決定者の役割	指揮官	告知者／任命者	リーダーとインタープリター
市民の役割	サービス受給者	顧　客	共同生産者

（出所）Hartley（2005），野澤（2016）をもとに筆者作成

注

(1)　瀬戸内国際芸術祭実行員会が発表している来場者数は，来場者の客数（あたま数）を示しているものではないことに留意が必要です。芸術祭では，会期中に各島に設けられた複数の基準施設を訪れた人数の合計数を，その島の来場者数として集計しています。例えば，1人が3島を訪れた場合，実際の客数は1ですが，来場者数は3として計上されます（瀬戸内国際芸術祭実行委員会 2010）。

(2)　産業別就業者率の計算においては，各産業に分類できない人数を除いています。

(3)　国際的に有名な直島のほかにも，イサム・ノグチ庭園美術館，丸亀市猪熊弦一郎現代美術館，県立東山魁夷せとうち美術館，金刀比羅宮，四国村，ジョージナカシマ記念館や香川県庁（旧本館）といったアート施設が点在しています。

(4)　こえび隊の名前には，瀬戸内海の魚の中で海老が長老と重なることから，笑顔のおじいちゃん，おばあちゃんが1人でも多く増えることを願ってつけられたという由来があります（高松市国際文化振興課 2010）。

(5)　これらの評価のうち，統計分析にかかわる視点は田代（2017）を参考にしています。

(6)　ここでいう観光客数は，原則として船舶，航空機の利用者数から集計されたものです。なお，小豆島の統計は香川県（2019）を参照しています。

(7)　小豆島町，土庄町，直島町の統計データを利用しています。小豆島には小豆島町と土庄町という2つの行政区があります。土庄町には豊島や小豊島が含まれます。直島町には直島の他，井島の一部が含まれます。なお，自然増減数とは出生数から死亡数を差し引いた数，社会増減数とは域内への転入数から域外への転出数を差し引いた数です。

参考・引用文献

香川県（2019）「平成30年香川県観光客動態調査報告（確定版）」香川県。
金谷信子（2014）「瀬戸内国際芸術祭における公民パートナーシップ――その利点と課題」『広島国際研究』20，75～91頁。
神山典士（2016）「芸術祭を積極的に利用し意識改革による地域再生に挑む小豆島モデル」『地域創造』40，52～59頁。
公益財団法人日本離島センター編（2013）「2011 離島統計年報 CD-ROM 版」公益財団法人日本離島センター。
公益財団法人日本離島センター編（2014）「2012 離島統計年報 CD-ROM 版」公益財団法人日本離島センター。
公益財団法人日本離島センター編（2015）「2013 離島統計年報 CD-ROM 版」公益財団法人日本離島センター。
公益財団法人日本離島センター編（2016）「2014 離島統計年報 CD-ROM 版」公益財団法人日本離島センター。
公益財団法人日本離島センター編（2017）「2015 離島統計年報 CD-ROM 版」公益財団法人日本離島センター。
公益財団法人日本離島センター編（2018）「2016 離島統計年報 CD-ROM 版」公益財団法人日本離島センター。
公益財団法人日本離島センター編（2019）「2017 離島統計年報 CD-ROM 版」公益財団法人日本離島センター。
公益財団法人福武財団 WEB サイト（https://fukutake-foundation.jp/）2019/10/23
工大祐司（2009）「瀬戸内国際芸術祭と香川のツーリズム」『調査月報』271，18～24頁。
小豆島町 Web サイト（http://www.town.shodoshima.lg.jp/）2019/10/23
杉本久未子・南陽介（2013）「まちづくりとアート――豊島における取り組みを事例として――」『大阪人間科学大学紀要』12，89～96頁。
瀬戸内国際芸術祭実行委員会（2017a）「瀬戸内国際芸術祭 2019 基本計画」瀬戸内国際芸術祭実行委員会。
瀬戸内国際芸術祭実行委員会（2010）「瀬戸内国際芸術祭 2010 総括報告」瀬戸内国際芸術祭実行委員会。
瀬戸内国際芸術祭実行委員会（2013）「瀬戸内国際芸術祭 2013 総括報告」瀬戸内国際芸術祭実行委員会。
瀬戸内国際芸術祭実行委員会（2017b）「瀬戸内国際芸術祭 2016 総括報告」瀬戸内国際芸術祭実行委員会。
瀬戸内国際芸術祭実行委員会（2011）「瀬戸内国際芸術祭 2010 をふり返って」『調査月報』287，10～17頁。
瀬戸内国際芸術祭実行委員会（2014）「瀬戸内国際芸術祭 2013 をふり返って」『調査

月報』326，10～18頁。
瀬戸内国際芸術祭実行委員会（2017c）「瀬戸内国際芸術祭 2016 をふり返って」『調査月報』360，11～19頁。
瀬戸内国際芸術祭 Web サイト（http://setouchi-artfest.jp/）2019/12/20
高松市国際文化振興課（2010）「瀬戸内国際芸術祭 2010 開催：アートを巡る100日間の冒険」『しま』222，18～21頁。
田代洋久（2017）「地域指向型アートプロジェクトの比較分析と地域活性化効果」『地域戦略研究所紀要』2，17～38頁。
中嶋正博（2012）「過疎高齢化地域における瀬戸内国際芸術祭と地域づくり――アートプロジェクトによる地域活性化と人びとの生活の質」『広島国際研究』18，71～89頁。
西田正憲（2011）「瀬戸内国際芸術祭 2010 における離島を巡るアートツーリズムに関する風景論的考察」『奈良県立大学研究季報』21(3)，91～110頁。
野澤慎太朗（2016）「NPM からポスト NPM への学術的変遷」『Eco-forum』31(4)，17～22頁。
野田邦弘（2011）「現代アートと地域再生――サイト・スペシフィックな芸術活動による地域の変容」『文化経済学』8(1)，47～56頁。
八田典子（2004）「「アート・プロジェクト」が提起する芸術表現の今日的意義：近年の日本各地における事例に注目して」『総合政策論叢』7，133～147頁。
原直行（2012）「アートによる地域活性化の意義――豊島における瀬戸内国際芸術祭を事例として」『香川大学経済論叢』第85巻第1・2号，71～100頁。
福武總一郎（2009）「瀬戸内国際芸術祭に向け」『調査月報』271，2～7頁。
ベネッセアートサイト直島 Web サイト（http://benesse-artsite.jp/about/history.html）2019/10/23
松本文子ほか（2005）「アートプロジェクトを用いた地域づくり活動を通したソーシャルキャピタルの形成」『環境情報科学．別冊，環境情報科学論文集』19，157～162頁。
宮本結佳（2008）「集合的記憶の形成を通じた住民による文化景観創造活動の展開：香川県直島を事例として」『環境社会学研究』14，202～218頁。
Hartley, Jean (2005) Innovation in Governance and Public Services: Past and Present, *Public Money & Management*, 25: 1, pp. 27-34.
Osborne, P. O. (2010) Introduction The (New) Public Governance: a suitable case for treatment? in Osborne, P. O. (eds), *The New Public Governance?: Emerging perspectives on the theory and practice of public governance*, Routledge.

第9章

市民の資金をつなぐ NPO バンク

ポイント：NPO バンクを簡潔に定義すると，市民セクターの，市民による，市民活動や社会性のある事業へ融資するための非営利金融組織です。NPO バンクは市民等から集めた出資金や寄付を原資にして，経済価値だけでなく社会価値を重視して低利で NPO へ融資を行い，融資を通じて獲得した経済的利益の分配に制限を設け，非営利で経営される貸金業の NPO です。日本で NPO バンクが誕生してから約20年，本章では資金を必要とする NPO へ資金を供給する NPO バンクが，果たしている社会的使命，経営，成果と課題に関して説明します。

1　NPO バンクが生まれた背景

(1)　NPO バンクとはなにか？

NPO バンクの「バンク」は英語の銀行（Bank）の意味ですが，NPO バンクは銀行法で定められた，資金仲介を担う「銀行」ではありません。NPO バンクは市民等からの出資などで資金を集め，貸金業法で定められている事業者向け貸付，特に社会価値を創出する NPO 等へ貸付を行う貸金業であり，「ノンバンク」と呼ばれる間接金融を担う金融業態の1つです。情報交換，共同事業，政策提言を行うため，日本の NPO バンクが集まって設立した全国 NPO バンク連絡会の調査によれば2019年3月末時点における NPO バンク15団体の融資残高は1億8413万円，これまでの延べ融資総額は31億3231万円です。**図9-1**は全国 NPO バンク連絡会の正会員である NPO バンクの平均融資残高の推移です。日本貸金業協会の統計によれば，2018年3月末時点における事業者向け貸付残高は17兆200億円ですので，NPO バンクは金融業界のなかで小さな存在です。しかし市民の資金を経済価値だけではなく社会価値へつなげるソーシャ

図 9－1　日本の NPO バンクの平均融資残高

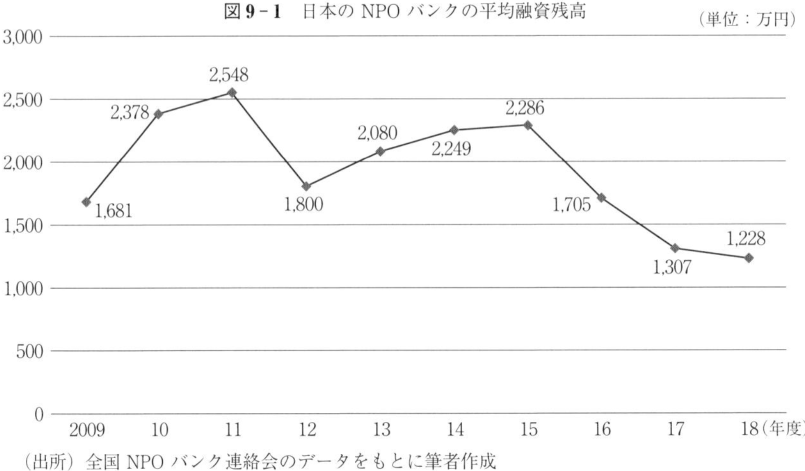

（出所）全国 NPO バンク連絡会のデータをもとに筆者作成

ルファイナンス（社会金融）の分野で存在意義を得てきたと自認しています。

市民が所有する資金の使途に市民の志を活かす NPO バンクは日本だけではなく，世界に類似した理念をもつ金融組織が存在しています。例えば，残念ながら2010年に国際金融危機の煽りで破綻してしまいましたが，米国では1973年から低所得者層の支援と貧困地区の開発といった社会性のある事業への融資を行ったショア銀行がありました。ドイツでは1974年，教育，有機農業，自然エネルギー発電を行う事業者へ融資する，GLS 銀行が設立されました。また，風力発電，有機農業のような環境へ配慮した経営を行っている企業や，環境問題に深く関連するプロジェクトへ低利で融資するエコバンクが1988年にドイツで設立されましたが，大規模なプロジェクトへの融資回収に失敗し，2000年，経営破綻へ追い込まれました。社会価値を重視して融資を行う金融組織は先進国だけではありません。2006年にノーベル平和賞を受賞したムハマド・ユヌス氏が1983年に設立，運営するグラミン銀行は，バングラデシュにおいて貧困者へ小規模融資（マイクロ・ファイナンス）を行い，経済的自立を支援しています。

(2)　日本における NPO バンクの誕生

日本の NPO バンクのはじまりは，田中優氏が中心になって1994年に東京で設立した未来バンク事業組合（以下，未来バンク）までさかのぼります。[(1)] 田中氏は，ドイツのエコバンクのように環境問題に関わる企業やプロジェクトへ低利で融資する，そんな金融の仕組みを作りたいと思い，未来バンクを設立しました。未来バンクが設立された当時，高い社会性をもつものの，低い収益性の事業を行う企業，企業組合，任意団体等，今で言う社会的企業が金融機関から資金を借りようとしても，事業を十分に理解してもらえず，資金を借り難い状況でした。一方で，一部の市民は所有する資金を社会性のある事業を行う社会的企業へ融資して欲しい，というニーズ（必要性）をもっていました。そうした社会性のある事業を行う社会的企業の資金ニーズと，資金を貸したいという市民の志を仲介する金融の仕組みを実現したのが未来バンクです。

図9-2　未来バンクのビジネスモデル

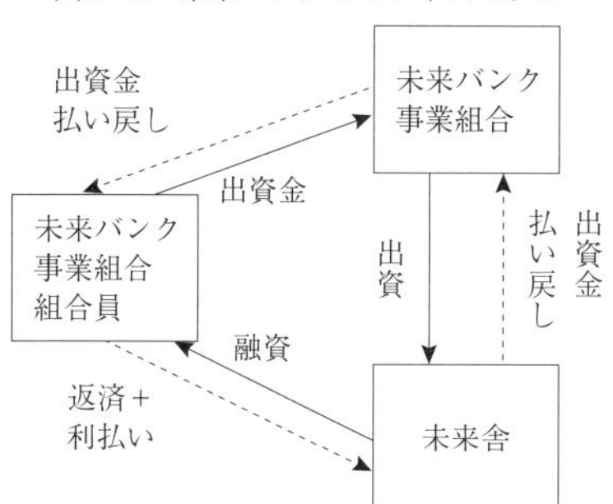

（出所）http://www.geocities.jp/mirai_bank/ 未来バンク HP（2017/9/10）より筆者作成

その後，日本の NPO バンクの原型になった未来バンクのビジネスモデルを**図9-2**で説明します。未来バンクは資金を借りたい社会的企業と同組合の使命や理念に共感した市民が出資をし，その資金を組合員の社会的企業へ融資をします。未来バンクは，当事者が出資をして共同で事業を営む任意組合で，法人格をもちません。出資ですから預金と異なり，出資金が出資者へ戻らないリスクがあります。未来バンクへの出資契約では出資に対する見返りとしての配当金支払いを定めていますが，現実的には未来バンクの貸金業の採算性は低く，利益を分配せずに事業へ再投資する非営利で事業を運営する方針の下，未来バンクは配当を出資者へ支払っていません。

未来バンクが集めた資金を，田中氏が代表を務める未来舎という貸金業登録をしている任意組合へ全額出資します。未来バンクは貸金業登録をしていないため，融資を直接，行えず，融資申込みの受け付けと融資の審査を行います。未来バンクが貸金業登録をし，融資をすることも可能だったのですが，田中氏以外の未来バンクの理事の負担を避けるため，2つの組合を作る仕組みを採用したそうです。融資を申し込んだ社会的企業と実際に金銭貸借契約を結び，資金を融資するのは，貸金業を認められている未来舎です。未来舎が融資をする社会的企業は，未来バンクの組合員であることを要件としています。未来バンクと未来舎を一体として事業を行う事業体として見れば，信用金庫のような協同組織金融から預金業務を除外したビジネスモデルとみなすことができます。

(3) 続々と設立される NPO バンク

未来バンクが設立されてから 4 年後の1998年，向田映子氏をはじめとする生活クラブ生活協同組合神奈川の組合員たちが中心になって，相互扶助の理念の下に非営利，自主管理で貸金業を営む，「女性・市民バンク」を任意組合として設立し，事業を開始しました。そして，2009年には女性・市民コミュニティバンクという名称に変更しました。

女性・市民バンクが貸金業を開始した1998年，特定非営利活動促進法が施行され，この法律により法人格を得る NPO が続々と設立されました。当時，多くの銀行は，NPO 法人に対して会員が無償で労力を提供し，活動するボランティア団体の法人という偏った認識を持ち，NPO 法人に対する事業資金の融資を積極的に行いませんでした。そこで，注目されたのが市民セクターの，市民による，市民活動・事業のための金融組織，NPO バンクです。未来バンク事業組合をモデルに NPO バンクを立ち上げようという機運が全国各地で起こりました。

2002年には北海道札幌市において NPO の中間支援組織である北海道 NPO サポートセンターが中心になり，日本で初めて貸金業を事業とする NPO 法人，北海道 NPO バンクを設立し，北海道内の NPO 等へ融資を開始しました。2003年には長野県長野市において長野県 NPO センターが中心になり，企業，経済団体，行政等の支援を受けて NPO 法人 NPO 夢バンクを設立し，長野県内の NPO 等へ融資を開始しました。同年，東京コミュニティパワーバンクが，生活クラブ生活協同組合東京の組合員の女性たちにより任意組合として設立されました。

同じ2003年，数々のヒット曲をもつ音楽プロデューサーの小林武史氏，人気音楽バンド Mr. Children のリーダーである櫻井和寿氏，それに世界的なミュージシャンである坂本龍一氏が資金を拠出した1億円の資金を元手にし，環境分野の社会的企業やプロジェクトへ融資による支援を行うための有限責任中間法人（現在は法律の改正により一般社団法人）ap bank を設立しました。環境分野の社会的企業やプロジェクトへの融資業務から始まった ap bank の活動は音楽イベントの開催，農業生産法人への出資，太陽光発電所の運営と事業へと多様化し，今では被災地復興支援のための基金運営，イベント開催，施設やスクールの運営などにも手を広げています。一方，ap bank の原点である，環境分野の社会的企業やプロジェクトへの融資業務を2013年で一区切りを付けて，定期的な融資の公募を休止し，融資を求める事業者等へ個別相談に応じるという方法へ変えています。

2005年に愛知県でコミュニティ・ユース・バンク momo が任意組合として設立され，東海地方の NPO や企業へ融資しています。日本における NPO バンクの先駆者である未来バンクの創業者の田中優氏が，2008年，天然木材を使った住宅建築に対して低利に融資する任意組合天然住宅バンクを設立しました。2009年には福岡県でもやいバンク福岡が，2010年には石川県でピースバンクいしかわが，2011年には富山県ではちどりバンクが任意組合として設立されました。これらの NPO バンクのように市民活動のなかから生まれた NPO バンクの設立経緯とは少し異なるものの，2009年，社会的企業へ融資をする信頼資本財団が京都府で設立され，社会的企業への融資事業だけでなくボランティア団体等への助成事業などを行っています。2010年に設立された公益社団法人難民起業サポートファンドは，日本へ入国し，生活している難民の起業を支援する社会課題に特化し，小規模融資と経営支援を行う NPO バンクです。

(4) NPO バンクを襲った改正貸金業法の問題

NPO バンクの主業務である貸金業は，貸金業法で規定された，総理大臣か都道府県知事の登録により行える事業です。消費者金融で生じた多重債務者問題に端を発し，貸しすぎ規制，上限金利の引き下げ，貸金業者への規制許可などを柱とする，2006年から段階的に施行された改正貸金業法は，消費者金融業者だけでなく，全国の NPO バンクへ大きな影響を与えました。改正貸金業法により，純資産5000万円以上，融資業務経験者の確保，指定信用機関への信用情報の提供と利用などの貸金業登録の要件を新たに課せられました。これら要件を満たせないNPOバンクも出てくるため，全国のNPOバンクが集まって全国NPOバンク連絡会を設立し，金融庁へ改正金融法に対する異議を申し立てました。その結果，特定非営利金融法人として認められたNPOバンクは特例で改正貸金業法の純資産規制や指定信用機関の信用情報の提供と利用といった一部要件を適用除外されました。しかし，NPOバンクも国家試験に合格した貸金業務取扱主任者を常務させなくてはならず，人件費や事業費の増加を強いられました。

市民活動が多様化するなかで資金集めに苦労したり，改正貸金業法施行によりNPOバンクの事業費用が増加したりする状況で，NPOバンクを設立するものの，途中で断念したケースもあります。2005年には新潟県内のNPO支援と，2004年に起きた中越地震からの復興支援を行う，新潟コミュニティバンクが設立されました。事業開始までに時間がかかり，貸金業法の改正などNPOバンクを取り巻く状況も変わり，2011年に解散をしました。2006年には岩手県でいわてNPOバンクが設立されたものの，出資金が集まらず，団体の休眠状態が続き，解散しました。2008年には熊本県でくまもとソーシャルバンクが設立されたものの，貸金業登録が難しく，NPOバンク以外の方法でのNPO支援を探っています。

2　北海道NPOバンクの事例

(1)　資金繰りに苦しむNPOを救え

本節では筆者が理事長を務める北海道NPOバンクの事例を分析します。2001年12月，北海道のNPO関係者が情報を交換するメーリングリストへ金融機関からの借入の難しさを嘆いたNPO代表から投稿がありました。その投稿をきっかけにNPOの資金調達の議論が盛り上がり，このメーリングリストを運営していた北海道NPOサポートセンターが，未来バンクをモデルにNPOバンク設立の検討を開始しました。北海道NPOサポートセンターの役員，職員，新しい社会的金融システムを北海道に作ろうと志した NPO バンク理事予定者，そして NPO 支援に携わる北海道庁職員が立場を越え，NPO バンクを設立する使命の下に協働しました。翌年6月には融資を行う北海道 NPO バンクが設立されました。

NPO 法人は出資という仕組みで資金を集めることはできず，未来バンクのように NPO，市民，企業等から出資を募り，資金を集めるための受け皿として，任意組合の NPO バンク事業組合を同年8月に設立しました。NPO バンク事業組合は資金を将来，借りるかもしれない NPO の代表たちが役員へ就任しました。なお，北海道 NPO バンク理事と NPO バンク事業組合理事の全員が無報酬の理事です。そして翌9月には所轄庁の北海道より NPO 法人の認証を受け，日本初の貸金業を営む NPO 法人，北海道 NPO バンクが法人登記をされました。

北海道 NPO バンクが融資を行うためには，NPO バンク事業組合へ出資を募り，資金を集めなければなりません。そこで，北海道 NPO バンク理事が中心になって道内の NPO，社会貢献を考えている企業や公益法人，NPO 支援に力を入れている行政へ NPO バンク事業組合への出資を勧誘しました。2002年10月の第1回融資までに2000万円を超える出資金を集めました。また，2003年，北海道庁が外郭団体を通じて NPO バンク事業組合へ1500万円を出資し，札幌市が北海道 NPO バンクへ500万円を寄付しました。北海道庁からの出資と，札幌市からの寄付の資金が入ったことで，北海道 NPO バンクという民間と行政の共同出資による道内初となるソーシャルファイナンスのシステムが創られました。

(2)　北海道 NPO バンクの経営体制と業務

北海道 NPO バンクは，**図9-3**のように組合員からの出資によって資金を集める任意組合の NPO バンク事業組合と，資金を融資する NPO 法人の北海道 NPO バンクが表裏一体で NPO への資金融資事業を行っていますが，NPO バンク事業組合と北海道 NPO バンクはそれぞれ異なる理事をメンバーとする理事会を設置しています。融資を受けるために組合員になった NPO の代表者

図 9-3　北海道 NPO バンクの仕組

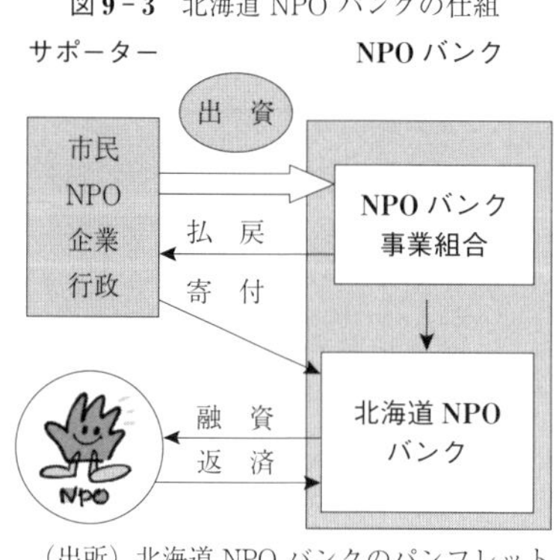

（出所）北海道 NPO バンクのパンフレット（2017年度）より

が NPO バンク事業組合の理事となり，NPO バンク事業組合の統治だけではなく，出資した資金を有効に活用しているか，北海道 NPO バンクの事業をチェックします。それら 2 つの組織の集合体を NPO バンクと総称していますが，法律上，別の組織のため，NPO バンク事業組合が集めた資金を北海道 NPO バンクへ無利子で融資しています。北海道 NPO バンクは寄付や会費等でいただいた資金と事業収益の残余を除き，NPO バンク事業組合からの長期借入金を原資にして，NPO へ融資をします。

北海道 NPO バンクが設立されてから17年経過しましたが，当初の組織構造からは少し修正し，現在は**図 9-4** の構造になっています。北海道 NPO バンクは，会員から委任され経営上の意思決定を行う理事会と，理事会の決定に基づいて業務を執行する事務局に分かれています。北海道 NPO バンクの貸金業務からの収益は限られており，専従職員を雇用できません。そこで，北海道 NPO バンク設立を主導した北海道 NPO サポートセンターへ委託料を支払い，融資の審査と決定以外の貸金業務を委託しています。北海道 NPO バンク事務局の職員には改正貸金業法で設置を義務づけられた貸金業務取扱主任者の試験を受け，登録してもらい，貸金の実務を担ってもらっています。

北海道 NPO バンクは，融資を希望する NPO へ年 4 回の募集期間に融資の申込みをしてもらいましたが，2017年からは通年で融資申込みを受け付けています。NPO が北海道 NPO バンクへ融資申込みを申請するとき，北海道 NPO バンク事務局職員が書類をチェックし，書類等に誤りがあれば何が問題かを申請者へ説明し，修正を助言し，資金を借りることに慣れていない NPO を支援します。

融資の申込みがあれば，北海道 NPO バンク理事会が審査チームを組成します。審査チームのメンバーは，NPO の返済能力を審査できる専門家の審査委

図9-4　北海道 NPO バンクの組織構造と業務

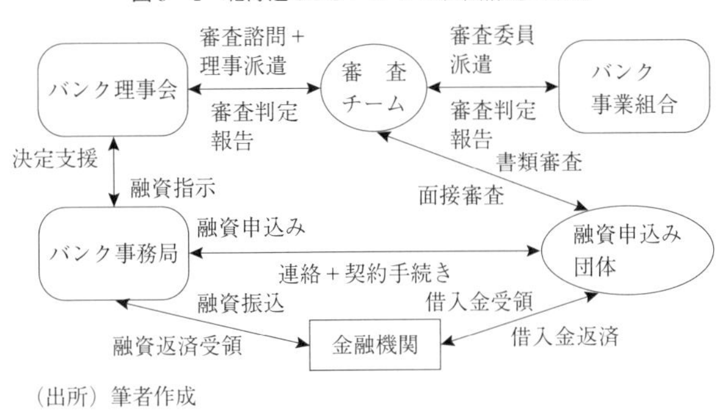

（出所）筆者作成

員2名と北海道 NPO バンクの理事1名から構成されます。審査委員の審査メンバーが中心になり，融資を申し込んだ NPO の申請書類，融資申込書，財務諸表を書面で審査します。書面審査を通過した融資案件に関して，理事の審査メンバーが融資申し込みをした NPO の経営者と面接を行います。面接の結果を審査チームで議論し，最終的に融資して大丈夫かどうかを評価します。融資評価の過程で融資を申込んだ NPO が希望する借入額を減額することもあります。審査チームが下した評価を北海道 NPO バンク理事会へ伝え，理事会はその評価を尊重しつつ融資可否を決定します。理事会が融資を承認したら，事務局は融資先の NPO と金銭消費貸借契約を結び，北海道 NPO バンクが融資先の NPO が指定した預金口座へ資金を振り込みます。

北海道 NPO バンクの融資対象は NPO バンク事業組合の組合員として出資をしている，NPO（法人格の有無を問わず），非営利型一般社団法人，任意組合のワーカーズコレクティブです。2期以上の事業実績がある NPO 等は，限度額の200万円以内かつ NPO バンク事業組合へ出資している金額の100倍まで融資を受け，最長2年間で返済してもらっています。ただし，事業を開始して2年未満の NPO への融資は貸倒リスクを考慮し，NPO バンク事業組合への出資金の10倍を融資限度額にしています。現在は NPO の事業規模の拡大に対応して，過去の取引実績から信頼できる NPO 等へ上限500万円，返済期間最長5年間の融資制度も作りました。融資した NPO 等には年2％の固定金利で元利均等毎月か，元利一括で融資を返済してもらいます。他の NPO バンクのな

図 **9 - 5**　NPO バンク事業組合への出資と北海道 NPO バンクへの寄付の合計の資産推移

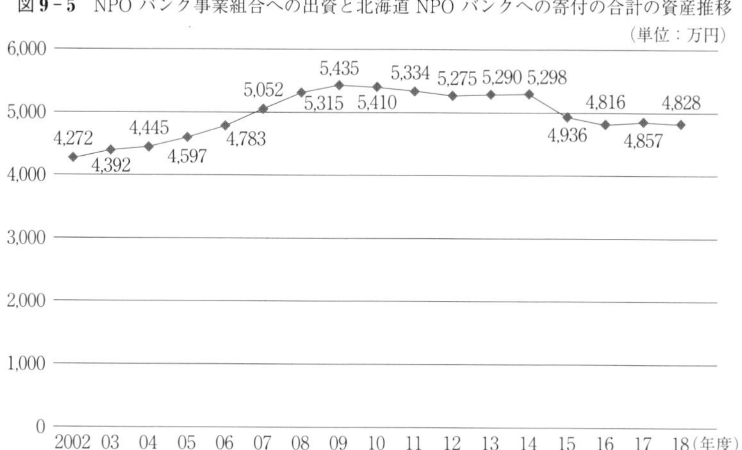

かには寄付等で収入を得て金利０％で融資している団体もありますが，北海道 NPO バンクは年２％の金利収入を組織運営費として使用しています。融資対象は NPO 等が必要とする開業資金，運転資金，設備資金です。融資を受ける際には NPO の代表を含む２名の連帯保証人を付けることをお願いしています。

(3)　北海道 NPO バンクの17年の歩み

2002年10月に北海道 NPO バンクは第１回の融資募集を行い，2019年で17年経ちました。図 **9 - 5** は，NPO バンク事業組合への出資と北海道 NPO バンクへの寄付を合計した資産の推移を示しています。なお，本稿で示した北海道 NPO バンクに関わる各種グラフは事業報告書の数字をもとに作図しています。出資と寄付の中でも北海道庁が外郭団体を通じて出資をした1500万円，札幌市役所が寄付をした500万円と40％強を占めていますが，残りの資金を NPO，市民，企業といった民間からの出資と寄付で集めています。

北海道 NPO バンクは NPO へ融資を2002年から開始し，2019年６月期（2018年度）までの融資総額は３億9367万円，融資総件数は243件に達しています。この間における各年度の融資額推移は図 **9 - 6** のようになります。また，出資や寄付で集めた資産を融資へどれだけ有効に活用しているかを示す１つの指標，総資産額に占める融資額の割合である総資産融資率の推移を図 **9 - 7** で示して

図 9-6　北海道 NPO バンクの融資額推移

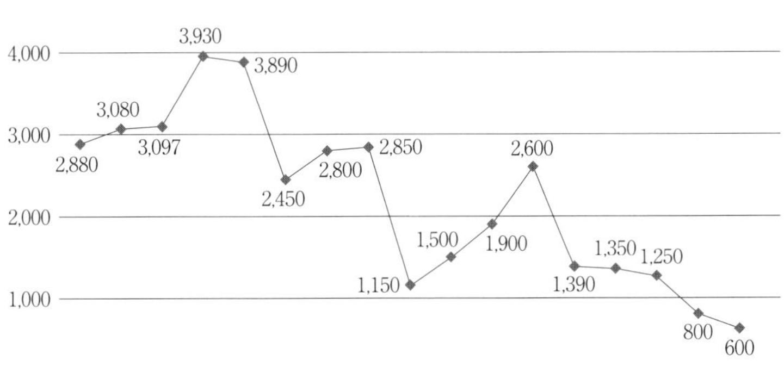

(出所) 北海道 NPO バンク事業報告書より筆者作成

図 9-7　北海道 NPO バンクの総資産融資率 (融資／総資産)

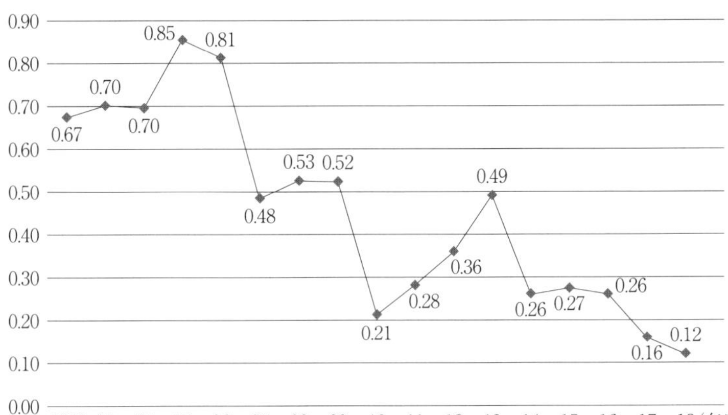

(出所) 北海道 NPO バンク事業報告書より筆者作成

いますが，資産の有効活用も低下しています。

各年度の融資額に関してはばらつきはありますが，長期トレンドで見ると融資額は4000万円近くまで融資が増えた2005年度をピークに減少し，2013年度に持ち直したものの長期低落傾向が続いています。かつては総資産の８割以上を融資していたものの，2017年度以降の総資産融資率は１割台の低水準に落ち込んでいます。融資低迷の理由は，北海道 NPO バンクの融資上限200万円では

図 9－8　北海道 NPO バンクの収支推移

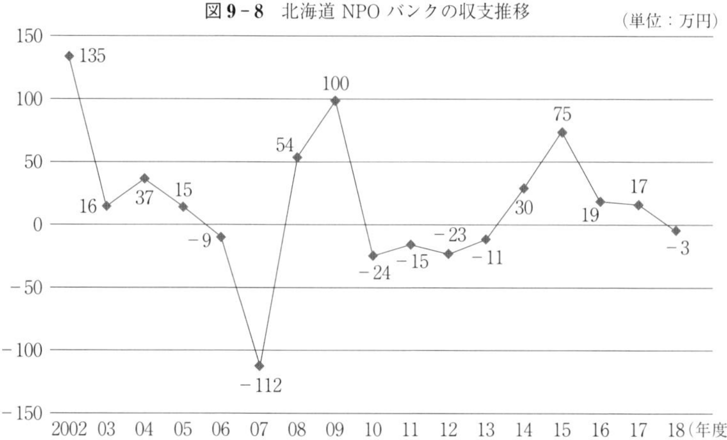

(出所) 北海道 NPO バンク事業報告書より筆者作成

NPO の資金需要に応えられない，政府系の日本政策金融公庫や民間金融機関が NPO への融資を増やしている，行政の委託事業の資金支払条件が NPO へ配慮されるようになった，など NPO が北海道 NPO バンクへ借入を頼らずにすむ，資金調達環境へ変化しているからと考えます。

北海道 NPO バンクが持続可能な経営を行うためには，組織を経営する費用以上の収入を獲得しないとなりません。貸金業を営む北海道 NPO バンクの主要収入は融資にともなって得られる金利収入ですが，日本の低金利政策が続き，金利収入を十分得られず，厳しい状況が続いています。**図 9－8** は北海道 NPO バンクの収支差額の推移です。2007年度の収支における112万円の赤字は，融資した資金を返してもらえず，その貸倒を一括償却したためです。逆に100万円以上の黒字は，大口の寄付収入があった時です。北海道 NPO バンクの収支に関しておおざっぱに言えば，金利収入と会費収入以上に費用がかかり，それを何とか寄付金収入で補填し，資産を取り崩している状況です。

3　NPO バンクを取り巻く環境の変化と NPO バンクの経営戦略

(1)　NPO バンクの外部環境分析

本章の 1 節においては NPO バンクの概要を，2 節では北海道 NPO バンクを事例に説明しました。３節では本章のまとめとして NPO バンクを取り巻く環境の変化と，NPO バンクの経営戦略に関して説明します。環境変化へ適応する，環境を創造するための経営戦略を考える際，通常，顧客（Customers），競争相手（Competitors），協働相手（Collaborators）という組織の外部環境と，組織（Company）の内部環境を分析し，経営戦略を考えます。まず，その分析枠組みに従って分析します。

NPO が社会という環境の中で生き残るためには社会から共感と支持される使命を掲げ，その使命を達成することで社会価値を創出し，社会から信頼されなければなりません。同時に NPO は持続可能な運営体制構築する必要があります。しかし，NPO にとっての外部環境が変化することで，NPO が使命達成で生み出す社会価値を低下させたり，達成すべき使命の意義を弱めたりすることもあります。こうした状況を変えるためには NPO は変化する外部環境へ適応したり，NPO にとって望ましい外部環境を創造したりする経営努力が必要です。

NPO にとって顧客，競争相手，協働相手は外部環境であり，外部環境の変化によっては NPO が行う使命達成にとって機会や追い風になったり，脅威や逆風になったりします。日本の NPO バンクの主な顧客は資金を必要とする NPO や社会的企業です。NPO 法人数に関して特定非営利活動促進法が施行された1998年度の NPO 法人数は 23 でしたが，2019年５月末における NPO 法人は５万1589団体，より公益性の高い認定 NPO 法人は1107団体，合計５万2696団体にまで増えました。この間に事業資金を必要とする介護事業や各種の障がい者支援事業を行う NPO が特に増加しました。さらに行政による NPO の積極的活用の方針から厚生労働省の緊急雇用事業に代表される NPO への委託事業が増加し，事業資金を必要としている NPO は増加しています。したがって NPO バンクの顧客である NPO 等の数が増え，それらの事業者が必要とする資金量も増加しており，NPO 等へ融資を行う日本の NPO バンクにとって追い風になってきました。しかし，近年は NPO バンクが顧客とする NPO 法人数も頭打ちになり，多くの NPO が行っている介護事業や障がい者支援事業の制度改正から収益性を低下させており，NPO バンクの顧客にとって厳しい状況です。

NPOを取り巻く外部環境を構成する第2の要素は競争相手です。同じ間接金融の分野で顧客価値や社会価値を提供する組織が直接的な競争相手になり，代替的な分野で顧客価値や社会価値を提供する組織，例えばクラウドファンディング運営会社も潜在的な競争相手になります。NPOや社会的企業への認知が低かった2000年代前半は，NPOや社会的企業への融資を積極的に行う金融機関は多くはなく，NPOバンクの存在価値は高かったと思います。しかし，政府が出資をする日本政策金融公庫は2008年度からNPOやソーシャルビジネス事業者に対して積極的に融資を行い，NPO法人向け融資が2009年度の20億円から2018年度の87億円へ，NPO法人を含むソーシャルビジネスへの融資は2010年度の294億円から2018年度の834億円へ拡大しています。信用保証制度がNPOへ拡大されたことにより，近年では銀行もNPOへの融資を増やしています。NPOへ融資をする金融機関が増え，ソーシャルファイナンスの環境が改善し，借り手のNPOにとって喜ばしいことですが，NPOバンクからすれば競争が厳しくなったと言えます。

近年ではインターネット上で幅広く資金を集める，クラウドファンディングという新しい金融システムが台頭しています。矢野経済研究所の調査によると2017年度のクラウドファンディング市場は1700億円強で，その9割はソーシャルレンディングと呼ばれる貸付型クラウドファンディングが占めているとしています。貸付型クラウドファンディングはNPOバンクの貸付金利より高いものの，金利次第では今後，NPOへ融資を行う貸付型クラウドファンディングが増加し，NPOバンクの競争相手になるかもしれません。

外部環境を構成する第3の要素は協働相手です。NPOだけでは使命達成や事業に必要な経営資源や能力を十分に有しない場合，他の組織と協力して事業を行います。市民に開かれた，使命達成のために集う自発的，自律的，独立的な専門組織の特徴を活かして，NPOは多様な組織の協働相手になり得ます。2000年に入り，地方自治体などの行政は協働の政策を採用し，NPOのもつ専門性や市民を巻き込んだ活動力を評価し，協働相手としてNPOを選び，事業の委託，指定管理者への指定，補助金で事業の支援を行っています。北海道

NPO バンクは設立前から北海道庁と協働し，その後も環境省，国土交通省が発注した受託事業の一部を担い，資金による環境再生や地域活性化の知見を提供しています。その一方で NPO バンクは貸金業を営むため，監督官庁の金融庁や都道府県庁，日本貸金業協会とも協働しなければなりませんが，NPO バンクにとって規制の強化や負担金の値上げといったマイナスの影響を受けることもあり，NPO バンクにとってよい面ばかりではありません。

(2) NPO バンクの内部環境分析

NPO は使命をもち，その使命を達成するため，NPO は経営資源を調達，展開することで事業を行います。NPO が事業を行う過程で組織の内部環境の変化に対応して体制を見直したり，自ら組織内部に変化を起こして新たな強みを創り出したりしていくことも必要です。NPO 内部の変化が組織の環境への適応や創造へ影響を与えるので，NPO 内部の変化を考慮し，経営資源の調達と展開を図らなければなりません。NPO が使命を達成するため，自ら NPO 内部に革新を起こすことで環境への適応力や創造力を高めていくことも必要になります。そのためには，NPO の経営者は組織内部の分析を行い，組織の強みや弱みを把握した上で使命達成に向けて経営努力をします。

複数の市民が集まり，使命を共有し，経営資源や能力を活用して使命達成のために協働する組織が NPO です。したがって，NPO の事業に関わる役員，職員，ボランティア・スタッフといった組織メンバーの変化が内部環境へ大きく影響します。NPO が事業を行っていく過程で組織内部の経営資源や能力は変化します。NPO に参加し，活動する中で組織メンバーが成長し，個々のメンバーの成長が NPO の発展へ貢献します。人材以外の資金，施設，機材，機器といった物的資源，ノウハウといった情報的資源も NPO の事業を行う過程で変化します。

北海道 NPO バンクに関して言えば，活動をしてきた17年間における組織の内部環境は役員と事務局スタッフの入れ替わりによる変化，運用する資金量の変化，外部環境の変化に適応した経営システムの変化が主なところで，最も大きな変化は人の入れ替わりであったと考えます。北海道 NPO バンクの全役員，そして貸金業務の要である融資審査を担う全審査委員は非常勤，無報酬で本業を別にもっています。したがって，役員や審査員が本業の事情で忙しくなったり，北海道から引っ越したり，当たり前ですが歳を取ったりしたことを理由に北海道 NPO バンクを退会し，その補充のため新たな役員や審査委員を迎え入れています。北海道 NPO バンクの事務局スタッフも，業務委託先の北海道 NPO サポートセンター職員の人事異動により変わりました。北海道 NPO バンクの役員，審査委員，事務局スタッフの入れ替わりのメリットは，新しいメンバーが新たな知識や人脈を持ち込み，北海道 NPO バンクの事業へ貢献してくれることです。一方で，知識と経験豊富なメンバーが北海道 NPO バンクを離れることで，マイナス面もあります。そのマイナス面を軽減するために，顧問職を創設したり，人間関係を継続したりすることにより，意見や助言をもらえる関係を継続しています。また北海道 NPO バンクに関与してくれる新たなメンバー獲得も常に行っています。

(3) NPO バンクの経営戦略

前項では NPO が使命達成のために外部環境や組織の内部環境の変化に適応するか，NPO にとって望ましい環境を創造するかが重要であることを説明しました。こうした組織外部と組織内部の環境に生じる変化への適応や自ら環境へ変化を起こしていくための道筋や方法を経営戦略と呼びます。NPO に限らず組織は経営戦略を立案した上で，計画を立て，事業を行います。そして事業の成果を検証し，成果が上がればその経営戦略を維持するし，成果があまり上がらなければ経営戦略を修正しなければなりません。経営戦略立案にあたって１項と２項で説明したような外部環境と組織の内部環境を分析します。そして，経営戦略を実行するため，経営資源の調達，組織体制づくり，予算，実行スケジュールを含んだ経営計画を立てます。実行した結果は検証し，よかったことと悪かったことを明確にし，悪かったことへの対策を考え，次の目標設定や経営戦略立案へ活かします。

まず，顧客，競争相手，協働相手といった外部環境を分析することで，NPO の経営にとって機会やプラスになる要因と，脅威やマイナスになる要因を見つけます。一方で NPO の内部環境分析を行い，経営資源と組織能力の特徴，強みと弱みを評価します。そして，**図9－9**のような SWOT 分析を使って，NPO にとって機会になる要因に対してその NPO がもつ強みを活かした経営戦略を立案します。一方，NPO の強みを活かして外部環境の脅威やマイナス要因を機会やプラス要因へ転化したり，もしくは脅威やマイナス要因を減じたり，外部環境の機会を活かして NPO の弱みを克服したりする経営戦略も考えられます。

図9－9　SWOT 分析による経営戦略づくり

組織の内部環境 ＼ 組織の外部環境	機　会	脅　威
強み	強み×機会	強み×脅威
弱み	弱み×機会	弱み×脅威

（出所）グロービス・マネジメント・インスティテュート編著『新版マネジメント・ブック』（2002）をもとに筆者作成

北海道 NPO バンクは設立時から，協働している北海道 NPO サポートセンターのネットワーク，情報，ノウハウを借り，不十分な経営資源や組織能力を補っています。貸金業の中核業務である審査業務のノウハウも不十分でしたが，北海道 NPO サポートセンターの口利きで，北海道労働金庫，会計士や税理士の専門家へボランティアとして北海道 NPO バンクへの協力や参加をお願いできました。そして，NPO 法人増加という事業機会を，専門知識をもつ無償ボランティアや NPO に関する豊富な情報を有する強みを活かして活動し，実績を上げてきました。北海道 NPO バンクは助成金や受託事業を獲得し，調査事業等を行い，組織能力を向上させています。2006年度には北海道労働金庫から助成金を，2007年度と2008年度には三菱 UFJ リサーチ＆コンサルティングから受託事業を，2015年度には年賀寄附金配分事業の助成を受け，調査業務やモデル事業を行いました。こうした受託事業は利益を残せないため，北海道 NPO バンクの財政基盤強化にはつながりにくいのですが，助成事業や受託事業の実績は団体としての経営力を示す材料になる一方，これらの事業を通じて役員，審査委員，スタッフが新たな専門的知識と能力を獲得し，組織能力向上へつながるので，今後も積極的に助成事業や受託事業を行います。

しかしながら，近年北海道 NPO バンクは他金融機関の NPO への融資拡大という脅威に直面するものの，強みによりその脅威を緩和できず，融資を減少

図 9 - 10　成長戦略

新品・サービス ＼ 市場・顧客	既　存	新
新	新製品 開発戦略	多角化 戦略
既存	市場浸透 戦略	新市場 開拓戦略

（出所）アンゾフ『企業戦略』(1969) をもとに筆者作成

させています。現在，個々の市民や組織が物を所有せず，他の市民や組織が所有する物を必要な時に共有する，シェア経済が進行しています。シェア経済という経営資源や能力が社会化される時代，経営資源と組織能力をシェアし，北海道 NPO バンクの強みをいっそう強化し，弱みを克服することが，新たな事業機会の獲得や脅威への対応に対して重要になるでしょう。

SWOT 分析を行った上でどのような経営戦略を採用できるかを踏まえ，次に NPO がどのような方針で事業を進め，成長，発展していくか，成長戦略を決めます。成長戦略を考えるため，**図 9 - 10** のように製品・サービスと市場・顧客の 2 つの視点で，4 つの成長戦略を考える枠組みを示します。

NPO バンクにとっての既存の製品・サービスは資金の融資サービスで，既存の市場・顧客は資金を必要とする NPO やワーカーズコレクティブです。NPO バンクが新しい金融サービスを提供できるかを検討し，それが可能であれば新製品開発戦略を採用します。例えば，資金支援だけではなく人材紹介など他の経営資源の支援も考えられますし，資金管理に関わる会計支援なども相乗効果があり，よいかも知れませんが，経営資源や組織能力を潤沢にもたない北海道 NPO バンクにとって過度の負担を伴う新しい製品・サービスを提供するのは難しいです。

NPO バンクが新しい市場・顧客を開拓できるかを検討し，それが可能であれば新市場開拓戦略を採用します。日本の NPO バンクは融資に関して NPO やワーカーズコレクティブに限定している団体，社会的弱者が行う事業に限定している団体といったように多様ですので，融資先の対象を拡大したりすることもあり得ます。また，ある地域で成功した NPO バンクが営業地域を拡大することもあり得ます。こうしたことから NPO バンクは市場開拓戦略も可能かも知れませんが，北海道 NPO バンクは団体の使命である北海道内の NPO への支援を重視し，新たな市場の開拓には保守的でした。そのため，北海道 NPO バンクは新しい金融サービスを新しい顧客へ提供する多角化戦略もこれまで考えていません。

前述の理由から北海道 NPO バンクはこれまで貸付サービスを変えず，顧客対象も北海道内の NPO 等から変えない市場浸透戦略をもとに発展を目指しました。ところが NPO 等への融資が減少したことから，2017年に北海道 NPO バンクのサービスを拡充しました。北海道 NPO バンクはこれまで融資申込みを年4回，特定期間に募集していましたが，顧客の利便性を考え，営業日ならいつでも申込みをできるようにし，利便性を高めました。そして，優良な貸付先に対して一般融資の上限を500万円，返済期間を5年間へ，短期小口融資制度も上限を100万円，返済期間を6カ月へ引き上げました。さらに NPO で社会起業をするか，社会起業して1年以内の NPO に対して起業に特化した創業支援金融資を新設しました。融資の審査からその後の融資回収まで，既存の一般融資とは異なった，リスクを取って支援を手厚く行う，社会起業への融資に力を入れていく市場浸透戦略により，新たな顧客獲得を目指しています。

(4) NPO バンクによる新たな社会革新に向けて

2節では北海道 NPO バンクの沿革をたどり，以前と比較して融資が少なくなってきている現状を示しました。その理由は3節で示した，NPO バンクを巡る外部環境，特に顧客である NPO の資金需要の変化，NPO に対する他金融機関の融資方針の変化にあります。しかしながら，日本の NPO バンクの多くは NPO へ事業資金を融資する，たんなる貸金業者ではなく，社会の資金の流れを変え，より良い社会づくりをしようという使命をもち，設立されました。事業資金の融資はより良い社会づくりの手段の1つであり，NPO バンクとしてまだ行えることがあると考えます。その1つが休眠預金等活用という新たな機会出現への対応です。

2016年12月，通称，休眠預金等活用法が国会で議決されました。休眠預金等活用法は10年間取引がない金融機関の口座に残る預金を活用して民間の公益活動へ助成，融資，投資を行う制度と事業の根拠となる法律です。金融庁の調査によれば2008年度から2017年度の間で年平均1063億円が休眠預金として発生し，一方年平均439億円の休眠預金が預金者へ払い戻され，その差額は624億円にもなります。その休眠預金の差額を金融機関の収入にするのではなく，民間公益活動を行う NPO 等や社会課題をビジネスで解決するソーシャルビジネス事業者への助成，融資，投資に使用できる資金源にしたのが休眠預金等活用の制度です。同様の制度を既に実施している英国や韓国を参考に，日本でも制度化され，2019年度から休眠預金が活用されます。2019年度に年間30億円の休眠預金を使い，NPO 等へ返済不要の助成事業が開始されますが，近い将来，休眠預金活用が融資や投資にも拡大された時，NPO 等へ融資してきた実績をもつ NPO バンクにとって新たな事業機会になり，使命達成とさらなる発展につながると期待しています。

NPO が資金を活用して，組織の使命を達成しようとする限り，資金調達は不可欠です。NPO バンクは社会の変化，経済の変化，フィンテック（金融技術）の進化とともにその立ち位置や提供する金融サービスを変えるかもしれません。しかしながら，新しい社会の制度，仕組み，技術を活用し，「志ある資金」を，志をもつ NPO へ仲介する金融機能は社会に必要です。NPO バンクは市民の資金により NPO の資金調達を支援する，ソーシャルファイナンスの団体として存在し続けたいと思います。

注

(1)　未来バンク以前にも片岡勝氏が中心になって立ち上げた市民バンクと呼ぶ，永代信用金庫（当時）と連携した，社会性を重視した融資の仕組みはありました。この仕組みにおいて市民バンクが資金を集め，貸し出すわけではないため，NPO バンクに含めていません。

(2)　内閣府が三菱 UFJ リサーチ＆コンサルティングへ委託した「我が国における社会的企業の活動規模に関する調査」報告書（2014年）の推計を引用しています。
https://www.npo-homepage.go.jp/uploads/kigyou-chousa-houkoku.pdf

第10章

ソーシャルメディアと市民放送局

ポイント：世論形成を担うジャーナリズム媒体として我々に広範囲に影響力をもつマスメディア信仰は現在も多くの人々の間に確実に残っています。その一方で，近年は，多様化し重層化したコミュニティ単位での独自なコミュニケーションを渇望する声が増えています。このコミュニケーションへの期待の大きさゆえに，既存のマスメディアでは機能しないという声も多く聞かれるようになったことは事実です。

本章でとり上げている「コミュニティメディア」「市民メディア」「地域メディア」という言葉は，総じて「ソーシャルメディア」と括ることができます。このソーシャルが内包するコミュニティとは共同体や地域という小さな単位を意味するのですが，その単位が独自のコミュニティ・コミュニケーションを構築し，さらに内外に対して受発信スイッチの開閉を常時行っていることに注目が集まってきました。それが予想外に大きなパワーをもつことも認知され，とりわけ現代社会においては必須のものとなり，その担い手である新たなメディアも次々と生まれています。他方，どんどん巨大化し続ける「マスメディア」は，市民的な公共性とはどんどん距離を置く旧態依然とした存在と言われ始めてきました。

本章ではこれらの社会的な文脈の上に，映像，音声，活字媒体，そしてそれらを併せもち広範囲に伝搬するインターネット等を駆使する市民及び，そのコミュニケーションツールの存在価値を，コミュニティメディアの種類における概念的な整理から，歴史的な推移，さらに海外におけるパブリックアクセス事例も引用しつつ，コミュニティ放送の実態や法制度，伝送路の多様化議論と合わせた課題提起とともに今後のソーシャルメディアの可能性の提示を試みています。

1　ソーシャルメディアとは何か

最初にソーシャルメディアの位置づけをお話しします。図 **10－1** はソーシャ

図 10-1　ソーシャルメディア概念図

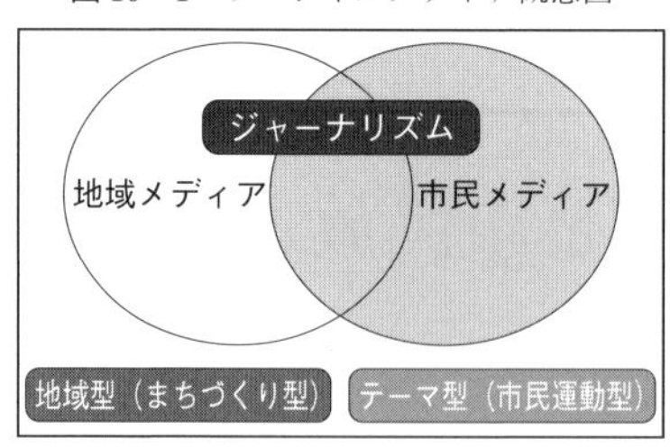

ルメディアを語る際に基礎となる概念図です。少し整理をすると，コミュニティメディアのコミュニティとは共同体や地域という小さな単位のことです。いわゆるマスメディアとはオルタナティブな位置関係にあります。その中でソーシャルメディアというものを捉えるときに，大きくは生活圏を主体にしたまちづくり系の「地域メディア」と，特定の地域にとらわれず理念が先行するテーマ型の「市民メディア」に分けられます。本章で語るソーシャルメディアはこの両方を含みつつも，公共的な或いは非営利性を意識した市民メディアを中心に考えていきます。

ソーシャルメディアを市民公共性の観点から考えると「市民メディア」という呼び方に重なります。この市民公共性はハーバーマスの「初期の近代資本主義の発展は，公衆の討論の場を自律した領域として成立せしめた」という文言に端を発しています[(1)]。そこで行われた討論が，メディアとしての新聞の発生などを契機に，政治的事項を批判的に論じる新たな公衆を作り上げていった，という点に関連します。実際は，歴史的及び規範的な立場においてハーバーマスは多くの研究者に批判されて来ましたが，カランは，ハーバーマスの提示した市民的（民主的）メディアの役割を再評価しています。彼は「そこでの議論が国家の支配から自由で，公的討論に参加するすべての人々が平等な立場であるような中立的なゾーン」としての公共的なメディア空間を理想としました[(2)]。すなわち，制度として上から与えられた公権力支配的なコミュニケーションの場ではなく，メディアを介して作り上げる市民主体によるコミュニケーション，討論の場を評価したのです。

したがって，このソーシャルメディア，市民メディアは，市民ジャーナリズム，参加型メディア，民主的メディアといった概念と関連しています。そして現在，市民メディアは，印刷物に始まりテレビ，ラジオ，電子メール，SNS 等の多様な媒体やインフラを通じて活動しています。

2　ソーシャルメディアの歴史と種類

日本において現在あるような市民メディアとしての歴史・ルーツはそれほど古くはありません。当然のことながらその時々の主要媒体が関係しますが，最初は市民の手による少部数の自主制作紙媒体から始まったと考えるべきでしょう。目的は様々ですが，19世紀の自由民権運動に象徴される政治運動型の新聞，さらに1960年代～70年代に活発になった政治・学生運動におけるミニコミ誌やアジテーションの紙媒体，その延長で80年代から盛んになってきた社会課題に対しての市民型政治運動から社会活動における広報誌，さらに多様化した趣味の同人誌，フリーペーパーと，この紙媒体の流れは他のメディアに置き換えられつつ現在に至っています。

また音声媒体という視点で見ると，1960年代に有線放送電話（これは日本電信電話公社による一般加入電話の普及以前）が農山間部を中心に，ある意味強制的な全戸一斉放送のインフラとして整備されました。その内容は行政告知情報が中心でしたが，なかには自主制作番組もありました。それとは別に街頭放送（有線ラジオ放送）は現在でも防災や商業目的で残っている地域も多くみられます。

また，映像媒体として農村型 CATV が山間部など難視聴地区向けの共同受信設備として存在しました。代表的なものは1963年～1966年まで存続した郡上八幡テレビ（現岐阜県郡上市）で，これは日本初の市民型の自主制作，自主放送でありＣＭ制作も行っていました。一方，都市部は既にマスコミが流す情報の独占状態でした。この当時の都市部と地方との情報，媒体格差は現在と比較しても考えられないものがあります。(3)

1970年代に入るとミニ FM 局が多数誕生します。ほとんどが市民の自宅から簡易な送出機能をもったラジオによって発信され，免許を要しない分，電波の範囲も数10m と限られたものでした。しかし1980年代には推定2000局を超えたとも言われています。その中には欧州の自由ラジオに触発された政治的・社会的なメッセージ性の強いものも存在していました。(4)その後これらの個人メディアの多くはパソコン通信やインターネット普及による個人サイトの登場でブームは終了したかにみえましたが，一部のミニ FM 局は制度の普及とともに政府認可型のコミュニティ FM に移行していきます[5]。

国外に目を向けると，市民ラジオのルーツと言えるものは，1950年代のボリビア鉱山の過酷な扱いに対する先住民労働者の組合運動の発信ツールとして始まったラジオ放送と言われています。現在のように弱い立場のマイノリティが自らの主張を社会に発信する機会の確保のために行った先駆けでしょう。それ以外にも，キューバにおいて革命軍が政治放送をする媒体として1958年２月24日，チェ・ゲバラの発案により，マエストラ山脈のキャンプから，ラジオ放送が開始されました。ちなみに，放送局の名前は「ラジオ・レベルデ（反逆者）」でした。

1980年代から現在にかけて，先進国による途上国地域に対しての搾取が加速し，いわゆる南北格差の拡大が起こりました。その影響でコミュニティの崩壊，紛争の頻発，貧民や難民の増加，人種差別，暴力の増加等様々な課題が国や地域を問わず頻発してきました。しかしこのような「マイノリティ（声無き人々）」の声はマスメディアからは伝わりづらく，彼らの社会参加の声を伝えるために市民メディアの必要性が叫ばれてきました。

3　パブリックアクセス

(1)　パブリックアクセスの概念と歴史

市民メディアを語る際に欠かせないものとして「パブリックアクセス」という考え方があります。このときに使われるパブリック（公共）の意味は，政府や公的機関から与えられる上意下達的な公共（official）ではなく，社会の共有資源（common），誰もがアクセスすることを拒まれない空間や情報（open）という概念，つまりコミュニティが共有している資源・財産・制度・情報・空間を表しています。特に公開を意味する「open」は公共的なものが担保しなくてはいけない性質のものです[6]。

ハーバーマスの市民公共圏の成立原理は平等性，公開性，自律性です。平等性とは社会的地位を意識せず誰もが議論参加できることです。また自律性は権威や権力に縛られずに自ら調整（コントロール）機能をもつことです。公開性は全ての人に議論の場が開かれていることです。メディアに置き換えて考えると，そのコミュニケーション空間は平等な，自律的な，オープンな場であるのかという問いが当然生まれてきます。したがってメディアを考察する際には，基本的に社会全体のためになっているか，一部の権力や組織に偏っていないか，市民の声を伝えているか，恣意的に操作していないか，という問いかけになります。

ここで改めてパブリックアクセスとは何かを考えてみたいと思います。それはすなわち市民からの情報発信の手段としてメディアへのアクセスを可能にすることであり，市民が公共的にメディア・コミュニケーションにアクセス可能な（情報に接近し呼び出す）権利のことです。市民のメディアへのアクセスを保障する制度や，一般市民が自主的に番組作りに参加する市民メディア活動そのものを指すこともあります。

そもそもパブリックアクセスの端緒は何であったのでしょうか。一般的には，1960年代の米国における公民権運動に代表される市民運動が発端と言われています。米国の黒人が，人種差別の撤廃と，憲法で保障された諸権利の適用を求めてキング牧師を中心に展開した運動のことです。歴史的には1954年に最高裁で，公立学校の人種分離教育への違憲判決が下されたのを機に高まりを見せ，1964年から翌年にかけて公民権諸法が制定されました。その後，消費者運動，労働組合，ベトナム反戦，反公害，学生運動等の団体に広がり放送行政にもこれらの市民運動が大きく影響しました。

その後米国ではパブリックアクセスがチャンネル化されます。1984年にケーブルテレビ法が制定され，ケーブルテレビ企業は視聴料の５％をパブリックアクセス・チャンネルに拠出し，利益を地域に還元することが義務づけられました。地域行政はケーブルテレビ局に対して，PEG（市民，教育，政府）と呼ばれる３種類に対するアクセスを義務づけることができます。この「アクセス」には，チャンネルや放送時間を提供するだけでなく，番組を制作するための施設，機器やトレーニングなども含まれています。米国やドイツ等においては，情報発信できる権利，すなわち「アクセス権」が確立しています。そのため市民が放送に携わるために，アクセスセンター（メディアセンター）を設置している地域も少なくはありません。これらのアクセスセンターでは，誰もが自由にメディアの担い手となれるよう，パブリックアクセスの歴史や必要性を説く公開講座を設け，市民向けのワークショップを定期的に開催しています。市民が気軽に映像制作について学べるよう工夫（トレーニング）がされています。規模は国や地域によって違いはありますが，財政的には多様な助成や基金，公共放送の受信料などによって運営しているセンターが多くみられます。[(7)]

(2)　パブリックアクセスへの展望と課題

残念ながら日本では電波を市民が分かち合う制度も法律も欧米のように整ってはいません。そのため公式な制度として保障されたパブリックアクセスはまだ存在しないのです。地域のコミュニティ放送局やケーブルテレビ局などの一部が市民団体等との交渉により，自主的に住民参加の番組作りの場を「提供する」ケースは見られます。ただし，当然ながら放送事業者主導のコミュニティ・チャンネルの域を超えていないのが実情です。

特に日本におけるマスメディア（地上波テレビ，ラジオ等）へのアクセスは，既得権放送局や行政（旧郵政省　現総務省），政治家，経済界に囲まれたシステムです。したがって，視聴者が参加可能な番組は放送事業者が制作した番組の部分素材にすぎないし，放送局側の選択意思が働くことは当然です。このように我が国にパブリックアクセス制度がないため，やむを得ずマスメディア以外のメディア（CATV・コミュニティ FM・インターネット等）の中にパブリックアクセス・チャンネル的なものを作りあげたとも言えます。

そのなかでインターネットがパブリックアクセスにもたらした利点に注目してみたいと思います。「ソーシャルメディアの歴史と種類」でも述べましたが，インターネットとブロードバンドの発展により，市民制作の番組は域外，世界へと発信可能になりました。ハイパーリンクにより，地上波放送とは違った時間と空間の制約がない常時視聴可能なメディアに昇華しました。本来ローカルな位置づけに留まってきたパブリックアクセスが「地域コミュニティ」「専門コミュニティ」「マイナーオルタナティブ（少数派のもう1つ別な活動）」へと発展拡大してきました。もともとネットへのアクセス（接近・接触）は能動的な動作，文字通りアクセスすることが必須であり，そこに利用者側の自律や意思決定との親和性がともなったともいえます。

4　市民ジャーナリズム

(1)　市民ジャーナリズムの台頭

ジャーナリズムへの市民参加という点において，19世紀の欧州では市民（ブルジョア）が言論による社会変革を求める手段として新聞が有効に使われました。20世紀に入ってからはいわゆるプロ（職業）としての記者やジャーナリストの登場によってマスコミが発達しました。このことにより市民型のコミュニティ・コミュニケーションと権力の強いマス・コミュニケーションが分離していきました。1990年代に入ると，一部の NPO や NGO による市民主体の社会活動組織がコミュニティ・コミュニケーションを超え，インターネット利用の市民参加型ジャーナリズムを展開していきます。さらに21世紀に入って，ブロードバンドの常時接続が可能になり現在広く行われている市民ジャーナリズムが誕生していきます。賛否はありますが，2 ch（現 5 ch）等の匿名掲示板による内部告発やウィキリークスを使った世界規模のものまで様々に拡大しています。

同時に個人ブログやツィッター等の SNS による市民ジャーナリズムも日々拡がっています。そしていま，数多くの市民ジャーナリストがネットを中心に活動しています。ただし，趣味領域の個人ブロガーと違い，仮にボランタリーな市民記者であってもジャーナリストとして発信する記事に責任をもたなければならないことに違いはありません。

では，市民ジャーナリズムの情報発信は既存のマスメディアに匹敵する存在に至っているでしょうか。やはり職業ジャーナリストは組織力や調査報道における優位性，言い換えれば一般の人が簡単にアクセスできない機会や手段をもつ点で有利かもしれません。一方で現在の調査報道は発表報道，官依存，記者クラブ中心になっていないか，という批判もあります。ただし個人ブログやツィッター等の SNS による市民ジャーナリズムも実際は，マスメディアの発信ソース（ニュース）に依存するコメントという 2 次的なジャーナリズムの域を出ていないという批判もあります。

市民ジャーナリストを否定することはもちろんできませんが，職業ジャーナリストとのスタンスの違いは指摘できるかと思います。すなわち専門家として市民と向き合うのか，同じ市民として（他に）向き合うのかの相違はあります。市民メディア活動にみられるような現代のパブリック・ジャーナリズムは一部の市民リーダー集団が主体になるものが多く，多様な理念をもつ市民全体が自由参加する形にはなり得ない排他性の強さを懸念する動きもあります。しかし，誤解を恐れずに言えば，マスメディア型の客観報道による世論形成が必ずしも有効ではない市民ジャーナリズムの世界は存在します。敢えて主観的なスタンスをもって主張するが排他性を避け，かつ一方向，画一性に対して市民との対話型，双方向性議論や多様性へ発展させるものです。その意味では前述したインターネットは双方向性を可能にするメリットがあります。

基本的にマスメディアが強いて継続的に取り組まない社会的課題を扱ったり，マスメディアの一方的な報道では合意形成が困難な問題の解決を促したりします。また市民レベルでの社会的な討論や合意形成の必要な課題は数多くあります。例として人口問題，・環境エネルギー問題，多民族共生の問題，コミュニティの再生・まちづくり問題，世代間・ジェンダー間の問題，高齢者問題・福祉問題等です。

したがって，議論やコミュニケーションへ発展する可能性とネットワーキング，エンパワーメント追求のための発信という点で，これまで受け入れてきたジャーナリズムというものとオルタナティブな市民型ジャーナリズムの関係性は，そのままマスメディアと市民メディアのスタンスと同じであると言えます。

(2)　媒体別の市民ジャーナリズム

新　聞

日本は元来マスメディアへの信頼性が高い国ですが，市民メディアとの新たな共存関係構築は注目に値します。特に活字媒体の代表である新聞は全国的に部数も収益も頭打ちであり，一部のローカル紙は市民メディアとの関係で新たな事業モデルを模索しています。

例として上越タイムス（新潟県）は数年前から紙面の一部をNPO法人に委ね，市民の責任編集形式をとることで地域密着に成功し，かつ発行部数の拡大に大いに貢献しています。このように新聞が市民との連携を通して言論空間を取り込むことで市民参加型ジャーナリズムを事業化するモデルが必要になってきました。ローカル紙（あるいはローカル局）の位置が以前のマスコミ的中央主導では限界になってきていると感じます。北海道北見市で発行されている日刊のタブロイド版新聞『経済の伝書鳩』は地方紙のクオリティを保ちながら約9割の世帯配布率を堅持し，地域のジャーナリズムを先導しています。これもある種の市民型ジャーナリズムを成立させている例でしょう。

映　像

1970年代後半に入り，簡易なポータブルビデオシステムの登場にともない市民も動画撮影が可能になりました。1980年代後半になると，取材，撮影から編集までを1人の記者が担うことも可能となり，プロだけではなく市民もその活動に参加を始めます。さらにフォトジャーナリストからビデオジャーナリストに移行していきます。このような動きの中で2000年代に入りブロードバンドの普及に伴いインターネットで映像を配信する形態のYou Tubeやニコニコ動画，U-stream，LINE LIVE等の動画が新たな映像メディアを通して拡大してきました。むしろマスコミが動画サイトの市民ソースを番組に取り入れる時代になっています。マスメディアとりわけテレビはこのような動画共有サイトとの連携型事業モデル構築を図りながら生き残りを模索しています。ただし，市民ジャーナリズムの問題提起を継続的にマスメディアが汲み取る協働体制というよりは，現状「番組ソースとして利用する」関係に終始しています。現在，映像記者はプロの活字，フォトおよびビデオジャーナリスト以外に市民運動家，研究者，一般市民とその種類は多様です。しかし，市民ジャーナリストも商業メディアのジャーナリスト同様，その発信内容に責任をもたなければならないことは必然です。

音声メディア

「ジャーナリズム」という言葉は，コミュニティメディアとしてのコミュニティ FM の世界では懐疑的なものでした。さらにマスメディアのプロのジャーナリストからは技術や倫理，機動力という点で，コミュニティ FM 局の市民参加レベルでは不可能であると思われて来ました。しかし，実際には日本のコミュニティ FM はニュース送信に多くの時間を割いており，災害時に力を発揮している事実は周知の通りです。畑中（2017）は，コミュニティ FM 局もジャーナリズムを担えるし，それは権力を監視する「番犬ジャーナリズム」ではなく，地域の一員としての役目を担う「隣人型ジャーナリズム」である，と言っています[(8)]。

5　非営利組織のメディア戦略

非営利組織（nonprofit organization）とは，本来営利を目的としない，不特定多数の者の利益（公益）に資することを目的とする組織（団体）のことです。ただし政府組織は含みません。第１章でみたとおり，広義では，利益の再分配を行わない組織・団体一般（非営利団体）を意味します。この場合の対義語は営利団体，すなわち会社（会社法による）などです。組織例でいいますと，社会的支援活動団体・学校・病院・介護施設・職業訓練施設等の運営団体が該当します。また法人例では，財団法人，社団法人，学校法人，社会福祉法人，職業訓練法人，宗教法人，特定非営利活動法人（NPO 法人）等があります。また狭義では，各種のボランティア団体や市民活動団体を意味し，さらに狭く「特定非営利活動法人」を NPO と呼ぶ場合もあります。「特定非営利活動促進法」によって国，又は都道府県に認証を受けた NPO を通称 NPO 法人と呼んでいます[(9)]。特徴としては理念型であり，その意思や目的に呼応する有志が集まって組織されているものです。

一方で「社会的企業（Social Enterprise, Social Entrepreneurship）」が昨今注目

されてきました。この組織は，社会問題の解決を目的として収益事業に取り組む組織であり，これをソーシャル・ビジネスと呼びます。社会的企業の中には株式会社の形態を取るものもあります。ただし，社会的企業は社会的課題の解決をミッションとしています。たんなる営利企業とは異なり，利潤の最大化が目的ではなくミッションの達成を優先している特徴があります。

我が国は，とかく組織形態としての非営利性ばかりに注目が集まる傾向がありますが，C. ボルザガ／J. ドゥフルニ（2001）は「各国ごとに異なる多様な法人形態（協同組合・アソシエーション等）」となることを許容し，「利潤を分配せず，企業としての社会的目的を達成するための再投資」を行う組織として認めています。

マスコミにおいて，商業メディアの膨張したなかでの米国の公共放送や，国家，官僚的に管理された反動から商業化した欧州メディアと比較して，日本は大きく違っているでしょうか。そのなかで，市場競争とは離れた財源確保を可能とする非営利型・非営利的（社会公益型）メディアの登場が進んでいます。いわゆる自発的な発信者（たんなる受け身とは違う）市民の登場がそこを後押ししています。

前述した米国の CATV に代表されるパブリックアクセス・チャンネルや日本各地の CATV のコミュニティ・チャンネル，インターネット（HP・ブログ・インターネット動画・ツィッター，ライン，インスタグラム等の SNS による発信）を利用した市民メディアが存在します。とりわけ注目したいのが昔ながらの音声電波媒体であるコミュニティ FM ラジオ（コミュニティ放送）です。詳しくは後程述べますが，コミュニティ放送の場合，収益や運営の人的資源の動員の次元で“社会的な支援（サポート）”に頼らざるを得ないことから営業優先主義では運営しづらい側面があることは事実です。ただし現実として地域活性など社会的事業としてコミュニティ放送は継続しています。この放送に携わるものは基本的に，地域の生活者，住民であり，規模の大小や直接間接を問わず，市民のボランティア参加形式をとる局も数多くみられます。

基本的に，非営利組織のメディア戦略に重要なものは以下の７つの項目に集約されると考えています。

① 発信を通じて共感する仲間を見つけ，それを拡散していくこと
② 人々が飢餓感や疎外感（少数派）からの脱出を促すよう心がけること
③ 機会によっては物理的（金銭や資源含め）な協働・協力・サポートをすること
④ 相互理解や励まし合い（共助）を行うこと
⑤ コミュニティ（理念型も地域型も含め）の構築を積極的に行うこと
⑥ 人々や組織に自信を付与（エンパワー）すること
⑦ 継続的な議論の場を提供し，課題解決へのベクトル構築を行うこと

ただしメディアの種類に関係なく，非営利組織のミッションやスタンスにマスメディアのような広域広報性がプラスされたらどんなに効果があるかと思います。

6　ソーシャルメディアとしての市民放送局

本章の冒頭でも示したように，ソーシャルメディアは地域型と市民運動型という立ち位置の違いはありますが，重要なのはコミュニティのコミュニケーションを媒介することです。その意味ではコミュニティ放送に差異はありません。最近では若者のラジオ離れや，旧態メディアと揶揄されることもあるこのラジオという電波媒体がソーシャルメディアになぜ馴染んだのでしょう。コミュニティメディアはラジオ以外にも種類，内容ともに多様であることは間違いありません。ここでは近年ソーシャルメディアとして見直され，普及が進み始めているラジオの携帯性，簡便性を優位性と捉えています。事実，国内に限らず，世界中でラジオと言う音声媒体の利用頻度は高いと言われています。もちろんインターネットの普及など他媒体の特性も無視はできませんが，ラジオにはその操作性，経済性，無線電波ならではの可聴範囲の広さ等が老若男女に受け入れられてきた事実に着目します。

市民放送局として認知度の高いコミュニティ放送は一般的にはコミュニティFM と呼ばれています。1992年に国によって制度化された超短波放送用周波数

(FM) を使用する放送局のことでFM電波放送を行う一般放送事業者のことです。「県域放送」とともに,「コミュニティ放送」も放送免許を必要とする基幹放送局として認められています。総務省の定義によれば1つの市・町・村・区（政令指定都市）の一部の区域（当該区域が他の市区町村の一部の区域に隣接する場合は，その区域を併せた区域を含む）における需要に応えるための放送のことです。本来，地域社会とともに語られ，市町村の商業，行政情報や地域情報に特化して，その地域の活性化に役立つような放送局を目指すことを目的に制度化されました。しかし，近年では防災情報や災害情報，地域の様々な課題についても放送を通じて貢献していると評価されています。加えて，公共的な市民参加のコミュニケーションツールとしての動きも活発です。

2019年12月20日現在，全国の都道府県に332局（NPO法人33局含む）が存在しています[10]。この放送局の市民参加を促す過程としては，長く市民に役立つように行政はもちろん，できるだけ多くの市民や地元の企業に協力を要請することが重要になります。コミュニティ放送の運営には，市民参加を促すという点で多くのボランティアが参加しているケースがみられます。ただし運営側も参加側も依存と排他を繰り返さないように，近年では従来の放送ボランティア（参加，奉仕）スタイルから，放送サポーターという自律的な支持者，支援者，支え合い協働する仲間というスタイル（考え方）への転換がなされています。CM制作も含め，地域の人材を活用した自主制作の独自番組が特徴となっています。

現在，地域における「社会的なメディア企業」として，言い換えれば地域や市民の課題を示し，それに応える努力をする企業・組織と定義することも可能です。これはたんなる社会貢献的な意味とは違い，前述した社会的企業のミッションに近いでしょう。このようなスタンスのメディアとして，地域に支えられる意味を明確にすることで，地域に必要不可欠な存在，持続的に支えるに足る存在としてその位置づけが明確になると考えます。

ここで市民運動型メディア（市民メディア）としてのコミュニティ放送について考えてみましょう。成立のプロセスは地域型と一緒ですが，目的とするところの課題解決性がより強くミッションに反映されています。本来市民メディアは，コミュニティが決めた目的のためにコミュニティ自身が使用するメディアであり，コミュニティの成員（住民や市民）がいつでも情報の入手や学習や娯楽そして意見形成，議論のためのアクセスを可能とするメディアです。コミュニティ自らが企画，制作，発信可能な表現媒体です。

そしてコミュニティ・コミュニケーションという，コミュニティ内で市民が互いに意見や情報（ニュース）を発表したり交換したりすることにより，双方向性を可能とする媒体なのです。さらに市民メディアは意見形成，合意形成の「場作り」を行う機能をもっています。このようにコミュニケーションが循環するコミュニティに向かう有用なツールです。

Jankowski, N.（2002）は市民運動型メディア（市民メディア）のミッションとして，コミュニティ・メンバーに関連し必要とされるニュースや情報を供給し，メディアを介した公共的なコミュニケーションに彼らを迎え入れ，さらに政治的に権利を奪われた人たちにも権限能力を付与することが可能であると言っています。また，マスメディアとの比較で言えば「コミュニティに根ざしている」ことを前提に，制作形態も「非専門家とボランティアによる参加」が傾向にあります。その対象者は「明確に区分された地理的な範囲の中の比較的狭い範囲で居住している人びと」を中心に「多くの物理的に拡散している人びとも結び付けている」例を示しています。コミュニティ放送の発信する電波範囲の拡大，インターネットのコミュニティ拡大はその一例でしょう。資金調達においては「本質的には非営利であるが，全体経費は企業の資金援助や，広告費，政府の補助金等を必要」としているとあり，この点は現在市民メディアの経営や組織維持が抱えている課題でもあります。この点について，松浦（2012）は，多様な財源から，過度に依存することのない状態が理想であり，その理由は独立性を維持できるからとしています。例えば3分の1が広告・スポンサー，3分の1が公共基金（コミュニティラジオ基金），3分の1が助成金，補助金，募金等というパワーバランスが理想ですが，公共基金（コミュニティラジオ基金）は日本には未だ存在しないのが現状です。

コミュニティ放送という市民ラジオは世界各国に存在し，多様な目的で使われており，呼び方も様々です。日本ではコミュニティ放送ですが，ラテンアメリカではpopular radio, educational radio, アフリカではrural radio, bush radio, ヨーロッパではfree radio, association radio等々，呼び方は違いますがどれも市民メディア，市民ラジオに間違いはありません。これらを世界規模でネットワークする団体AMARC（世界コミュニティラジオ放送連盟）における市民ラジオの定義には「コミュニティの要望に応え，社会の変化を促すことにより，コミュニティの発展に貢献する非営利型放送局。地域市民のメディア参加を促し，社会の民主化に貢献することを目指す放送局」とあります。

7　事例　FMわぃわぃの決断

放送メディアの信頼性を担保するものとして，放送免許以外に何があるでしょう。この疑問が生まれた背景にはFMわぃわぃの近年における行動の推移があります。この事例を通してソーシャルメディアの今後の課題と展開について考えてみます。

前述したコミュニティ・コミュニケーションは本来メディアの種類に縛られるものではありません。しかし，放送メディアの信頼性を論じる際に公的（official）なお墨付きである放送免許の付与が担保している現実があります。もちろん組織づくりやその安定に一定の評価を与え，かつ放送法はじめ多くの法律によって自律を促すことは大きな信頼要素です。しかし，本当に放送免許だけが信頼性でしょうか。もしそうであればインターネットの世界はすべて無法地帯になりますし，インターネットも含めた他の媒体は信頼性に乏しいということになります。信頼性の担保は大きな課題です。ここでは，伝送路の違いを超えてミッションを遂行しているFMわぃわぃの事例を紹介します。

FMわぃわぃは1995年1月17日に起こった阪神・淡路大震災の2週間後に神戸市長田区で韓国・朝鮮語，ベトナム語，タガログ語，スペイン語，英語，日本語の海賊放送をきっかけに1996年1月17日に正式にコミュニティ放送局「FMわぃわぃ」としてスタートしました。それからも在日外国人の多く暮らす神戸市長田区という地域性を反映した多言語，多文化共生を中心にした独自のFM放送を続けていました。しかし2016年3月31日をもって地上波放送を終了し放送免許を総務省に返上しました。そして４月からインターネット放送局に切り替わりました。この出来事は多くのコミュニティ放送関係者に衝撃を与えました。地上波放送局からインターネット放送局に転換する。他に例を見ないことですが，その後も地上波放送のときと同じように毎日スタジオからライブ発信され，今度はラジオではなくパソコンやスマートフォン，タブレット端末でアプリを介して聴くことになりました。

この変化にともない当初２つの大きな問題が生じました。１つは視覚障害のある聴取者にとってパソコンやスマートフォン，タブレット端末を操作するのはラジオに比べると相当大変であること。もう１つはインターネット放送局の番組配信には著作権３団体の管理する楽曲使用が不可能であることでした[(8)]。この局にとって番組で流す音楽の意味は娯楽以上に多言語，多文化共生のための重要なツールでもあるため致命的でした。そのようなこともあり地元商店街の有線放送に流れていたものも中止になりました。

それでも地上波放送を撤退しなくてはならなかった主な理由は以下の３つでした。

① 現行の電波法，放送法に則った地上波放送（コミュニティ放送）事業の金銭的，精神的な負担が増大していること。
② 海賊放送として始めた第１世代の放送参加者から次世代に移行交代する現在，①の理由で今後自由闊達にそのミッションを継続することが困難になることを避けるため。
③ もう一度身の丈に合った阪神・淡路大震災時の活動の原点に戻ること。

特に①にある2010年の法改正により特定基幹放送局として位置づけられたことが，設備や規律の強化から事業の経済的な負担を大きくさせたと FM わぃわぃの代表である日比野純一氏は語っています[(12)]。当然彼らも情報のリアルタイム性や携帯性に優れたラジオの優位性はよく分かっていました。しかし残念なことに本来信頼性の担保であった法制度によって切り替えの決断を促される形になりました。もう１つの理由として彼らのミッション遂行に大きく障壁になったことがあります。それは放送法・電波法が施行されたときから変わっていない，コミュニティ放送運営法人の外国籍住民による役員就任を認めていないことでした。多民族・多文化共生のミッションを掲げているこの組織にとって，それを保てないままでは地上波放送を継続する意味が見いだせなくなったのも事実でした。

図10－2　現在のインターネット放送　スタジオの様子

現在，インターネット放送局 FM わぃわぃは以前通り地域のコミュニティ放送局として活動しています（**図10－2**）。地元商店街の有線放送にも以前と同様に FM わぃわぃの放送は流れています。先ほどの２つの大きな問題はどうなったのか。視覚障がい者の放送聴取に関しては Youtube live チャンネルやポッドキャスト，放送専用のアプリの改良によってクリアされそうな動きになっています。また楽曲の著作権問題に関しては未解決ですが，ワールドミュージックインターネット放送協会等の多くの管理楽曲を活用することで徐々に解消しつつあります[13]。確かに聴取環境はネット世界におけるダイレクト性の評価にもともない，この20年間で驚くほど変わりました。今ではラジオ番組のインターネット聴取が珍しくなくなったことも有利には働いたはずです。

8　伝送路とメディアの多様性

今回の事例は，地上波放送とインターネット放送のメディアの優劣を考えることではありません。日比野純一氏は，「阪神淡路大震災時に，ライフラインがすべて止まり，行政機能，警察機能もマヒした非常事態の中で，コミュニティに暮らす人達の命を救うために，あらゆる伝送路を使って市民自らが救援活動した結果に過ぎない」と言っています。これは言い換えるならば，当時この大惨事に有用なメディアがたまたまラジオであったということです。従って伝達手段であった地上波放送に重きを置く前に，設立当初から変わらないミッション（理念）をどう貫くか，そのための選択肢が複数存在した場合，どの手段や機能がベターかということです。放送メディアの信頼性はまさにその姿勢そのものにあるのかもしれません。ですから手段に固執することは本末転倒でしょう。さらに言えば，どれか1つの伝達手段という選択に縛られるのは多様性を失うことになります。新聞，テレビ，ラジオ，インターネットと各々優位性は異なっています。その時代，ミッション，環境等に合ったソーシャルメディアを複数利用するという柔軟な考え方が求められています。

本章でこれまで取り上げてきたソーシャルメディアは，どれも公共的な対話の場づくりと市民を繋ぐ役割を担っていることに違いはありません。メディアへの適切な市民参加，市民から生まれるパーソナリティに代表される発信者，コンテンツや番組の制作者，クオリティすべてに関わります。それらを「つなぐ」ということがソーシャルメディアの公共性であり有意義性であると考えます。

注

(1) Curran, James（1995-2004）「マスメディアと民主主義：再評価」（『マスメディアと社会』勁草書房）130頁。

(2) Curran, James（1995-2004）「マスメディアと民主主義：再評価」（『マスメディアと社会』勁草書房）131頁。

(3) 日本でのパブリックアクセスの先駆は，CATV 群上八幡（ぐじょうはちまん）テレビ（1963年　岐阜県）と言われている。その後，米子中海テレビ（1984年　鳥取県）は「パブリックアクセス・チャンネル（PAC）」を日本で最初に取り入れ実施した局として知られる。

(4) 欧州の非営利自由ラジオは新しい形の市民運動（媒体）であり，その多くは自らを「海賊放送（地下放送）」（海でも陸でも，「非正規」「非合法」など，放送局としての免許のない個人的かつ無許可な娯楽型の放送をさすことも多いので一部海賊放送とも呼ばれた）と呼んでいた。このなかには船に送信機を積んで出航し，どこの政府の規制も受けない公海上から放送を行う行為も含まれた。

(5) 1980年代には，ニューメディア・ブームが起こり，キャプテンシステム（自治体や企業の情報発信　チケット予約やショッピング，株式市況，気象情報などのサービス）がコミュニティメディアとして認知された。但し発信や運営主体は市民ではないため情報サービスと謳いながらも営利であった。

(6) 齋藤純一（2000）における公共性の定義である。

(7)　映画『パブリックアクセス』（原題：Public Access 1993年のアメリカ映画。ブライアン・シンガー監督）のなかでこの様子が描かれている。ただし本作はパブリックアクセスという市民参加，地域社会の在り方の負の側面を描いている。

(8)　畑仲哲雄「コミュニティ放送にジャーナリズムは必要か」『日本のコミュニティ放送――理想と現実の間で』2017：松浦さと子編著，晃洋書房

(9)　NPO は，*Nonprofit Organization* あるいは *Not-for profit Organization* の略であり，1998年12月に施行された日本の特定非営利活動促進法に基づいて特定非営利活動を行うことを主たる目的とし，同法の定めるところにより設立された法人である。一般には NPO 法人と呼ばれる。

(10)　日本コミュニティ放送協会（JCBA）調べ。

(11)　著作権３団体とは日本著作権協会，日本レコード協会，日本芸能実演家団体協議会のことを指す。

(12)　基幹放送に関しての詳細は中村英樹（2017）xi-xiii を参照されたい。

(13)　http://www.wmiba.com/

参考・引用文献

浅岡隆裕（2006）「道具としての地域メディア／メディア・アクティビズムへ」丸田一，國領二郎，公文俊平編著『地域情報化 認識と設計』NTT 出版。

井上悟・三浦房紀（2007）『成功するコミュニティ・放送局』東洋図書出版。

小内純子（2003）「コミュニティＦＭ放送局における放送ボランティアの位置と経営問題」『社会情報』vol. 13 NO. 1。

加藤晴明（2007）「コミュニティ放送の事業とディレンマ」，田村紀雄，白水繁彦編著『現代地域メディア論』日本評論社。

金山智子（2007）『コミュニティ・メディア』慶應義塾大学出版会。

北郷裕美（2006a）『地域社会におけるコミュニケーションの再構築――コミュニティFM の現状と新たな可能性』札幌学院大学地域社会マネジメント研究センター。

北郷裕美（2006b）「対抗的公共圏の再定義の試み――オルタナティブな公共空間に向けて」『国際広報ジャーナル』No. 4 北海道大学大学院国際広報メディア研究科。

北郷裕美（2008）『コミュニティ・メディアと地域社会――公共的コミュニケーションの視点からの考察』博士論文 北海道大学大学院国際広報メディア研究科。

北郷裕美（2011）「コミュニティ放送と広告――フィールドワークに基づいた地域メディア研究より」『北海道地域総合研究第１号』。

北郷裕美（2015a）「コミュニティ・メディアの公共性モデル構築に向けて――北海道内コミュニティ放送局の現状と公共性指標を使った分析結果の提示」『札幌大谷大学社会学部論集第３号』札幌大谷大学社会学部。

北郷裕美（2015b）『コミュニティFMの可能性――公共性・地域・コミュニケーション』青弓社，40，41，155，201頁。

紺野望（2010）『コミュニティ FM 進化論』株式会社ショパン。

齋藤純一（2000）『公共性』岩波書店，xiii-xiv。

竹内郁郎，田村紀雄編著（1989-1994）『地域メディア』日本評論社（共著），津田正夫・平塚千尋編（1998）『パブリック・アクセス――市民が作るメディア』リベルタ出版。

中村英樹（2017）「解説 放送法改正と基幹放送」，松浦さと子編著（2017）『日本のコミュニティ放送――理想と現実の間で』晃洋書房，xi-xiii。

花田達朗（1999）『メディアと公共圏のポリティクス』東京大学出版会。

花田達朗（1996-2002）『公共圏と言う名の社会空間――公共圏，メディア，市民社会』木鐸社。

日比野純一（2017）「伝送路のこだわりを超えて――オンライン放送局になった FM わぃわぃ」（松浦さと子編著（2017）『日本のコミュニティ放送――理想と現実の間で』晃洋書房，第14章。

廣井脩（2000）『災害――放送・ライフライン・医療の現場から』ビクターブックス。

松尾洋司編著（1997）『地域と情報』兼六館出版。

松浦さと子（2008）『非営利放送とは何か』ミネルヴァ書房。

松島京（2005-2011）「公共（公共圏）」，川口清史／田尾雅夫／新川達郎編（2005-2011）『よくわかる NPO・ボランティア』ミネルヴァ書房。

山田晴通（2000）「FM 西東京にみるコミュニティ FM の存立基盤」『東京経済大学人文自然科学論集 110』。

Borzaga, Carlo (edt), Defourny, Jacques (edt), Adam, Sophie (2001), *The emergence of social enterprise*, London Routledg（内山哲朗・柳沢敏勝・石塚秀雄訳『社会的企業』日本経済評論社，2004-2007年).

Curran, James and Gurevitch, Michael (1991), *MASS MEDIA AND SOCIETY*, A Hodder Arnold Publication（児島和人・相田敏彦監訳『マスメディアと社会』勁草書房，2004年，131頁).

Curran, James (2002), *Media and Power* (*Communication and Society*), Routledge ; 1st, edition（渡辺武達監訳『メディアと権力』論創社，2007年).

Fraser, Nancy (1997), *Rethinking the Public Sphere : Models and Boundaries*, Justice Interruptus, Library of Congress Catalogong-in-Publication Data, Routledge, ; Calhoun, Craig. (ed) (1992), *Habermas and the Public Sphere*, The MIT PRESS（ナンシー・フレイザー「公共圏の再考――既存の民主主義の批判のために」，山本啓・新田滋訳『ハーバマスと公共圏』クレイグ・キャルホーン編，未來社，1999年).

Habermas, Jürgen (1991), *The Structural Transformation of the Public Sphere : An Inquiry into a Category of Bourgeois Society*, The MIT Press, Cambridge, Massa-

chusetts（細谷貞雄・山田正行訳『公共性の構造転換』未來社，1973-2004年）.
McLuhan, marshall (1964), *Understanding Media- Extensions of Man*, New York: McGraw-Hill（栗原裕・河本仲聖訳『メディア論――人間拡張の諸相』みすず書房，1987-2004年）.
McQuail, D. (1983), *Mass Communication Theory: An Introduction,* Sage Publications（竹内郁郎他訳『マス・コミュニケーションの理論』新曜社，1985-1991年）.

第11章

あらためて考えるNPO中間支援と市民社会

ポイント：**2018**年**8**月，英国政府が「市民社会ストラテジー」を発表しました。[(1)] 政府全体としていかに市民社会を育てていくかを示す戦略文書になっていて，**5**種類の異なるアクターに着目しています。

- 人々：社会参加の構成員としての**1**人ひとり。特に若者に焦点が当てられている。
- 場所：地域社会。近隣や人々のつながり。
- ソーシャル・セクター：**NPO**（イギリス英語ではチャリティ）とソーシャル・エンタープライズを含む。
- 民間セクター：企業セクター
- 公的セクター：政府・自治体[(2)]

これらの社会の構成員をつなげるキーワードが社会的価値（ソーシャル・バリュー）で，社会的価値を媒介して異なるアクターが連携することで社会全体としてよりよい社会が育まれていく，とされています。

本章では，公共経営における**NPO**の位置付けの中でも，中間支援組織が果たすべき役割に注目します。中間支援の機能の**1**つとして，時代状況に応じ，またはそれを先読みすることで，**NPO**が総体として推進する社会づくりを実現する牽引役となる「理念付与機能」があることをのちに述べますが，この考えによると，英国の市民社会ストラテジーはどう解釈すればよいのでしょうか。**NPO**について学習したことがある人であれば，**NPO**は，政府，企業でない第**3**のセクターを代表するものであるという整理を見聞きしたことがあると思いますが，このストラテジーで描かれている社会の姿は，それとはかなり趣を異にするものです。そして，社会的価値を媒介して異なるアクターが連携するとは，何を意味するのでしょうか。

この疑問に答えるために，本章では，まず**NPO**の萌芽期として位置付けられる**1990**年代を振り返り，次にそれから**20～30**年経過した現代社会の変化について記述します。そして，それらの変化を経た現代における NPO がある種の危機的状況にあることを理解した上で，中間支援のあり方を再考し，それによってこの市民社会ストラテジーが伝えようとしていることを考えます。

1 NPO 萌芽期と中間支援への注目

(1) 1990年代という時代

1990年代前半，NPO という新しい組織体が当時の日本の市民活動リーダー層の目にとまりました。サラモンとアンハイヤー（1996, 1997）が「連帯革命（associational revolution）」の時代と呼んだこの時代は，1989年のベルリンの壁崩壊や東欧での民主化の胎動に象徴される市民の自由への希求が社会を動かすという時代でした。連帯革命の意味は，市民の自由への希求が非営利団体（Non-Profit Organization：NPO）や市民社会組織（Civil Society Organization：CSO）と呼ばれる組織体の形成につながることによって，市民の自発的な活動が社会を作る重要な構成要素となるという認識でした。

当時，日本では草の根の市民の自発的な活動を法人化して，一定のミッション（活動理念）をもった「人格」を付与することが極端に難しかったため，日本における NPO を求める活動は，自然と新たな法人格を法制化する法律制定運動へと収斂し，のちに「ボランティア元年」と呼ばれるようになった1995年の阪神・淡路大震災を経て，1998年に特定非営利活動促進法（いわゆる NPO 法）として結実しました。そして，それによって可能になった法人格である特定非営利活動法人は，NPO 法人と呼ばれるようになりました。

市民が主体を担った NPO 法制定運動は，法人格やそれにともなう優遇税制の整備のみを目的としたわけではありません。NPO 法人格ができれば，以下の３側面で活動を広げ，市民の自発的な活動が社会を作るというビジョンを具現化できると考えたのです。(3)

① 教育，医療・保健，まちづくり，環境などの分野で，特に行政が行う画

一的にならざるを得ないサービスから漏れてしまうようなニーズに応えるサービス提供（NPO 活動の「事業」面）。

② 各種サービス提供から見えてくる制度の狭間を埋めていくような政策・制度の拡充に向けたアドボカシーや政策提言（NPO 活動の「運動」面）。

③ 事業と運動にできるだけ多くの人をボランティア，寄付者，ともに活動をする参加者等の立場で巻き込み，市民中心の社会づくりを担う人々を増やしていこうという試み（NPO 活動の「参加」拡充）。

私たちは，こういった動きが巻き起こった1990年代を，日本における NPO 萌芽期と呼ぶことができるでしょう。もちろん，多くの識者が指摘するように，日本において民間非営利活動がはじまったのがこの時期だというわけではなく，歴史的な互助の仕組み，明治以降の民法に規定された公益法人や第２次世界大戦後の社会福祉法人や学校法人など，公的機関以外が「公益」に資する活動を担うというのはそれまでもありました。しかし，1990年代の特徴は，それが冷戦終結と国際的な民主化のうねりと連動していたこと，第２次大戦終結から50年を経て成熟した日本社会において高まりつつあった市民の社会参加に道筋をつけたこと，そして小規模な市民の自発的活動に法人格という公的なお墨付きを与えたことにあります。それらが，NPO というキーワードに込められることとなったのです。

なお，1990年代を日本における NPO 萌芽期と呼ぶとして，冒頭の「連帯革命」から想起されるように，それが日本特有の現象ではなかったことは意識しておくべきでしょう。国際的な潮流については本論から外れるので詳しくは述べませんが，国際社会においては，1999年の世界貿易機関（WTO）において大規模な抗議行動を起こして賛否両論を巻き起こした主体が NGO であるとして，NGO の存在やその活動に対する認知が広まりました。もちろん，NGO という用語や国連等での位置付けは第２次大戦後からありましたが，1990年代以降，その認知度は大きな変化を遂げました。

毎年，ダボス会議と言われる世界経済フォーラム（WEF）の年次大会で，政府，企業，メディア，NGO などの信頼度を発表しているエデルマン・トラス

図11-1　市民社会ストラテジー

（出所）UK Cabinet Office, *Civil Society Strategy : building a future that works for everyone*, pp. 8-9.

ト・バロメーター[4]は，2001年の特集で，「NGO はなぜ勝利を収めつつあるのか（NGOs Why They Are Winning)」として，環境，人権，保健の分野において NGO の信頼度が，政府，企業，メディアと比してすば抜けて高いこと，政府や企業に対する影響力が増大していることを記しています[5]。国際社会における NGO の認知度や信頼度はその後も増し，国連等においては，NGO を対等なダイアローグの相手として扱うようになっていきました[6]。また，主に組織としての成熟度の高い団体を意味する NGO という用語ではなく，活動の種類や組織の規模も多様であり広範囲な CSO という用語が流通するようになりました。

(2)　3つのセクターという考え方

当時，NPO や CSO が存在するセクターはサード・セクターと呼ばれました。これは，「公的」セクターを第1のセクター，「民間・営利」セクターを第2のセクターと呼ぶのに対し，「民間・非営利」のセクターが存在するという整理をして，これを第3のセクターと呼んだことに由来します。日本語で「第三セクター」というものとは異なるという説明が，第3のセクターあるいはサード・セクターという言葉が流通し始めた NPO 萌芽期ではよくされました。

サード・セクターという概念が，当時の日本において新しいものであったこと，そして NPO の活動を説明するために用いられたということは，戦後日本の社会観を物語るものです。すなわち，親密圏と呼ばれる家族や親戚縁者の営み（プライベートな場）の外に位置する場所（パブリックな場）においては，公共の福祉に浴する活動は公的機関（お上）が担い，1人ひとりの市民は納税をし，国民の義務を果たし，問題があれば行政に意見を言うことで社会秩序が保たれるという意識が主流でした。一方で主に家族単位で経済的な豊かさを追求するために労働者として働き，あるいは会社を経営して家族や従業員のために営利を追求することが，社会に貢献すると考えられていました。ボランティアや善意で他人や社会のために何かやるということには，「うさん臭い」というイメージがつきまとい，「偽善ではないか」というもの言いがよくなされました。近隣での助け合い（町内会や自治会の活動など）は，そういったボランティアとは分けて，あくまでもプライベートな領域での活動の延長と考えられていました。

つまり，サード・セクターという概念は，こういった戦後の社会観に一石を投じるものだったのです。公的でなく（非政府，Non-Government），しかも営利でない（非営利，Non-Profit），パブリックな場所において展開される活動，すなわち民間非営利活動というものが大きな規模で活発に存在している社会は豊かな社会であるというのが，NPO萌芽期の間に広まっていった考え方です。それを象徴する言葉が，サード・セクターだったのです。

ところが，この考えが広まったのがNPO法制定とほぼ同じ時期だったため，サード・セクターを担う団体イコールNPO法人という誤解も生まれました。この誤解を避けるために，「狭義のNPO」イコールNPO法人，「広義のNPO」イコール，サード・セクターの担い手である各種の民間非営利法人および法人格をもたない活動主体という整理もされました。サラモンらによる非営利セクター国際比較研究プロジェクト（Salmon and Anheier 1997）では，NPOとは，①組織化されていること（organized），②民間活動であること（private），③利益配分をしないこと（non-profit distributing），④他からの影響を受けない統治機構をもっていること（self-governing），⑤自発的に組織されていること（voluntary）の5つの条件を満たすものとされています。本章でNPOという呼称を使う場合は，この5条件を満たす広義のNPOの意味で使っています。

(3)　中間支援組織の役割

NPO萌芽期において，NPOの中間支援機能に注目が集まりました。この機能を担う団体の呼び方として，サード・セクター全体の基盤強化に焦点をおいた役割に注目した場合は，これをインフラストラクチャー組織（基盤組織）と呼び，行政や企業（第1や第2のセクター），メディア，各種非営利団体との橋渡しに焦点をおいた役割に注目した場合は，これをインターミディアリー組織（中間組織）と呼びました。ほかに，個々や分野ごとのNPOの活動の支援や組織基盤強化に注目した呼び方でマネジメント・サポート組織（MSO, Management Support Organization）という呼び名もありました。

いずれにせよ，NPO 萌芽期のリーダーたちが注目したのは，個々の NPO の活動が NPO の主役にならないといけない，けれど個々の NPO 活動を支える機能はしっかりと確立していかなければならないという意識でした。日本でそういった機能を担う組織を作ろうと参考にしたのが，例えば米国ではインディペンデント・セクター（Independent Sector[(7)]）などであり，英国ではボランタリー組織全国協議会（NCVO, National Council for Voluntary Organisations[(8)]）などです。そして，日本において同様の機能を担おうと，日本 NPO センター[(9)]（1996年創設），NPO サポート・センター[(10)]（1993年創設）などが設立され，大阪ボランティア協会[(11)]（1969年発足）などが NPO 支援を活動の大きな柱として掲げるようになりました。また，札幌[(12)]，仙台[(13)]，名古屋[(14)]，広島[(15)]，福岡[(16)]などの全国主要都市においても，地域単位（都道府県，政令指定都市など）で基盤強化・中間支援を担おうという組織が誕生していきました。

これらを通じて構想された担うべき中間支援組織の役割には，大きく分けて３つの側面と７つの機能があると考えられます。

1. 環境整備
   - 時代状況に応じて，またはそれを先読みすることで，いろいろな分野，規模，タイプの NPO の活動に大きな方向性を与え，NPO が総体として推進する市民中心の社会づくりの姿を確認・共有し，それを実現するための牽引役となる（理念付与機能）。
   - NPO 法人等がより活動しやすいように，法人制度，税制，情報公開制度を含めた制度面の改善・拡充を図る（制度拡充機能）。
   - NPO の社会的な役割を理解し，行政（第１のセクター）や企業（第２のセクター）などとの実質的な協働事業の開発・実施やパートナーシップの推進を図る（協働推進機能）。
2. 調査提言
   - 個々の NPO の活動現場からのニーズを吸い上げ，それらを可視化して社会のニーズとして整理したり，NPO 活動の現状をマクロな目で捉えて実証分析する（調査研究機能）。

- 分野ごとの NPO 活動のミッションの達成を支援するための政策形成を支援していく（政策形成支援機能）。

3. 組織基盤強化

- 個々の NPO の活動がより充実するように，運営全般，資金調達，ボランティアも含めた人的マネジメント，広報，IT 活用などの面で支援する（運営支援機能）。
- NPO の社会的役割を広く社会が認知し，寄付やボランティアの面で応援する量や質を高めていくために情報提供や広報活動の支援を行う（広報普及・参加促進機能）。

上記のうち，環境整備に関しては，NPO 法成立が議員立法として成立した経緯もあり，NPO 議員連盟などの立法府との協議が継続しています。また，「協働」は NPO にとって大きなキーワードとなり，行政や企業との連携やパートナーシップの形を模索するために様々な試行錯誤が繰り返されてきました。行政との関係においては，自治体単位で NPO との協働条例，まちづくり条例が作られたり，市民活動支援センターなどの公設機関を行政が作ったり，民間の NPO 支援センターへの事業委託や指定管理などの形で運営するようになりました。

調査提言に関しては，研究者と実践家が集う研究の場としての日本 NPO 学会が1999年に設立され[17]，全国の大学で NPO に関する講座が開かれるようになったり，NPO 研究を志す大学院生が増えるなど，NPO に関する研究が進みました。組織基盤強化に関しては，全国の市民活動支援センターを拠点に各種相談機能が行われ[18]，加えて資金循環や資金調達を専門に活動する団体[19]や NPO の広報に特化して支援する機構[20]ができるなど，中間支援の活動の幅にも広がりが生まれました。

(4) NPO としてあるべき姿

NPO 萌芽期としての1990年代という時代背景の説明はここまでですが，英米を中心とした海外の動きや非営利セクター国際比較研究プロジェクトに集約されているNPOの条件，市民活動リーダーの先達がNPOに込めた思い，そして日本全国あるいは地域ブロックを視野に入れたあるべきNPOの姿が，2000年代初頭のNPO中間支援組織によって，「信頼されるNPOの7つの条件」[21]としてまとめられていることは特記しておきたいと思います。これは，2003年，NPO法成立から5周年を受けて，全国で認知が広まっていたNPOの本来の「NPOらしさ」とは何かを問い直して整理したもので，上記の中間支援機能のうち「理念付与機能」を表現したものにあたります。そこで描かれた7つの条件とは以下で，時代の変遷を経た今でも，NPOの組織としてのあるべき姿として，1つの理念型を提供するものです。

① 明確なミッションをもって，継続的な事業展開をしていること
② 特定の経営資源のみに依存せず，財政面で自立していること
③ 事業計画・予算の意思決定において自律性を堅持していること
④ 事業報告・会計報告などの情報を積極的に公開していること
⑤ 組織が市民に開かれており，その支持と参加を集めていること
⑥ 最低限の事務局体制が整備されていること
⑦ 新しい仕組みや社会的な価値を生み出すメッセージを発信していること[22]

2　時代の変遷

世界，そして日本におけるNPOの萌芽期であった1990年代から20～30年というときを経た今，あらためてNPOの中間支援機能はどうあるべきなのでしょうか。この設問に答えるためには，この間，NPOとして注目すべき世の中の変化にどのようなものがあったかをまず押さえておく必要があります。

とはいえ，ここ20～30年の世界や日本の動きを包括的に捉えることは紙面等の制約上困難です。ここでは，日本におけるNPOの中間支援の将来像を考える上で通り過ぎることのできない，4つの大きな出来事あるいは趨勢についておさらいしておきたいと思います。

(1) 格差社会の到来

2008年，いわゆるリーマン・ショックに端を発する世界金融危機が起こりました。金融・投資業界での大惨事は社会全体へと波及し，グローバル経済は，それから数年間の大不況に見舞われました。失われたマネーを回復するために注ぎ込まれた資金の総額は推定11兆9000億ドルにも上ると言われ[23]，貧困をなくすために活動していた国際 NGO などからは，アフリカの債務帳消しに必要な資金は2270億ドル（11兆9000億ドルの52分の１），世界の最貧層10億人を絶対的貧困から救い出すのに必要な資金は推定3000億ドル（11兆9000億ドルの40分の１）という試算を図示して[24]，危機の際の国際社会（特に先進国政府のリーダーシップ）の対応の違いを浮き彫りにしました。

世界全体が大きな格差社会に移行しつつあるという議論は2008年以前にもありましたが，2008年以降，矢印の向きが逆方向になるという一部の期待や運動とは裏腹に，その進度はますます加速して行きました。2014年には，フランス人経済学者のトマ・ピケティ（2014）が，『21世紀の資本』を著して大きな評判となりました。毎年，ダボス会議のタイミングでグローバル格差レポートを発行しているオックスファムは，2019年１月に，世界の大金持ちトップ26人が貧しい方から数えて38億人と同じ資産を保有していると発表し，前年のトップ43人から格差がさらに進行していると報じました[25]。資産額で天秤を釣り合わせようと単純に計算するならば，大金持ち１人に対し，逆側には１億4600万人を乗せないと天秤が釣り合わないことになります。

戦後の高度成長時代，「一億総中流社会」と言われた日本においても，経済的格差の広がりは徐々に進行し，相対的貧困の概念[26]が広く流通するようになるとともに，OECD（経済協力開発機構）などの統計から，以下が分かってきました。

- 日本は，先進国のなかでも経済格差の比較的大きい社会である。2014年時点の統計で，日本の相対的貧困率の割合は，16％台で，G７諸国の中では米国に次いで２番目に高い水準[27]。
- 子どもの貧困，特に単身親世帯の貧困は大きな問題。子どもの相対的貧困率は1990年代半ば頃から上昇傾向にあり，2009年には15.7％となっている。子どもがいる現役世帯のうち，大人が１人の世帯の相対的貧困率が50.8％と，大人が２人以上いる世帯に比べて非常に高い水準となっている。[28]

2014年後半から，日本においても「ピケティ現象」が起こり，重層的に進行しつつあった大都市圏とそれ以外（特に農村等の過疎地域），正規労働者と非正規労働者，教育機会等の格差問題がそれ以前より増して取り沙汰されるようになりました。

(2)　社会課題解決の担い手の多様化

2015年９月，ニューヨークの国連総会で，持続可能な開発目標（SDGs）を含む，「持続可能な開発のための2030アジェンダ[29]」が国連加盟193カ国の全会一致で採択されました。その後，SDGs は日本国内に浸透しつつあり，2019年８月の時点では，東京・神奈川に在住する人々の間での認知率が27％と，４人に１人が「聞いたことがある」ものになっています。[30]日本国内においては，特に政府・自治体[31]，企業の間[32]での SDGs への取り組みが加速していることが特徴的です。

SDGs に対する企業の取組みは，SDGs の17目標に呼応するように，国内外の貧困，教育，保健・健康，高齢者，障害者，環境，まちづくり，ジェンダー，労働等，多岐にわたります。また，NPO 萌芽期から拡充していた社会貢献・CSR（Corporate Social Responsibility，企業の社会的責任）の枠組みにおける動きに加え，CSR から CSV[33]（Creating Shared Value，共通価値の創造）へのかけ声とともに，より企業の本業に近い分野での社会課題解決へと視野や取組みが広がっています。

SDGs に向けた取り組みに象徴されるように，企業の社会課題解決に向けた関心の高まりは目覚ましく，国際的な規範や具体的な取組みを紹介するフォーラムやセミナーがここ数年次々に開催されています。欧州を中心に動いている ESG 投資の動きは，これを企業にとっての資金調達の観点から後押しするもので，企業が社会課題解決に取り組むことは，もはやそれが従来の「よき企業市民」であるためという考えを超えて，資本主義の世界における生き残りをかけた戦いになりつつあると言えるでしょう。

NPO法制定から5～10年遅れて，日本社会においてはソーシャル・ビジネスも脚光を浴びています。社会に対して「よいこと」をすることと営利の追求を両立させようという考えは，上記のような大企業中心の流れも後押しになって，社会課題解決のための欠かせないものとして認識されるようになっています。最近，国内においてもソーシャル・セクターという用語が使われるようになってきていますが，これもNPOだけでは「非営利」の垣根があってソーシャル・ビジネスは含まれない，けれど社会課題解決にはNPOもソーシャル・ビジネスも両方必要であり，その2つは大きな目で見ればかなり近い存在となっているという意味で使われ始めた用語だと言うことができるでしょう。

もちろん，このような社会課題解決の意識の広まりは歓迎すべきことです。ただし，そもそもSDGsの精神は変革（Transformation），すなわち現在の私たちの社会のあり様を根本から問い直し，作り変えるという思想です。果たして変革の思想がSDGsによって浸透したのかといえば，それは疑問視せざるを得ない，これまでのやり方を踏襲しながら，それにSDGsの17のゴールのラベルをつけているだけではないかという，「SDGsウォッシュ」に警鐘を鳴らす論調も見られます。[34]

(3)　共助社会づくり

「地域の活性化を図るとともに，全ての人々がその能力を社会で発揮できるよう下支えを進める共助社会をつくっていくためには，特定非営利活動法人等による地域の絆を活かした共助の活動が重要となってくる。このような活動の推進に必要な政策課題の分析と支援策の検討を行う場として，共助社会づくり懇談会を開催する」という趣旨文とともに共助社会づくり懇談会が設立され，その委員として多くのNPOリーダーが参加したのが2013年のことです。[35]日本社会において加速していた少子高齢化は地域の過疎化をもたらし，「消滅可能性都市」が話題になったのが2014年ですが，[36]地方創生・地域の活性化のためには様々なアクターの関与が必須と懇談会では論じられていました。2015年に出された報告書によれば（内閣府共助社会づくり懇談会 2015），共助の担い手として８つの主体が特定されており，それらは，⑴地域住民，⑵地縁組織，⑶NPO等，⑷企業，⑸ソーシャルビジネス，⑹地域金融機関，⑺教育機関，⑻行政です。NPOに「等」がついているのは，「NPO法人及び一般・公益法人等」（同 p. 2）を指しているからで，本章におけるNPO（広義のNPO）とほぼ同意と見て間違いありません。

上記で述べた企業における社会課題解決への関心増大の動きと，この共助社会づくりのかけ声は必ずしも同調していたわけではありませんが，社会課題解決のためには多様なステイクホルダーの参加が必要と考える点では似通った意識が同時代的に出現していることが見て取れます。共助社会づくり懇談会においては，NPOは萌芽期における３つのセクター論で見られたような地位は占めておらず，並列で論じられている８つのアクターのうちの１つです。

さらに2010年頃から，地域課題解決のためのマルチステイクホルダー・ダイアローグあるいは地域円卓会議の試みも全国各地で試行され[37]，上記の８つの主体のような様々なアクターの社会課題解決への参加が進んでいます。

⑷　ICTの進化と社会の分断

ここ20～30年の間にICT（情報通信技術）が革新的に進化し，ソーシャル・メディアが圧倒的な普及を見せたことは言うまでもありません。全世界で，2008年に１億人と見られていたフェイスブックの利用者数は，2019年には24億人を突破しています[38]。日本国内においても，ライン8100万人，ツイッター4500万人，インスタグラム3300万人など[39]，コミュニケーションの手段としてのソーシャル・メディアが大きく普及しました。

このことが社会の分断を助長していると，ここ数年よく言われるようになりました。つまり，ソーシャル・メディアによって自分のお気に入りの情報を集め，ニュースサイトなどでも自分の関心に近い情報が優先的に入ってくるようになる。趣味の領域ではそれでよいのかもしれませんが，社会で起きていることや政治・経済の状況など，ICTに選別された情報だけを消費していると社会全体で何が起きているのか見えにくくなるという現象です。2016年の米大統領選，トランプ現象で話題になったことですが，民主党支持者にしてみれば，トランプ候補があれだけの支持を得た（地域差や選挙人団制度と直接選挙の違いのことは置いておいても）ことが，単純にわからない。日々触れているニュースや論説が全く異なるなかで，社会はどうあるべきかという共通の考え方はおろか，共通の事実を捉えられなくなっている世界が出現しているというわけです。

3　NPOの危機意識

(1)　時代の後退？

以上で，NPO萌芽期であった1990年代から20～30年経過した現代において，NPOが意識しておかなければならない4つの事象を概観してみました。これらを踏まえ，NPOが推進してきた社会観が一種の危機的状況にあるというのはややアラーミスト的（「狼が来るぞ」のもの言い）に聞こえるかもしれません。実際，NPO法人の数はいまや5万を超え，日々のニュースでNPOが全国各地で活躍している姿を目にするのも珍しくありません。

しかし，例えば上記で紹介した米国のインディペンデント・セクターのCEOであるカーディナリは，「米国は市民社会が繁栄するような信頼を回復できるはずだ」（Cardinali 2019）と述べ，分断社会のなかで，NPOが本来果たすべき役割を果たせていない意識をにじませています。英国においても，冒頭に紹介した市民社会ストラテジーへの反応として，「慎重に楽観的」[(40)]といった論調が見られました。英国といえば，2017年にケン・ローチ監督が作った官僚的な福祉制度と貧困の現状をつづった映画『わたしは，ダニエル・ブレイク』が日本でも話題になりましたが，[(41)]格差社会の中でNPOが大きな対抗軸を示せていないことは否めません。

さらに，グローバルな動きを見ると，十数年前より，世界各国で政府の締め付けによって民主主義の後退や，市民が言論，表現，集会の自由といった基本的人権を行使できない状況が進行している（これを「市民社会スペースの縮小」と言います）ことが，国際的な人権NGOなどによって警告されています（CIVICUS 2019)。例えば，1990年代にそれまでの長い内戦や殺戮から解放されて民主国家となったカンボジアにおいて，ここ数年，市民社会スペースが縮小していることに，NGO のみならず多くの国際機関関係者などが懸念を表明しています（重田 2018）。

1990年代からの時代の様変わりが大きいことを印象付けられます。

⑵　対抗軸としての NPO

もちろん，これらの大きな社会の動きに，NPO（本章における広義の NPO）が強力な対抗軸を示せると考えるのは，過度な期待であり，今後求めるべき役割ではないのかもしれません。とはいえ，日本に限ってみても，前節で述べた４つの大きな流れに対して，NPO はたんに手をこまねいているわけではありません。

例えば，子どもの貧困に関しては，この課題について活動する NPO が増加の一途を辿っています。全国的にも知られるようになってきている子ども食堂は，2012年に開設が始まり，2014年には約300，2016年には2300弱，2019年には3700強にその数が増えているという調査が出ています。[42] また，格差社会に対抗する法制度の整備にも参加し，例えば，2013年に成立した生活困窮者自立支援法の制定過程や，その後の制度拡充・改正に向けた動きにも，多くの NPO 関係者が関与してきています。[43]

SDGs に関しても，SDGs 市民社会ネットワーク[44]などを通じて，政府の SDGs 実施指針に対するアドボカシー[45]や SDGs 推進円卓会議[46]を通じた意見表明，国際的なネットワークにおける交流や意見交換を活発に行っています。SDGs の基本精神である「我々の世界を変革する」や「誰一人取り残さない」が薄められないように，政府や企業に対する働きかけが進行しています。

4　これからの中間支援に求められる機能

上記のような時代認識に従って，1990年代の NPO 萌芽期に考えられた中間支援の役割について再考してみましょう。もちろん，中間支援組織自体に課題がないわけではありません。先に見た内閣府共助社会づくり懇談会（2015）の報告書によれば，NPO中間支援組織については，「NPO等の活動を地域住民や社会に対して可視化し，両者が接触する機会の創出に取り組み，寄附の拡大や他の機関との連携事業の実現など，一定の成果を上げてきた」（同 p. 12）という記述が見られる一方で，「中間支援組織に求められる役割は情報発信だけにとどまらず，明確で共感を得られるビジョンの提示や現実的な事業計画の策定，資金調達手法，多様な主体との連携などに関する，地域や団体の特性に応じた有効なアドバイスと実践といった，より複雑で専門的なものとなっている。こうした要望に対応可能な，マネジメント能力を有する人材の育成や資金・設備などの確保が喫緊の課題となっている」（同 p. 13）という課題が特定されています。

確かに，日本NPOセンター（2016）の「2015年度NPO支援センター実態調査」においても，「コミュニティの核としての役割を担っているか」という質問に対して，「はい」が54%，「いいえ」が46%とほぼ半々となっています（同 p. 22）。また，強みとなっている事業として，「相談」「講座，研修」「団体間の交流やネットワーキング」「情報の収集や発信」「調査研究」「資金提供」「起業支援」「NPOと行政の協働事業」「NPOと企業の協働事業」「ボランティアコーディネーション」といった多様な事業が挙げられている一方で（同 pp. 23-24），NPO支援センターを運営する上での課題については，有効回答総数159件に対し（複数回答），

- 団体運営を支える人材が乏しい（97件）
- 企業との連携が難しい（85件）
- 団体運営を支える資金が乏しい（74件）
- 地域とのネットワークが弱い（71件）
- ボランティアコーディネーション（55件）

が半数あるいはそれに近い数字になっており，「2012年度調査の結果と比較すると，各項目ともに同じような傾向を示している」という記述も見られます（同 p. 25）。

とはいえ，時代の変化に対応し，時代の後退（？）に対抗していくために，NPO中間支援が果たすべき役割は決して小さくありません。また，第1節で整理した3つの側面と7つの機能について，特に大きな変化があるわけではありません。しかし，今後注力していくべき点として，おもに次の3点が浮き彫りになっていると考えられます。

まず1点目は，「価値の推進役」です。日本NPOセンターは，2018年に公表した5年間の「中期ビジョン」において，「NPOに関わる人々の意識の基礎に，次のような共通の思いがあると考えます」と述べています。

- 社会の底辺や周縁に追いやられている人に寄り添う姿勢
- 社会に潜在するニーズやリスクに積極的に目を向ける姿勢
- 社会課題の芽からそれを課題として「見える化」していく姿勢
- 人々の共感する力をもとに，「ほうっておけない」「これっておかしい」「なんとかしたい」を参加の原動力にする姿勢
- 参加を基礎に意思形成や運動をつくりあげ，世の中の声として出していく姿勢
- 当事者の声を大切にし，かつ自らが当事者性をもつようにする「自分ごと化」の姿勢　（日本NPOセンター 2018：6）

これらは，社会課題解決のアクターが多様化している現代だからこそ，NPOとして特に意識し，中間支援として個別分野で活動するNPOの横串を通す価値観として認識を広めていくべきものでしょう。

2点目は，「つなぎ役」です。共助社会づくり懇談会の議論で見られたように，NPOは，第3のセクターと言われた時代と異なり，地域等の課題解決のために参加する1つのステイクホルダーの地位をもつ存在です。そこで，NPOが「NPOらしい」強みを発揮するとすれば，それは課題解決に関わる様々なステイクホルダーの特徴を生かし，それらをうまく調合して結果を出していくことでしょう。SDGsの文脈においても，NPOは，複雑な社会問題を解決に向けてコーディネートしていく役割を果たすべき存在だと言われていま

す（佐藤，広石 2018）。NPO の中間支援は，特にこの点を意識して活動することが求められます。

冒頭で紹介した，英国政府の市民社会ストラテジーは，この文脈で考えるとより理解が進みます。NPO は，ストラテジーのなかで１つのアクターでしたが，社会的価値が血液のように循環するとして，それを循環させるのは誰なのでしょうか。まさに NPO が上記のような価値の循環役，コーディネート役を果たすべきと考えられないでしょうか。またそれは，時代の要請でもあると考えられます。

そして３点目は「市民参加の促進」です。この点は，NPO が萌芽期から意識していたにもかかわらず，最も達成度の低いものの１つだと言えます。NPO 法人に限ってみると，2019年の内閣府（2018）の調査報告では，認定 NPO 法人でない NPO 法人で寄附額０円がほぼ半数（53.5％）（同 p. 28），ボランティア０人が約４分の１（24.1％）（同 p. 8）となっており，市民の参加によって支えられている NPO 法人がまだまだ少ない現状が浮き彫りになっています。

関連で，日本は戦後の歴史的経緯もあって，デモといった示威行為に対するアレルギーが強く，それが NPO の運動の幅を狭める結果にもなっています。この点は，NPO 萌芽期からあまり進展が見られません。山本（2019：231）によれば，署名，陳情，ボイコット，集会，デモ，ストライキのうち，ドイツと韓国と比較して日本では署名以外の経験者がすべて10％以下と極端に低くなっています。しかし，ICT の進化の１つの産物として，change.org[(47)] に見られるように，組織力に頼らない運動という形も可能になっています。NPO の中間支援に携わる人々は，たんに NPO という組織体への参加を奨励するだけでなく，個々人の社会的な発言や活動を可能にする様々な仕掛けを考えていくべきでしょう。

先の OECD の調査によれば（経済協力開発機構 2017：6），日本は，「市民参加（civic engagement and governance）」の数値が OECD 諸国の平均値から比べて飛び抜けて低くなっています。また，「OECD 諸国の平均で成人の69％が健康だと感じているのに対し，日本の成人は35％しかそう感じていない。また，日本は，住宅条件，ワークライフバランスの点数が低い。雇用者の22%は，週49時間以上働いている。主観的な幸福度では，日本は OECD 平均をずっと下回っている」（同上）という結果になっています。市民参加が上がれば幸福度が上がると結論づけられるわけではありませんが，この結果は NPO や中間支援にとっても示唆に富むものになっています。

時代が複雑化し，先読みが難しくなっている現代社会において，求められる NPO の姿，中間支援の役割も変遷を遂げています。これらを社会全体で見極め，そして中間支援を担う当事者が意識して，社会の一翼を担っていくべき時代になっているといえます。

注

(1) https://www.gov.uk/government/publications/civil-society-strategy-building-a-future-that-works-for-everyone

(2) 筆者（今田 2018）による整理を一部改変。

(3) 山岡（2005）などより筆者まとめ。また，NPO 萌芽期に関する記述は，山内（2004），山岡と雨宮（2008），今田（2006），初谷（2001）などを参考にしている。

(4) 2019年の発表はこちら。https://www.edelman.jp/research/edelman-trust-barometer-2019

(5) https://www.edelman.com/research/edelman-trust-barometer-archive,https://www.edelman.com/sites/g/files/aatuss191/files/2018-10/2001-Edelman-Trust-Barometer.pdf

(6) 例えば，世界銀行において，NGO/CSO との正式な対話の回路を開いた Joint Facilitation Committee が始まったのは，2003年のこと。（http://siteresources.worldbank.org/CSO/Resources/Background_Note_on_JFC_Final.pdf）

(7) https://independentsector.org

(8) https://www.ncvo.org.uk

(9) https://www.jnpoc.ne.jp

(10) https://npo-sc.org

(11) http://www.osakavol.org/10/history.html

(12) 北海道 NPO サポート・センター（http://npo.dosanko.org/2006/04/npo_20.html）など。

(13) せんだい・みやぎ NPO センター（https://minmin.org/about/outline/），杜の伝言板ゆるる（https://www.yururu.com/?page_id=113）など。

(14) 市民フォーラム 21・NPO センター（http://www.sf21npo.gr.jp/jisseki/index.html），ボランタリー・ネイバーズ（http://www.vns.or.jp/A_top/ayumi.html），パートナー

シップ・サポート・センター（https://www.psc.or.jp/01_3.html）など。

(15)　ひろしま NPO センター（http://npoc.or.jp/about_npoc/）など。

(16)　ふくおか NPO センター（http://npo-an.com/activity/archive）など。

(17)　http://janpora.org/information/

(18)　NPO 支援組織の活動については，日本 NPO センターの「NPO 支援センター実態調査」が2007年に始まっている（https://www.jnpoc.ne.jp/?page_id=10115）。

(19)　資金仲介組織としての市民社会創造ファンドの設立は2002年（http://www.civil-fund.org/fund01.html），寄付や社会的投資が進む社会の実現を目指して日本ファンドレイジング協会が設立されたのは2009年（https://jfra.jp/about）。

(20)　例えば，株式会社電通と日本 NPO センターの協働事業として，NPO 広報力向上委員会による「伝えるコツ」が始まったのは2004年（https://www.jnpoc.ne.jp/?tag=tsutaeru，https://www.dentsu.co.jp/csr/contribution/programfornpo.html）。

(21)　https://www.jnpoc.ne.jp/?page_id=9878

(22)　同上。

(23)　https://informationisbeautiful.net/visualizations/the-billion-dollar-o-gram-2009/

(24)　同上。

(25)　https://time.com/5508393/global-wealth-inequality-widens-oxfam/

(26)　厚生労働省国民生活基礎調査における定義は，一定基準（貧困線）を下回る等価可処分所得しか得ていない者の割合。貧困線とは，等価可処分所得（世帯の可処分所得［収入から税金・社会保険料等を除いたいわゆる手取り収入］を世帯人員の平方根で割って調整した所得）の中央値の半分の額。https://www.mhlw.go.jp/toukei/list/dl/20-21a-01.pdf

(27)　経済協力開発機構（2017：21）www.oecd.org/eco/surveys/economic-survey-japan.htm

(28)　内閣府ホームページ。https://www8.cao.go.jp/youth/whitepaper/h26honpen/b1_03_03.html

(29)　https://www.unic.or.jp/activities/economic_social_development/sustainable_development/2030agenda/

(30)　https://miraimedia.asahi.com/sdgs_survey05/

(31)　例えば，SDGs 未来都市の動き。https://www.kantei.go.jp/jp/singi/tiiki/kankyo/teian/sdgs_2019sentei.html

(32)　例えば，経団連の取組み。https://www.keidanren.or.jp/announce/2018/0717.html

(33)　例えば，https://www2.deloitte.com/content/dam/Deloitte/jp/Documents/get-connected/pub/risk/jp-risk-43-csv.pdf

(34)　SDGs ウォッシュについては，オンラインマガジン「オルタナ」などが積極的に発信している。例えば，http://www.alterna.co.jp/25899

(35)　https://www.npo-homepage.go.jp/uploads/report33_11.pdf

(36)　日本創成会議人口減少問題検討分科会が，2040年までに全国約1800市町村のうち約半数（896市町村）が消滅する恐れがある，と発表した。いわゆる増田（2014）レポート。https://kotobank.jp/word/ 消滅可能性都市-1813101
(37)　例えば，https://www5.cao.go.jp/npc/sustainability/forum/projects/files/chiikienntakukaigi.pdf
(38)　https://www.statista.com/statistics/264810/number-of-monthly-active-facebook-users-worldwide/
(39)　https://blog.comnico.jp/we-love-social/sns-users
(40)　https://reasondigital.com/insights/civil-society-strategy-thoughts/
(41)　例えば，https://realsound.jp/movie/2017/04/post-4694.html
(42)　全国こども食堂支援センター・むすびえの調査より。https://www.nippon.com/ja/japan-data/h00496/
(43)　https://www.life-poor-support-japan.net など。
(44)　https://www.sdgs-japan.net
(45)　https://www.sdgs-japan.net/post/sdgs 実施指針改定について。
(46)　https://www.kantei.go.jp/jp/singi/sdgs/entakukaigi_dai8/gijisidai.html
(47)　https://www.change.org/ja

参考・引用文献

R・M・サラモン，H・K・アンハイアー（今田忠監訳）（1996）『台頭する非営利セクター――12ヵ国の規模・構成・制度・資金源の現状と展望』ダイヤモンド社。

今田克司（2018）「あらためて「市民社会」の定義を考える――英国の市民社会ストラテジーより」日本 NPO センター『NPO Cross』2018/8/21。
https://npocross.net/528/

今田忠（編）（2006）『日本の NPO―NPO の歴史を読む，現在・過去・未来』ぎょうせい。

経済効力開発機構（OECD）（2017）『経済審査報告書 日本　概要』。
www.oecd.org/eco/surveys/economic-survey-japan.htm

佐藤真久，広石拓司（2018）『ソーシャル・プロジェクトを成功に導く12ステップ――コレクティブな協働なら解決できる！ SDGs 時代の複雑な社会問題』みくに出版。

重田康博（2018）「カンボジアの市民社会スペースの実態と課題」宇都宮大学国際学部研究論集　2018 第46号，27～38頁。

トマ・ピケティ（山形浩生ら翻訳）（2014）『21世紀の資本』みすず書房。

内閣府（2018）『平成29年度 特定非営利活動法人に関する実態調査』。
https://www.npo-homepage.go.jp/toukei/npojittai-chousa.

内閣府共助社会づくり懇談会（2015）『共助社会づくりの推進について――新たな「つながり」の構築を目指して』。

https://www.npo-homepage.go.jp/uploads/report33_8_01_3.pdf
日本 NPO センター（2016）『2015年度 NPO 支援センター実態調査報告書』。
https://www.jnpoc.ne.jp/wp-content/uploads/2016/11/research_NPOSupportCenter2015_all.pdf
日本 NPO センター（2018）『中期ビジョン 2018-2022～価値創出の推進役へ』。
https://www.jnpoc.ne.jp/wp-content/uploads/2018/07/JNPOC_Vision2018-2022.pdf
初谷勇（2001）『NPO 政策の理論と展開』大阪大学出版会。
増田寛也（2014）『地方消滅――東京一極集中が招く人口急減』中公新書。
山内直人（2004）『NPO 入門 第２版』日本経済新聞社。
山岡義典（編著）（2005）『NPO 基礎講座（新版）』ぎょうせい。
山岡義典，雨宮孝子（2008）『NPO 実践講座（新版）』ぎょうせい。
山本英弘（2019）「社会運動を受容する政治文化」後房雄，坂本治也（編）『現代日本の市民社会～サードセクター調査による実証分析』法律文化社，226～238頁。

Cardinali, Dan (2019). "Equity, Power-Sharing, and Renewal of Civil Society," *Stanford Social Innovation Review* (web vesion) https://ssir.org/articles/entry/equity_power_sharing_and_renewal_of_civil_society
CIVICUS (2019). *State of Civil Society Report 2019*
https://www.civicus.org/index.php/state-of-civil-society-report-2019
Salamon, L. and Anheier, H. K. (eds.) (1997). *Defining the Nonprofit Sector : A Cross-National Analysis.* Manchester University Press.
UK Cabinet Office (2018). *Civil Society Strategy : building a future that works for everyone.*
https://assets.publishing.service.gov.uk/government/uploads/system/uploads/attachment_data/file/732765/Civil_Society_Strategy_-_building_a_future_that_works_for_everyone.pdf

あとがき

本著は，編者が日本 NPO 学会の会長と副会長を担っていた時期に企画されました。学会が設立から20周年を迎えた頃でした。日本社会における市民活動の浸透をみると，学会がその後押しに貢献したことは間違いないように思います。しかしながら，問題意識の高まりも一方でありました。

NPO は1998年に施行された特定非営利活動促進法のもとにある特定非営利活動として各地に広がりをみせました。市民活動は従前よりあったものですが，本法律は阪神淡路大震災が大きな契機となり制度化されたものです。最終章で今田克司氏が著した通り，公的機関以外の公益に資する活動は歴史的に存在しています。経済が成熟した日本社会において一層普及したこれらの活動は，多くが市民の社会参加として顕在化していきました。これは世界的な潮流でもあったことを指摘しています。その後四半世紀を経て，この公的機関以外の役割は高まったのか，社会の問題は解決されたのか，と考えれば市民社会が十分機能しているとはいえないのではないか，という問題意識でした。

そこで，四半世紀を振り返って社会の変化とその一端を担った活動の特徴を見出しました。本書の第Ⅱ部は，様々な市民の動きによって社会に影響を与えてきたこと，そして，多様な主体が台頭しその連携によって公共サービスの向上が図られてきたことを明らかにしています。

公共経営は，この基盤の上に，我々１人ひとりが公共の担い手であることの意識をもってどう行動していくことができるのか，どう社会変革に携わっていくことができるのかを考えるための方法論です。第Ⅰ部では，公共経営の新しいカタチを取り上げました。これまでの公的機関とそれ以外という線引きではありません。NPO，社会起業家，投資，企業，学生の動きに焦点をあてることでこれまで以上に多様な主体が役割を担っていること，官民の協働が一層広がり成果が出ていることが示されました。

しかし，現代も社会の問題，地球規模の問題は複雑にかつ拡大し，社会に分断が生じていることは否めません。本書がこれらの解を明快に見出しているわけではなく，考える契機を提供しているにすぎないかもしれません。本書が出版を迎える頃，新型ウイルスによるパンデミックが生じました。これまで経験したことのない難問が，しかも突然，地球規模で生じることを痛切に感じさせられました。社会の弱者は一層困難を極める環境となっています。しかし，小さな自発的な共助の動きが各地で起きていることも事実です。

本書を教科書として活用した学生の皆さんも多いことと思います。NPO，企業，自治体のマネジメントにも言及しました。これからの経営はこれまでの線上に続くものではないことに気付きがあると思います。学生の皆さんが社会を担っていくにあたって，未知の世界に飛び込むわけではありません。本書の事例には新しい道を拓いてきた人々が登場します。これまで活躍してきた人々から未来を創るためのヒントと学びがあります。学生の皆さんが創る新しい道，そして，その挑戦を期待しています。

最後に，読者の皆さんがお分かりの通り，本書は企画から出版まで数年を要しました。執筆陣にはデータの更新など大変なご迷惑をおかけしましたことをこの場を借りてお詫び申し上げるとともに，心より感謝する次第です。また，ミネルヴァ書房の本田康広氏には常に適切な助言を頂き，辛抱強く出版へと導いていただきました。改めて心よりお礼を申し上げます。

2020年４月

樽見弘紀
服部篤子

索　引

あ 行

か 行

さ 行

た　行

な・は行

ま・や・ら行

欧　文

《執筆者紹介》 ＊は編著者

＊樽見弘紀（たるみ・ひろのり）序章・あとがき

編著者紹介欄参照。

＊服部篤子（はっとり・あつこ）序章・第2章・あとがき

編著者紹介欄参照。

石田　祐（いしだ・ゆう）第1章

1978年　生まれ。
2007年　大阪大学大学院国際公共政策研究科単位修得満期退学。
2010年　博士（国際公共政策，大阪大学）。
現　在　宮城大学事業構想学群地域創生学類長，准教授。
主　著　「災害復興と NPO―公共サービスの供給主体としての課題」『公共選択』71巻，木鐸社，2019年。
“The State of Nonprofit Sector Research in Japan: A Literature Review.” Voluntaristics Review, vol. 2, no. 3（共著）, Brill, 2017年。
“Local charitable giving and civil society organizations in Japan.” Voluntas: International Journal of Voluntary and Nonprofit Organizations, vol. 26, no. 4（共著）, Springer Nature, 2015年。

前田裕之（まえだ・ひろゆき）第3章

1962年　生まれ。
1986年　東京大学経済学部卒。
2009年　佛教大学大学院社会学研究科修士課程（通信教育課程）修了，社会学修士。
現　在　日本経済新聞社編集委員，川村学園女子大学非常勤講師。
主　著　『実録・銀行』ディスカヴァー・トゥエンティワン，2018年。
『ドキュメント　狙われた株式市場』日本経済新聞出版社，2017年。
『ドキュメント　銀行』ディスカヴァー・トゥエンティワン，2015年。

島岡未来子（しまおか　みきこ）**第4章**

1969年　生まれ。
2013年　早稲田大学大隈記念大学院公共経営研究科博士課程修了，博士（公共経営，早稲田大学）
現　在　神奈川県立保健福祉大学大学院ヘルスイノベーション研究科教授，早稲田大学政治経済学術院政治学研究科公共経営専攻教授（ジョイント・アポイントメント）。
主　著　『場のイノベーション』（共著）中央経済社，2018年。
「『協働を通した環境教育』の推進にむけたコーディネーション機能の検討――NPO 法人アクト川崎と NPO 法人産業・環境創造リエゾンセンターの機能比較に基づいて」環境教育 25巻（2015）3号，日本環境教育学会，2015年。
『非営利法人経営論』（共著）大学教育出版，2014年。

ジェームズ・M・マンディバーグ（James M. Mandiberg）**第5章**

1950年　生まれ。
1978年　ニューヨーク州立大学ストーニーブルック校修了，ソーシャルワーク修士。
2000年　Ph.D.（組織心理学＆ソーシャルワーク，ミシガン大学）。
現　在　ニューヨーク市立大学大学院センター組織管理およびリーダーシッププログラム，チェアマン，准教授。
主　著　Mandiberg, J. M. & Edwards, M. (2016). Business incubation for people with severe mental illness histories : The experience of one model. Journal of Policy Practice, 15 (1-2), 82-101.
Mandiberg, J. M. & Warner, R. (2012). Business Development and Marketing within Communities of Social Service Clients. Journal of Business Research, 65(12), 1736-1742.
Mandiberg, J. M. (2012). The Failure of Social Inclusion : An Alternative Approach through Community Development. Psychiatric Services, 63(5), 458-460.

ソンミ・キム（Seonmi Kim）**第5章**

1971年　生まれ。
1998年　西江大学大学院修了，社会学修士。
2007年　韓国開発研究所公共政策管理学部修了，公共政策修士。
2013年　イリノイ大学アーバナシャンペーン校修了，ソーシャルワーク修士。
2015年　Ph.D.（ソーシャルワーク，イリノイ大学アーバナシャンペーン校）。
現　在　米ラマポ大学准教授。
主　著　Kim, S.M., (2019). Gender, social networks, and microenterprise : Differences in network effects on business performance. Journal of Sociology and Social Welfare, 46 (3), 3-37.
Kim, S. M., Wu, C. F, & Woodard, R. (In press). The dreams of mothers : Implications of Sen's capabilities approach for single mothers on welfare. Journal of Poverty.
Kim, S. M., Lough, B, & Wu, C. F. (2016). The conditions and strategies for the success of local currency movements. Local Economy, 31(3), 344-358.

服部　崇（はっとり・たかし）**第5章**

1967年　生まれ。
1991年　東京大学教養学部卒業。
1996年　ハーバード大学ケネディ行政大学院修了（公共政策修士）。
2000年　東京工業大学大学院社会理工学研究科博士課程修了，博士（学術，東京工業大学）。
現　在　京都大学経済研究所特定准教授。
主　著　『文明と国際経済の地平』（共著）東洋経済新報社，2020年。
『ソーシャル・イノベーション――営利と非営利を超えて』（共著）日本経済評論社，2010年。
『APEC の素顔――アジア太平洋最前線』幻冬舎ルネッサンス，2009年。

岡本仁宏（おかもと・まさひろ）**第6章**

1955年　生まれ。
1981年　名古屋大学法学研究科政治学専攻修了，法学修士，同大学院博士後期課程単位取得退学。
現　在　関西学院大学法学部教授，大阪ボランティア協会ボランタリズム研究所所長。
主　著　『市民社会論――理論と実証の最前線』（共著）法律文化社，2017年。
『市民社会セクターの可能性――公益法人制度改革の意義と今後の課題提言』（編著）関西学院大学出版会，2015年。
『新しい政治主体像を求めて――市民社会・ナショナリズム・グローバリズム』（編著）法政大学出版局，2014年。

内藤達也（ないとう・たつや）**第7章**

1956年　生まれ。
1979年　國学院大学文学部卒。
2006年　明治大学大学院ガバナンス研究科修了，公共政策学修士。
現　在　東京都国分寺市副市長，明治大学大学院兼任講師。
主　著　『ケースで学ぶまちづくり』（共著）ミネルヴァ書房，2010年。
『ソーシャル・エンタープライズ』（共著）丸善，2008年。
『地域再生と戦略的協働』（共著）ぎょうせい，2006年。

小田切康彦（こたぎり・やすひこ）**第8章**

1980年　生まれ。
2009年　同志社大学大学院総合政策科学研究科博士課程（後期課程）修了，博士（政策科学，同志社大学）。
現　在　徳島大学総合科学部准教授。
主　著　『現代日本の市民社会――サードセクター調査による実証分析』（共著）法律文化社，2019年。
『市民社会論：理論と実証の最前線』（共著）法律文化社，2017年。
『行政－市民間協働の効用――実証的接近』法律文化社，2014年。

河西邦人（かわにし・くにひと）**第9章**

1960年　生まれ。
1997年　青山学院大学大学院経営学研究科経営学専攻博士課程単位取得退学，商学修士。
現　在　札幌学院大学学長，経営学部経営学科教授。
主　著　『ドラマで学ぶ経営学入門』PHP，2007年。
「地域社会雇用創造事業による社会起業創出の考察」『非営利法人研究学会誌』VOL. 15，非営利法人研究学会，2013年。
「地方公共団体による協働推進に関する一考察」『地域活性研究』Vol. 1，地域活性学会，2010年。

北郷裕美（きたごう・ひろみ）**第10章**

1958年　生まれ。
2008年　北海道大学大学院国際広報メディア研究科博士課程修了，博士（国際広報メディア学，北海道大学）。
現　在　大正大学社会共生学部公共政策学科教授。
主　著　『コミュニティ FM の可能性――公共性・地域・コミュニケーション』青弓社，2015年。
『日本のコミュニティ放送――理想と現実の間で』（共著），晃洋書房，2017年。
『地域創生への招待』（共著），大正大学出版会，2020年。

今田克司（いまた・かつじ）**第11章**

1993年　カリフォルニア大学バークレー校公共政策大学院修士。
1995年　東京大学大学院総合文化研究科相関社会科学専攻博士課程単位取得。
現　在　一般財団法人 CSO ネットワーク常務理事。
主　著　「評価の国際的潮流と市民社会組織の役割」（共著），『The Nonprofit Review』（Vol. 16, No. 1, 27-37），日本 NPO 学会，2016年。
「ポスト2015年開発枠組み策定におけるグローバルな CSO の主張と参加」『国際開発研究』（第23巻第２号）国際開発学会，2014年。
『連続講義　国際協力 NGO――市民社会に支えられる NGO への構想』（共編著）日本評論社，2004年。

《編著者紹介》

樽見弘紀（たるみ・ひろのり）

1959年　生まれ。
1991年　ニューヨーク大学公共経営大学院修士課程修了。
　　　　立教大学大学院法学研究科政治学専攻博士後期課程単位取得退学。
現　在　北海学園大学法学部教授。
主　著　『戦略的協働の本質——NPO，政府，企業の価値創造』（共著）有斐閣，2011年。
　　　　『「企業の社会的責任論」の形成と展開』（共著）ミネルヴァ書房，2006年。
　　　　『公共をめぐる攻防——市民的公共性を考える』公人の友社，2006年。

服部篤子（はっとり・あつこ）

1996年　大阪大学大学院国際公共政策研究科国際公共政策専攻博士前期課程修了。
現　在　同志社大学政策学部教授。
主　著　『公共経営学入門』（共著）大阪大学出版会，2015年。
　　　　『未来をつくる企業内イノベーターたち』（編著）近代セールス社，2012年。
　　　　『ソーシャル・イノベーション——営利と非営利を超えて』（共編著）日本経済評論社，2010年。

新・公共経営論
——事例から学ぶ市民社会のカタチ——

2020年９月30日　初版第１刷発行　〈検印省略〉

定価はカバーに
表示しています

編著者　樽　見　弘　紀
　　　　服　部　篤　子
発行者　杉　田　啓　三
印刷者　坂　本　喜　杏

発行所　株式会社　ミネルヴァ書房
607-8494　京都市山科区日ノ岡堤谷町１
電話代表　075-581-5191
振替口座　01020-0-8076

冨山房インターナショナル・清水製本

ISBN 978-4-623-08474-6
Printed in Japan